北京文物与考古系列丛书

单店与黑庄户

朝阳区考古发掘报告集

北京市文物研究所 编

上海古籍出版社

图书在版编目（CIP）数据

单店与黑庄户：朝阳区考古发掘报告集/北京市文
物研究所编. —上海：上海古籍出版社,2021.5
（北京文物与考古系列丛书）
ISBN 978 - 7 - 5325 - 9962 - 2

Ⅰ.①单… Ⅱ.①北… Ⅲ.①考古发掘−发掘报告−
汇编−朝阳区 Ⅳ.①K872.135

中国版本图书馆CIP数据核字（2021）第074999号

北京文物与考古系列丛书
单店与黑庄户
——朝阳区考古发掘报告集
北京市文物研究所 编
上海古籍出版社出版发行
（上海瑞金二路 272 号 邮政编码 200020）
（1）网址：www.guji.com.cn
（2）E-mail：guji1 @ guji.com.cn
（3）易文网网址：www.ewen.co
上海雅昌艺术印刷有限公司印刷
开本889×1194 1/16 印张11.25 插页46 字数259,000
2021 年 5 月第 1 版 2021 年 5 月第 1 次印刷
ISBN 978-7-5325-9962-2
K·2996 定价：208.00 元
如有质量问题，请与承印公司联系

北京文物与考古系列丛书

内 容 简 介

　　本书为北京市朝阳区孙河、望京、单店、常营、黑庄户地区配合工程建设的考古发掘报告集。在上述考古发掘工作中，共发掘唐代墓葬1座、明代墓葬4座、清代墓葬80座，出土了陶、瓷、铜等不同质地的文物，丰富和完善了北京东部地区的考古学研究资料。朝阳区地理条件得天独厚，历史悠久，文物遗存丰富。本书作为朝阳区第一部正式的考古发掘报告，对今后该地区的考古工作具有一定的借鉴意义和推动作用。

　　本书可供从事考古、文物、历史等研究的学者及相关院校师生阅读和参考。

目　录

插 图 目 录

孙河组团土地储备项目M地块考古发掘报告

中关村电子城E8-1北电三期工程用地考古发掘报告

中关村电子城西区E5研发中心三期地块考古发掘报告

单店养老产业示范基地项目考古发掘报告

常营乡剩余建设用地土地储备项目1号地块考古发掘报告

北京鲜活农产品流通中心项目考古发掘报告

彩 版 目 录

前　言

一、自然地理环境与建置沿革

朝阳区位于北京城区东部，辖域面积470.8平方公里，现设24个街道、19个乡（地区办事处）。四周与北京市的8个区相邻，东与通州区相接，南与大兴区相邻，西与丰台区、东城区、西城区、海淀区接壤，北与昌平区、顺义区交界。

辖域无山，地貌平坦，属于永定河冲积扇中下游平原。地势从西北向东南缓缓倾斜，平均海拔34米。河湖水系众多，主要河流包括温榆河、清河、凉水河、通惠河、亮马河、萧太后河、坝河以及北小河。蜿蜒交错，形成网络。各河流之间有羊坊、沈家坟、东南郊等九条引水渠。

朝阳区历史悠久。据北部立水桥出土的石斧、石镰、石纺轮、陶器以及房基考证，在新石器时期，朝阳区境内已有人类活动。夏、商、周时属"禹贡九州"之冀州。西周初，武王封帝尧之后于蓟（今广安门一带），建蓟国。后燕灭蓟，属燕国。春秋战国，燕国都蓟，时为燕都蓟城之东北部。秦时，分属广阳郡、渔阳郡。两汉至南北朝时，分属广阳国之蓟县，渔阳郡之路县（东汉改为潞县）、安乐县。隋唐、五代时，分属幽州蓟县、潞县、安乐县、幽都县等。辽会同元年（938）后，分属南京道幽都府蓟北县（蓟县改）、幽都县和潞县等。辽开泰元年（1012）后，分属析津府（幽都府改）析津县（蓟北县改）、宛平县（幽都县改）和潞县等。北宋宣和四年至七年（1122～1125），分属燕山府路燕山府之析津县、宛平县、潞县、涿阴县等。金初，分属燕京路析津府之析津县、宛平县、通县、潞县等。贞元元年、二年（1153、1154），分属中都路永安府（后称大兴府）之析津县、宛平县和通州潞县、潞阴县。元世祖至元元年（1264），分属中都路大兴府之大兴县、宛平县和通州路县、潞阴县等。至元九年（1272），分属大都路（中都路改）大兴府之大兴县、宛平县和通州路县、潞阴县等。至元十三年（1276），分属大都路大兴府之大兴县、宛平县和通州潞县以及潞州（潞阴县升州）等。明洪武元年至十四年（1368～1381），分属山东行省（后称北平行省）北平府之大兴县、宛平县和通州潞县、潞州等。明永乐元年至十九年（1403～1421），分属北平行部顺天府（北平府改）及京师顺天府之大兴县、宛平县和通州、潞县（潞州改）。清初如明旧。顺治十六年（1659）废潞县后，区境西半部、北部仍为城属，归步军统领衙门管理，其余区域分属直隶省顺天府之大兴县、通州等。

得天独厚的地理条件以及悠久的历史，为朝阳留下了丰富的文物遗存。目前，全区境内已发现不可移动文物 100 余处。其中全国重点文物保护单位 6 处，北京市文物保护单位 3 处，朝阳区文物保护单位 8 处。

朝阳区的文物资源，具有以下特点：

第一，古代建筑级别较高。全国重点文物保护单位包括：始建于元延祐六年（1319）的东岳庙，是道教正一派在华北地区最大的庙宇；始建于明正统十一年（1446）的永通桥，是"拱卫京师三大桥梁"之一，并因 1860 年清军在此抗击英法联军、1900 年义和团大战八国联军而闻名中外；京城著名的五坛之一、始建于明嘉靖九年（1530）的日坛，是明清两代皇帝每年"春分"时节祭祀大明（太阳）神的场所；始建于清乾隆四十七年（1782）的清净化城塔，塔内安葬有六世班禅的衣冠经咒。北京市文物保护单位包括：始建于明代的北顶娘娘庙，是北京中轴线北延长线上的标志性建筑；始建于明嘉靖二十四年（1545）的十方诸佛宝塔，是明代延寿寺的遗存建筑；始建于清初的顺承郡王府，是清朝开国"八大铁帽子王"之一 —— 勒克德浑的府邸。朝阳区文物保护单位包括：始建于明正德年间的常营清真寺、始建于清道光二十五年（1845）的海阳义园、始建于清光绪年间（一说康熙初年）的南下坡清真寺以及始建于清光绪年间的张翼祠堂。

第二，古代墓葬分布广泛。在北京市各区中，朝阳区的古代墓葬数量位居前列。据不完全统计，朝阳区境内以岗、窑、坟命名的自然村就有 100 余个。新中国成立以来，仅施工建设出土的附有随葬品、具有文物价值的墓葬就有 500 余处，有据可考的历代名人墓、清代王爷坟、公主坟就有 100 余处。其中，地上建筑保存至今的有肃慎亲王敬敏墓、显谨亲王衍璜墓以及那桐墓；三岔河、西柳巷、三间房古墓群被公布为北京市地下文物埋藏区；高碑店汉墓、三台山汉墓、生物研究所住宅小区唐代墓葬、元张弘纲墓、明施鉴家族墓、安外小关清墓、荣禄墓等有重要的考古发现；卫武家族墓、兆惠墓、图海家族墓、和硕显亲王富寿墓、海望家族墓等 30 余处清代墓葬，现仅存品级较高的碑刻。

第三，出土文物具有重要价值。三台山汉墓出土的一批器物，是典型的东汉庄园经济的缩影，生动地反映了东汉时期幽蓟地区的经济发展与社会生活状况。赵胜夫妇合葬墓出土的墓志志文，纠正了《明史》《明实录》等史书中的诸多舛误。施鉴家族墓出土的墓志志文，出现多个当时的地名及行政区属，为明代历史地理研究提供了新资料。安外小关清墓的墓室和墓道为院落房屋形式，形制特殊，并且保存完整，在北京地区尚属首次发现。荣禄墓出土的金葫芦重达 139.6 克，上双勾刻字"丙申重阳皇太后赐臣荣禄"，是慈禧太后对荣禄六十岁寿辰的赏赐。此外，团结湖地区出土的牛头骨化石、东坝出土的汉代鼓腹灰陶罐、小红门出土的五代独木船、南磨房出土的明嘉靖青花海龙寿字大盖罐、大屯出土的白玉深浮雕麒麟纹玉带、来广营出土的康熙五彩洗子、双桥出土的康熙青花大罐等，都具有重要的历史、艺术价值。

第四，近现代建筑极具代表性。全国重点文物保护单位四九一电台旧址，属于典型的北欧乡村别墅式建筑；平房天主堂采用了中西合璧的建筑风格，将中式屋顶与罗马式拱券门窗相结合；798 厂的帆状厂房，为典型的德国包豪斯建筑风格，目前仅在中、德、美等国家有极少量存留；北京市第二棉纺织厂的锯齿形厂房建筑，采用了苏联的设计风格；全国农业展览馆顶部采用了中国传统建筑风格，为三重檐、绿色琉璃瓦八角形亭阁。2007 年，北京工人体育场、北京炼焦化学厂、798 近现代建筑群等被列入第一批北京优秀近现代建筑保护名录。798 厂、北京市第二棉纺织厂在新时期转型为文化创意产业区,已成为当代朝阳的新地标①。

二、遗址概况与发掘经过

以下七处发掘工地均为配合土储和工程建设的考古发掘:孙河组团土地储备项目M地块和N地块位于孙河乡,分别于2015年7月和8月发掘。中关村电子城E8-1地块和西区E5研发中心三期位于望京地区,分别于2009年5月和2016年8月发掘。单店养老产业示范基地位于东坝单店,于2015年5月发掘。常营乡剩余建设用地土地储备项目1号地位于常营乡西部,于2015年7月发掘。北京鲜活农产品流通中心位于黑庄户乡,于2015年6月发掘(图一)。

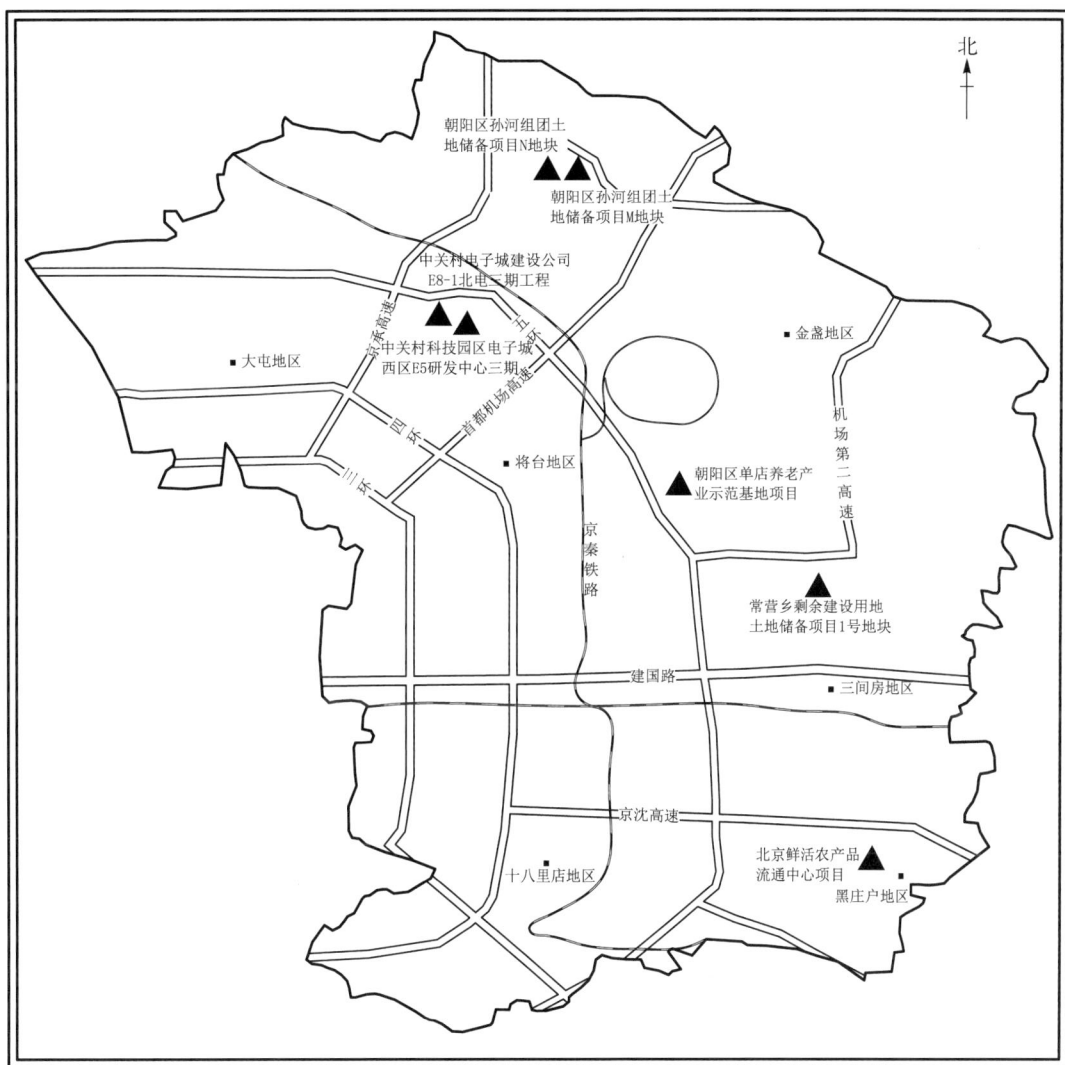

图一　发掘地点位置示意图

① 以上参见北京市朝阳区文化委员会:《朝阳文物志》,文物出版社,2014年。

　　七处地点的主要发掘时间为2015～2016年，共发掘唐代墓葬1座、明代墓葬4座、清代墓葬80座，发掘总面积1030平方米，出土各类文物155件（不计铜钱）。七处地点在朝阳区的北部、中部、南部均有分布，能够在一定程度上反映出朝阳区古代墓葬的特点和规律，因此结集一并发表。这批古代墓葬材料的刊布，对于朝阳区的基建考古，具有一定的借鉴作用。

　　以上发掘项目的前期协调人均为刘风亮，发掘领队均为郭京宁，参加发掘的人员有郭京宁、刘风亮、靳振学、李青娥、马兰英等。

三、资料整理与报告编写

　　2016年11月至2017年11月，郭京宁、王蓓蓓对发掘文物进行了整理，器物绘图由王蓓蓓完成，器物摄影由王宇新完成。2019年8月，由郭京宁、罗娇整合全部资料，完成报告的编写。其他参加的同志还有雷君燕、刘小贺、古艳兵、周怡、孙浩然等。

孙河组团土地储备项目N地块考古发掘报告

一、概况

为配合孙河组团土地储备N地块项目的顺利进行,北京市文物研究所于2015年7月24日至8月18日对该地块进行了考古勘探(彩版一,1),并对发现的古代墓葬进行了发掘(彩版一,2)。发掘证号为考执字(2015)第(550)号。

发掘区位于孙河乡人民政府北侧、西甸村南,南邻机场南线高速公路、东距孙河地铁站约45米。东部GPS坐标:北纬40°02′30.60″,东经116°31′10.16″,高35米;西部GPS坐标:北纬40°02′44.66″,东经116°30′57.41″,高36米(图二)。

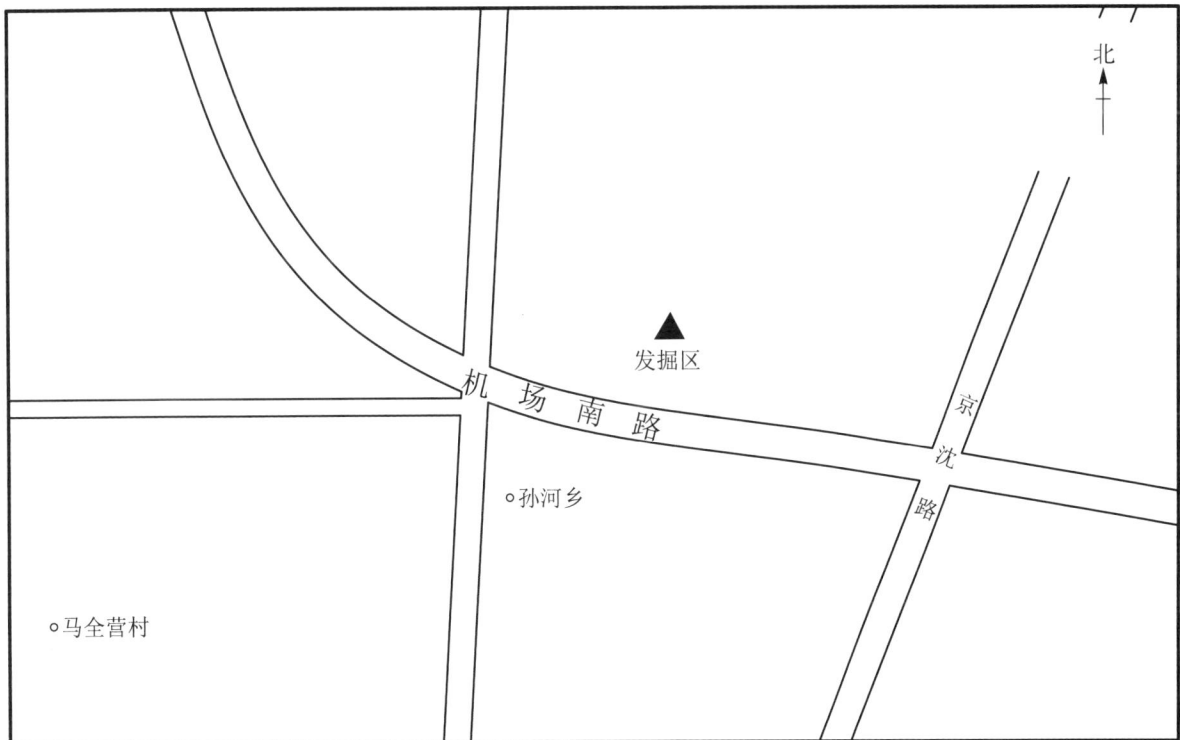

图二　发掘区位置示意图

　　共发掘清代墓葬15座（附表一），出土各类器物共39件（不含铜钱），发掘面积共计106平方米（图三）。

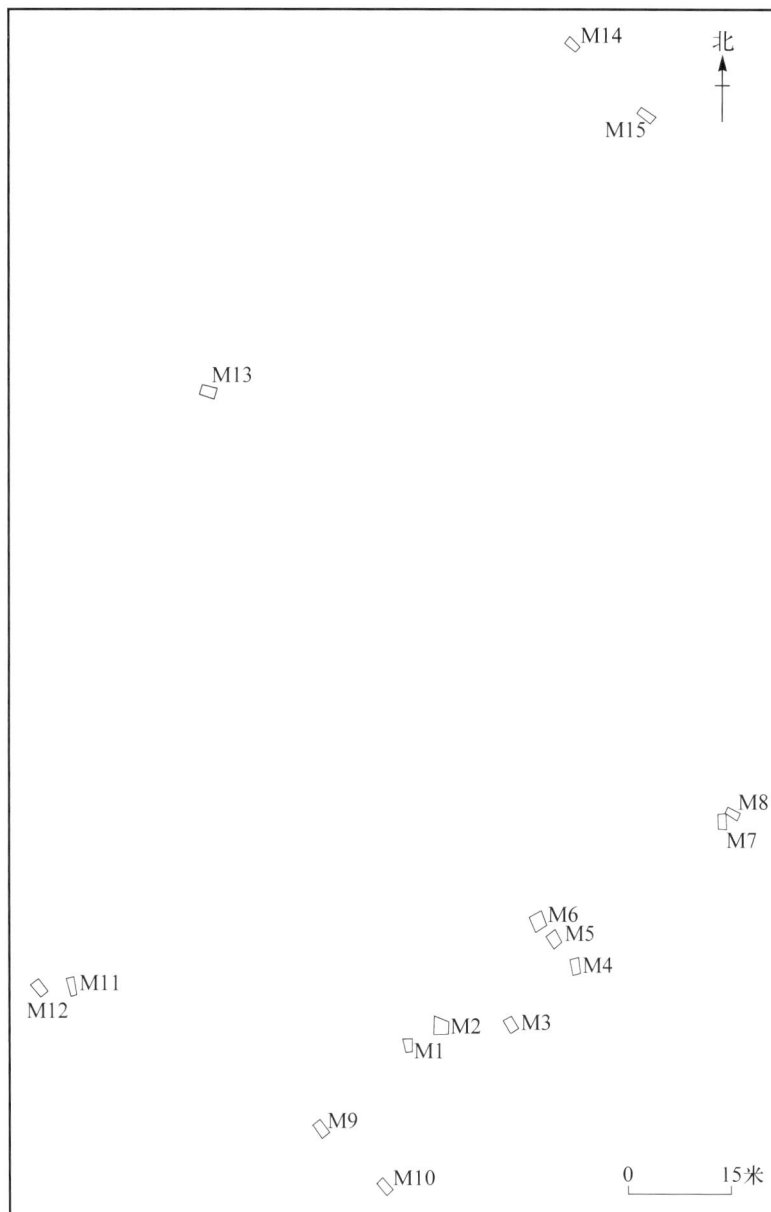

图三　总平面图

二、地层

　　该发掘区的地层堆积自上而下可分为五层（图四）。

　　第①层：表土层。厚0～0.3米，黄褐色黏土，含植物根系。

　　第②层：浅黄色黏土层。深0.3～1.4米，厚0.2～1.5米，含零星礓结石块。

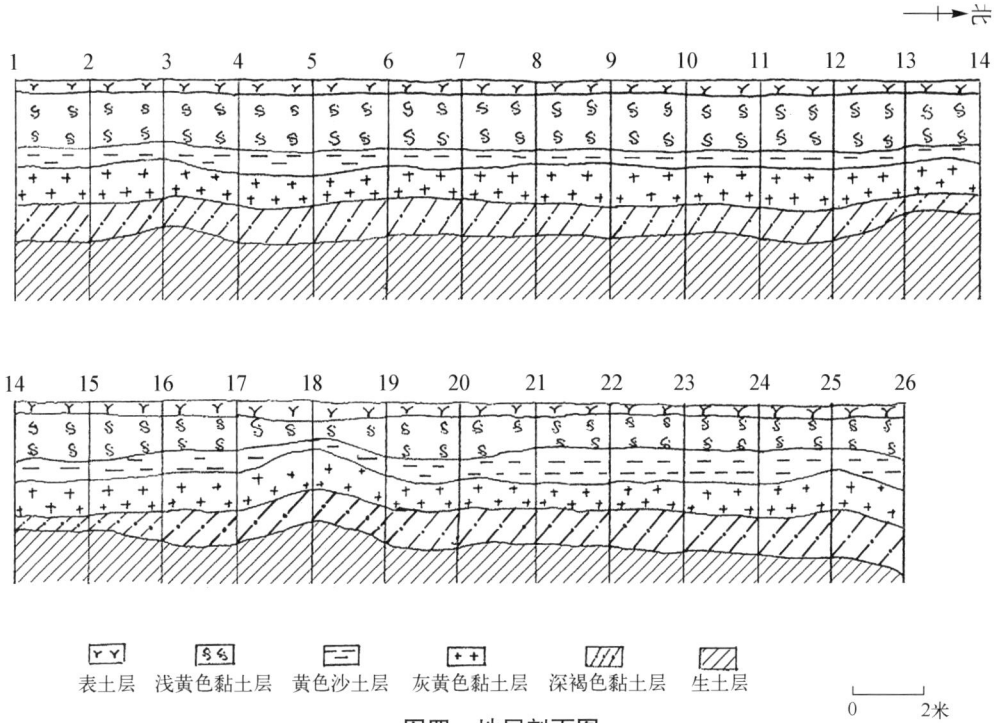

图四　地层剖面图

第③层：黄色沙土层。深1.2～1.5米，厚0.2～0.4米。

第④层：灰黄色黏土层。深0.8～2.5米，厚0.7～1.3米，含礓结石块。

第⑤层：深褐色黏土层。深1.2～3.2米，厚0.4～1.2米，含较多细沙。

以下为生土层。

三、墓葬及遗物

均为竖穴土坑墓，皆开口于①层下。可分为单棺墓、双棺墓、三棺墓、搬迁墓四种类型（表一）。

表一　墓葬分类表

分　类	单　棺　墓		双棺墓	三棺墓	搬　迁　墓	
	A型	B型			A型	B型
数量（座）	3	3	3	1	3	2

（一）单棺墓

共6座：M3、M8～M12。根据平面形制可分为两型。

A型：平面呈长方形，有M3、M9、M10。

M3　位于发掘区东南部,西邻M2。南北向,方向为330°。墓口距地表深0.3米,墓底距地表深1.3米。墓圹东西长2.68米、南北宽1～1.03米、深1米(图五;彩版二,1)。

棺木保存较好。棺长2.12米、宽0.48～0.6米、残高0.58米、厚0.14米。骨架保存较差,头向西北,面向上。墓主人性别、葬式均不详。内填花黏土,较疏松。未发现随葬品。

M9　位于发掘区南部。南北向,方向为150°。墓口距地表深0.3米,墓底距地表深1.68米。墓圹南北长2.66米、东西宽1.08～1.1米、深1.38米(图六;彩版二,2)。

棺木保存较好。棺长2.08米、宽0.58～0.72米、残高0.32米、厚0.09米。骨架保存较差,头向东南,面向东。墓主人为老年女性,仰身直肢葬。内填花黏土,土质较疏松。随葬品有银押发。

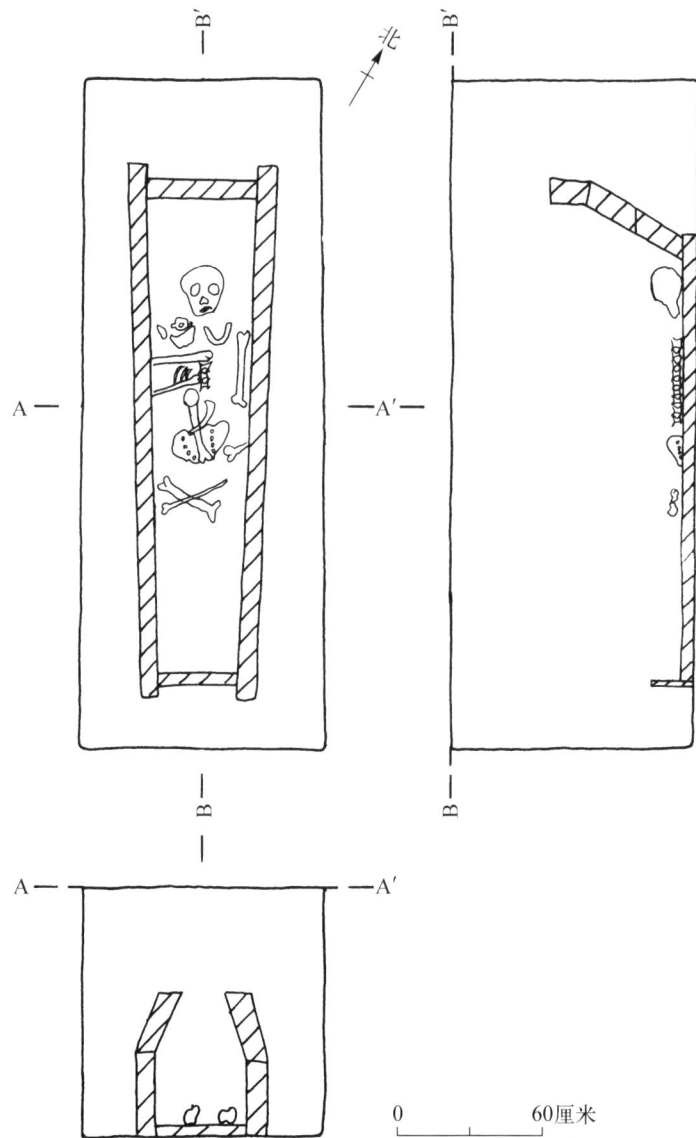

图五　M3平、剖面图

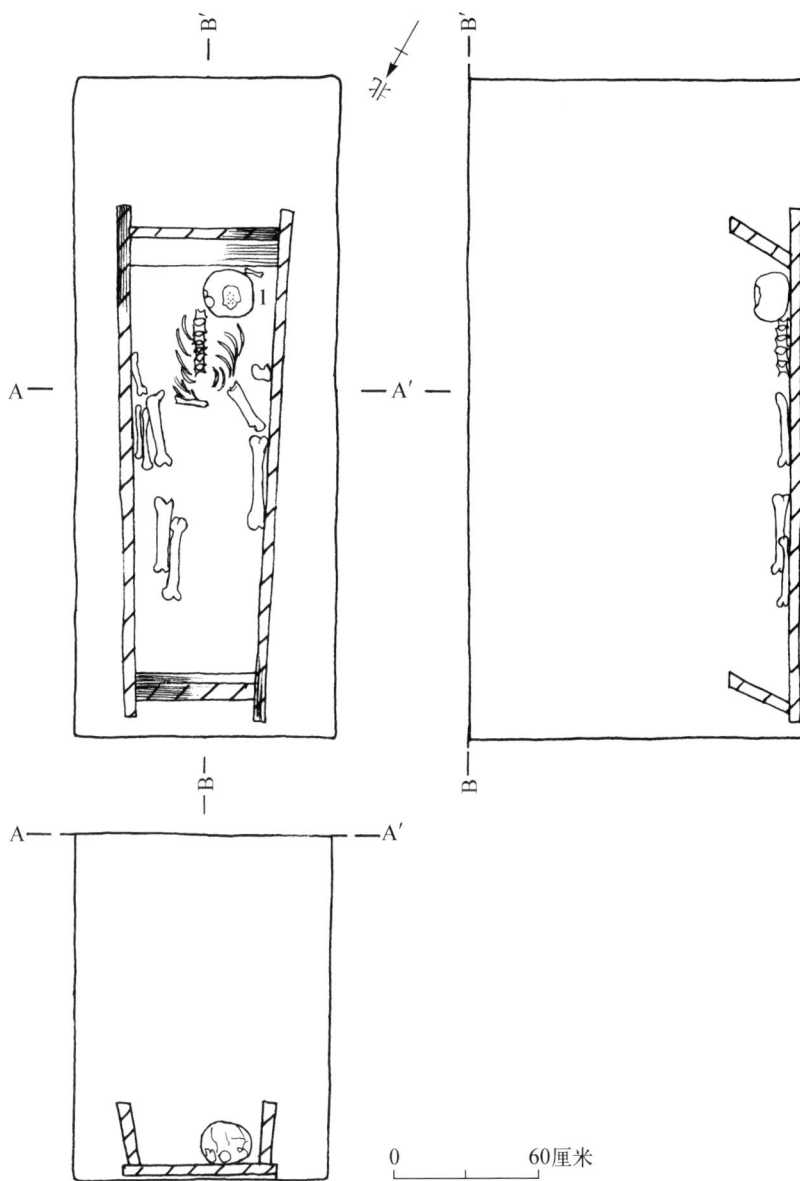

图六 M9平、剖面图
1.银押发

银押发,1件。M9:1,体扁平,两端为圆弧形,略宽。束腰。素面。通长6.6厘米、顶宽0.6厘米(图七,2;彩版八,1)。

M10 位于发掘区南部,南部有一盗洞。南北向,方向为135°。墓口距地表深0.3米,墓底距地表深1.5米。墓圹南北长2.6米、东西宽1.04~1.06米、深1.2米(图八;彩版二,3)。

棺木保存较好。棺长2.16米、宽0.5~0.6米、残高0.32~0.6米、厚0.14米。骨架保存较差,头向东南,面向东。墓主人性别、葬式均不详。内填花黏土,土质较疏松。未发现随葬品。

B型: 平面呈梯形,有M8、M11、M12,均为南北向。

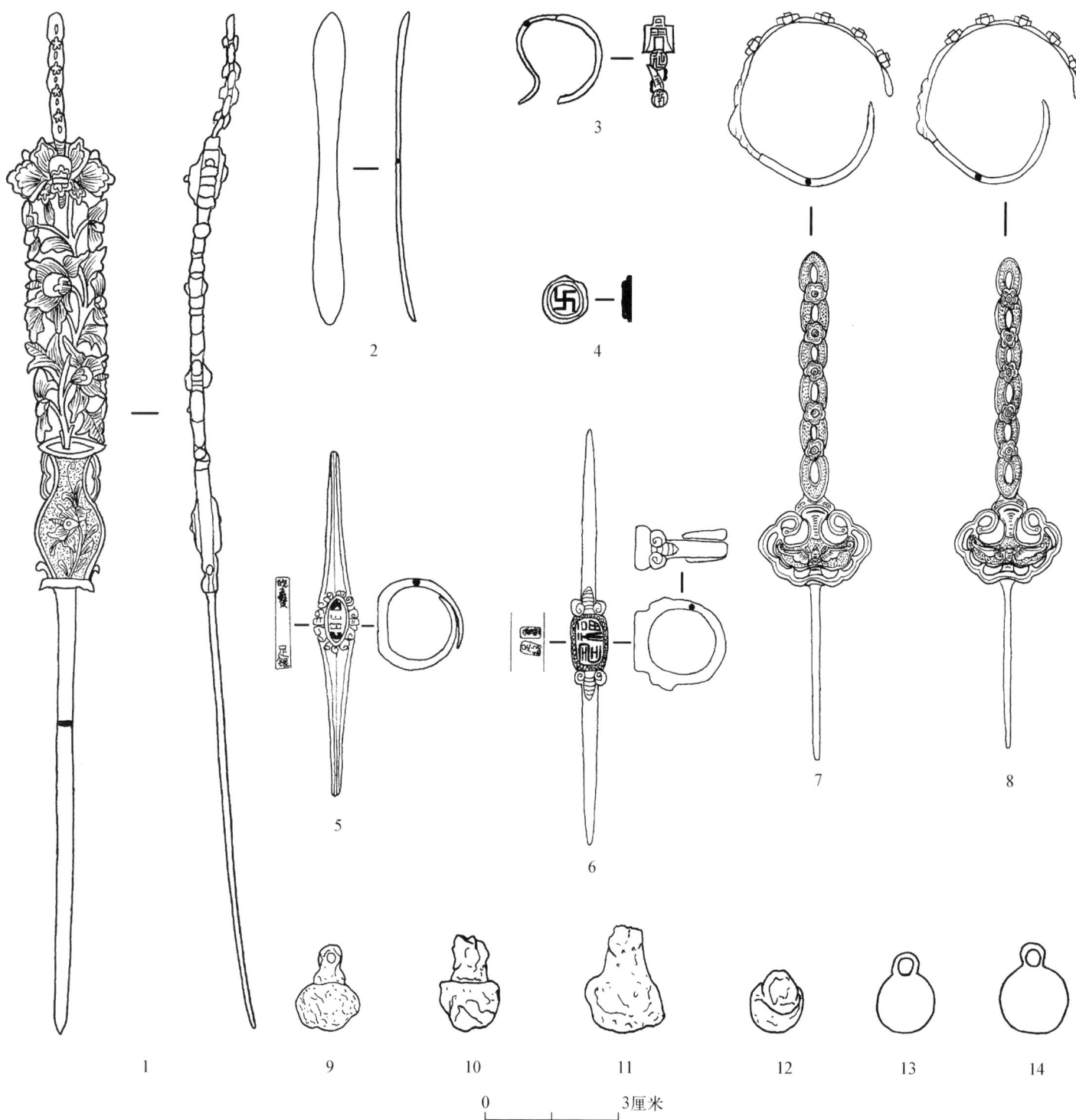

图七　单棺墓葬随葬器物

1.银簪（M11：1）　2.银押发（M9：1）　3、7、8.银耳环（M11：2、M12：1-1、M12：1-2）　4.银饰（M11：5）
5、6.银戒指（M11：4-1、M11：4-2）　9～14.铜扣（M11：6-1、M11：6-2、M11：6-3、M11：6-4、M12：2-1、M12：2-2）

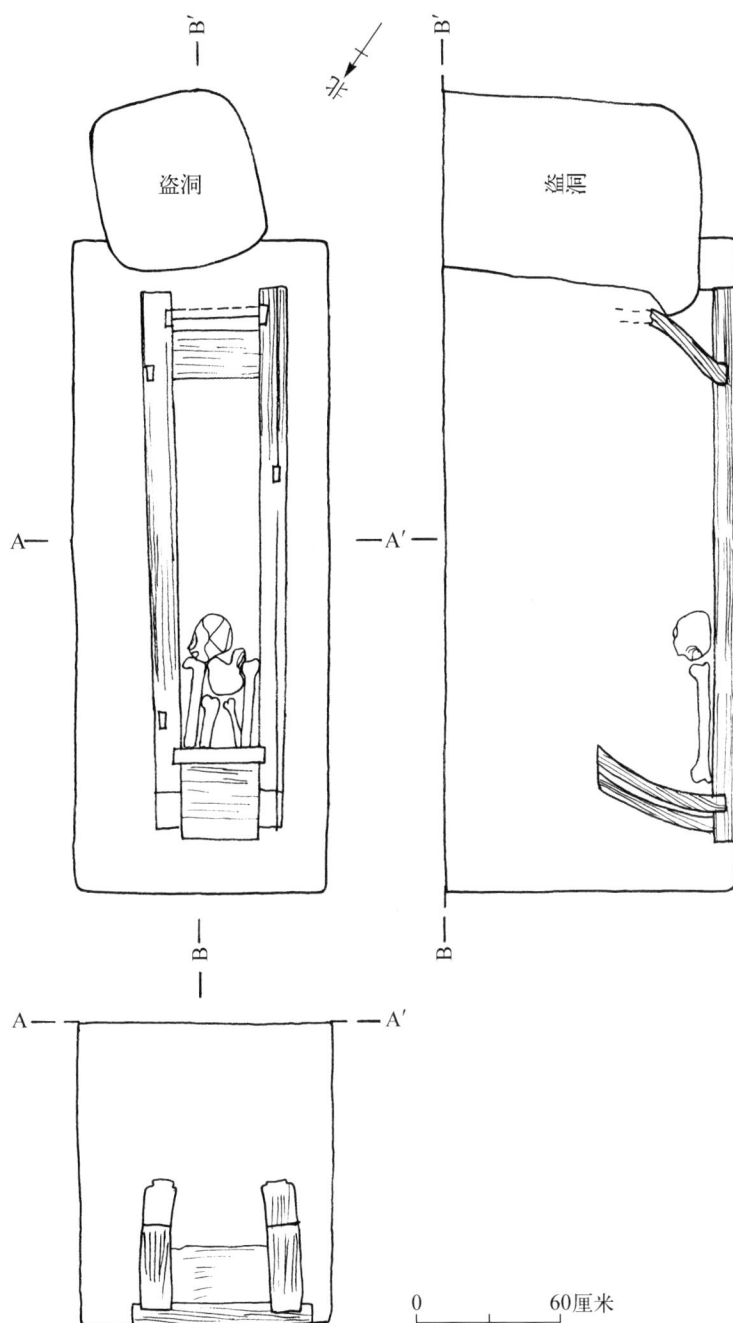

图八　M10平、剖面图

M8　位于发掘区东部,西南邻M7。方向为135°。墓口距地表深0.3米,墓底距地表深1.14米。墓圹南北长2.6米、东西宽0.94～1.12米、深0.84米(图九;彩版三,1)。

棺木保存较好。棺长2.12米、宽0.7～0.82米、残高0.5米、厚0.12米。骨架保存较差,已经扰乱,头向难以确定,面向南。墓主人性别、葬式均不详。内填花黏土,土质较疏松。未发现随葬品。

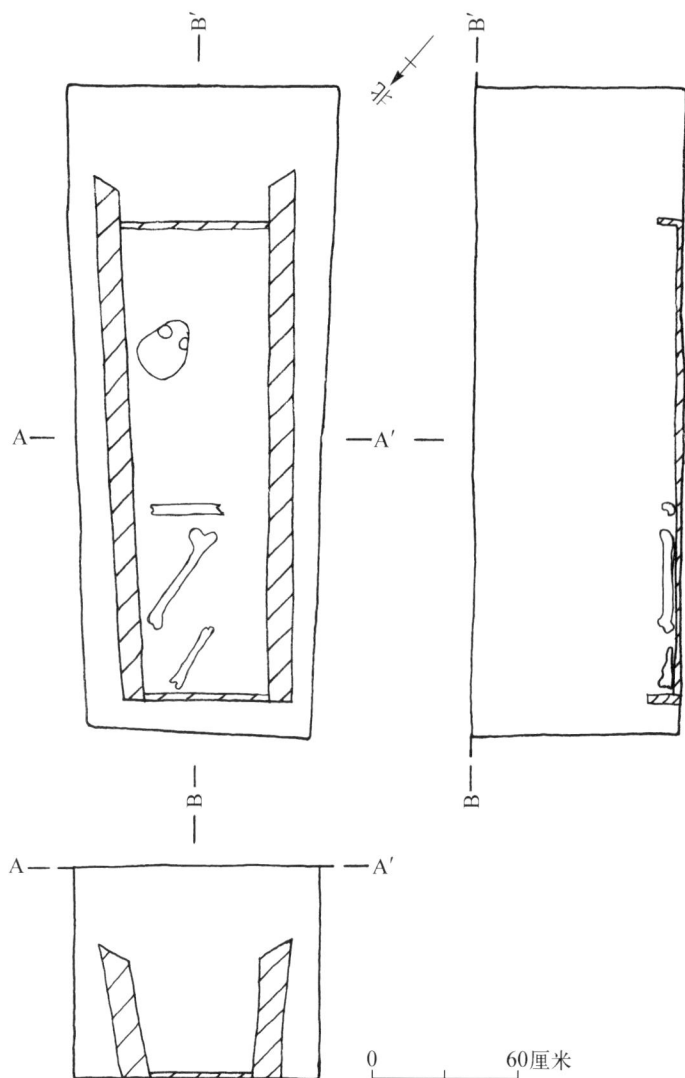

图九　M8平、剖面图

M11　位于发掘区西南部,西邻M12。方向为355°。墓口距地表深0.3米,墓底距地表深1.79米。墓圹南北长3米、东西宽1.28～1.4米、深1.49米(图一○;彩版三,2)。

棺木保存较好。棺长2.23米、宽0.52～0.81米、残高0.5～0.56米、厚0.09米。骨架保存较好,头向西北,面向东。墓主人为老年女性,仰身直肢葬。内填花黏土,土质较疏松。随葬品有银簪、银耳环、铜钱、银戒指、银饰、铜扣。

银簪,1件。M11:1,首顶端缠绕为绳形,四处交接部各有一桃花纹饰。颈部錾刻盛开牡丹纹,中部錾刻插花花瓶纹,瓶身饰一株立体花纹。背面纹饰相同。体细长,扁平。通长22.1厘米(图七,1;彩版八,2)。

银耳环,1件。M11:2,一端尖细弯曲,一端外部依次浮雕凸字纹、圆纹、叶纹,内分别刻"南""羊""延""寿"四字。厚0.17厘米、宽2厘米(图七,3;彩版八,3)。

　　银戒指，2枚。圆环形，两端对接。M11：4-1，展开后上浮雕三道弦纹。中部为椭圆形，四周刻有如意纹，内刻英文"C H E D"。通长7.2厘米（图七，5；彩版八，4）。M11：4-2，中部为长方形，内刻"福寿"，左右饰对称蝙蝠纹。通长8.9厘米（图七，6；彩版八，5）。

　　银饰，1件。M11：5，圆形，上下两层，上层较小，内刻"卐"纹。直径0.8～1厘米、厚0.17厘米

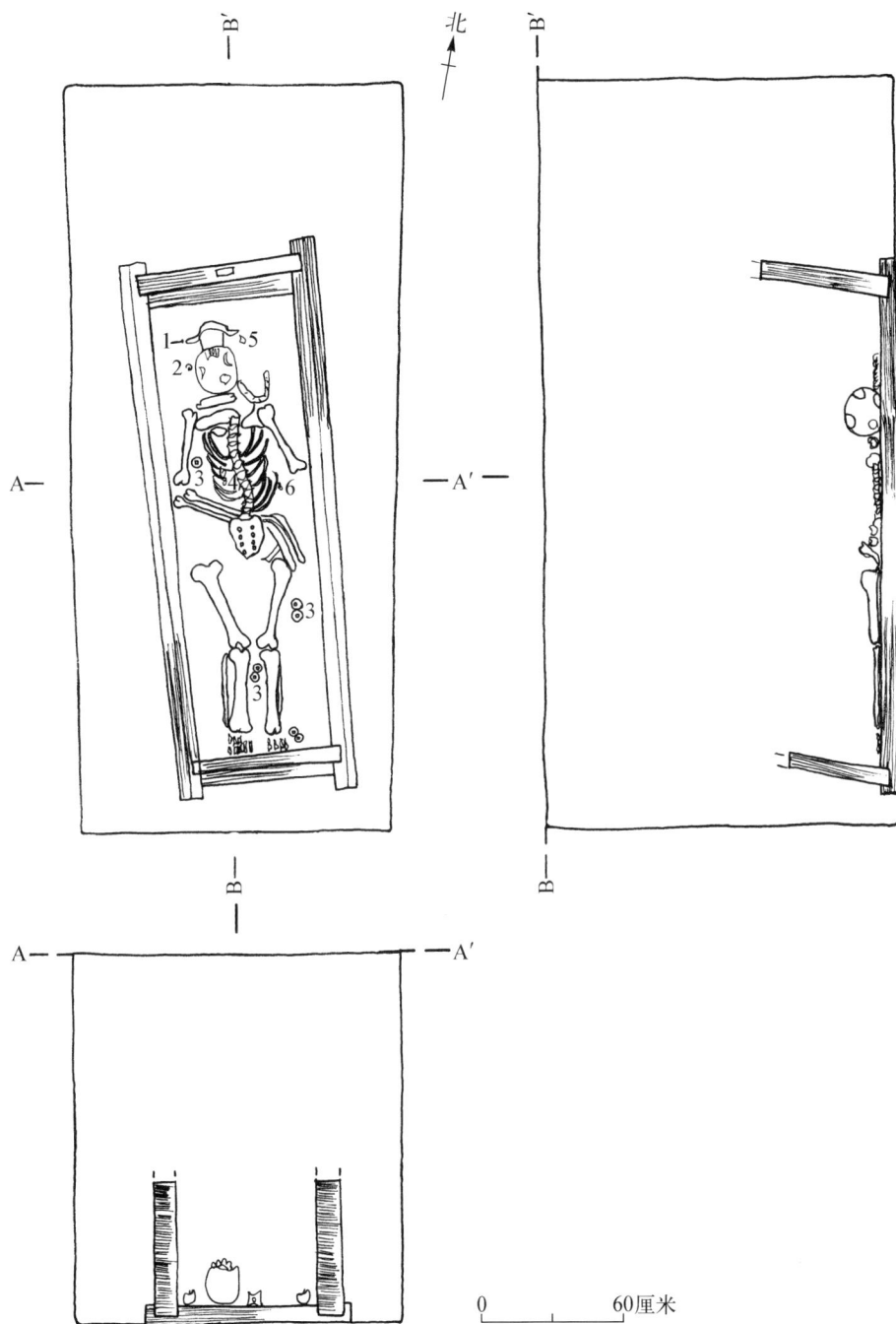

图一〇　M11平、剖面图

1. 银簪　2. 银耳环　3. 铜钱　4. 银戒指　5. 银饰　6. 铜扣

（图七,4;彩版八,6）。

铜扣,4枚。体呈椭圆形,中空,顶部作环状,表面凹凸不平。M11:6-1,腹径1.4厘米、高1.8厘米（图七,9;彩版九,1）。M11:6-2,腹径1.3厘米、高2厘米（图七,10;彩版九,2）。M11:6-3,腹径1.7厘米、高2.3厘米（图七,11;彩版九,3）。M11:6-4,腹径1.1厘米、高1.4厘米（图七,12;彩版九,4）。

康熙通宝,21枚。均模制、完整,圆形、方穿。正面有郭,铸"康熙通宝"四字,楷书,对读;背面有郭,穿左右为满文"宝泉",纪局名。标本:M11:3-1,直径2.76厘米、穿径0.59厘米、郭厚0.12厘米（图一一,1）。

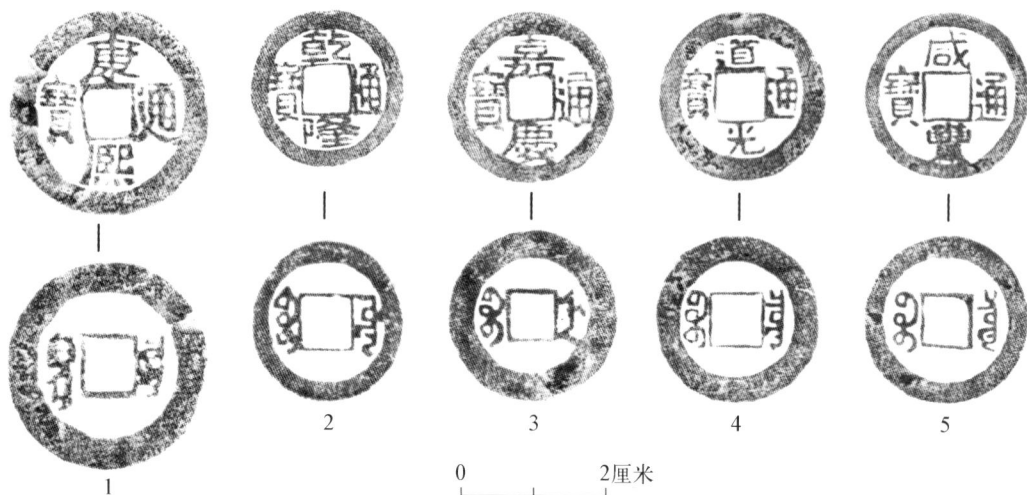

图一一　单棺墓葬随葬铜钱

1.康熙通宝（M11:3-1）　2.乾隆通宝（M12:3-1）　3.嘉庆通宝（M12:3-2）　4.道光通宝（M12:3-3）　5.咸丰通宝（M12:3-4）

M12　位于发掘区西南部,东邻M11。方向为325°。墓口距地表深0.3米,墓底距地表深1.5米。墓圹南北长3.36米、东西宽1.2～1.37米、深1.2米（图一二;彩版三,3）。

棺木保存较好。棺长2.16米、宽0.82～0.86米、残高0.2～0.56米、厚0.12米。骨架保存较好,头向西北,面向东。墓主人性别不详,仰身直肢葬。内填花黏土,土质较疏松。随葬品有银耳环、铜扣、铜钱。

银耳环,2件。形制、大小基本相同。下部弯曲尖细,中部铸如意形纹,内錾刻蝙蝠纹,上部双股缠绕为绳形。交接部各有一桃花纹饰,并以箅点为地纹。M12:1-1,通长10.6厘米、厚0.11厘米（图七,7;彩版九,5）。M12:1-2,通长10.7厘米、厚0.12米（图七,8;彩版九,6）。

铜扣,2枚。形制、大小基本相同。体呈球形,中空,顶部作环状。M12:2-1,直径1.3厘米、高1.6厘米（图七,13;彩版一〇,1）。M12:2-2,直径1.5厘米、高1.9厘米（图七,14;彩版一〇,2）。

乾隆通宝,2枚。均模制、完整,圆形、方穿。正面有郭,铸"乾隆通宝"四字,楷书,对读;背面有郭,穿左右为满文"宝源",纪局名。标本:M12:3-1,直径2.19厘米、穿径0.58厘米、郭厚0.16厘米（图一一,2）。

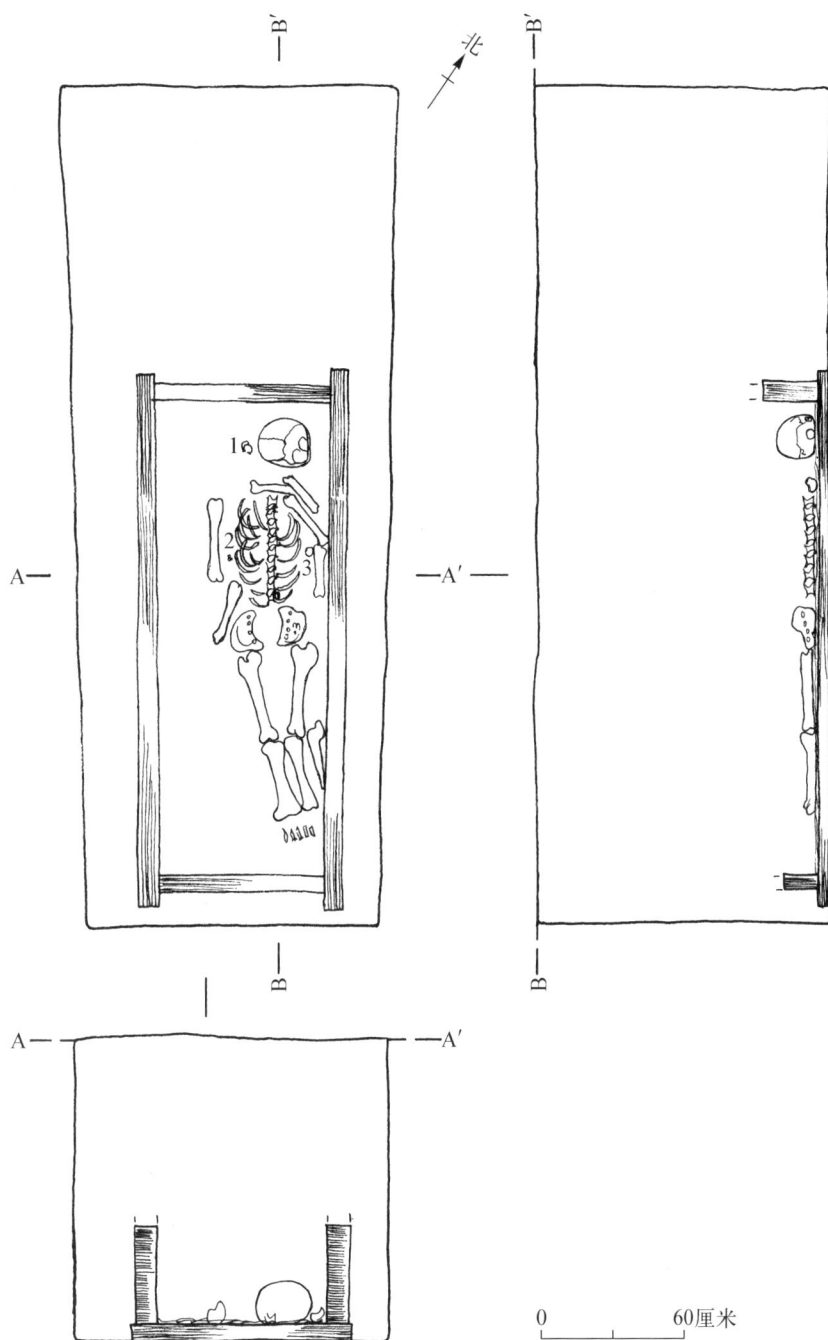

图一二　M12平、剖面图

1. 银耳环　2. 铜扣　3. 铜钱

嘉庆通宝，2枚。均模制、完整、圆形、方穿。正面有郭，铸"嘉庆通宝"四字，楷书，对读；背面有郭，穿左右为满文"宝浙"，纪局名。标本：M12∶3-2，直径2.38厘米、穿径0.51厘米、郭厚0.19厘米（图一一，3）。

道光通宝，3枚。均模制、完整、圆形、方穿。正面有郭，铸"道光通宝"四字，楷书，对读；背面有郭,穿左右为满文"宝泉",纪局名。标本:M12:3-3,直径2.35厘米、穿径0.59厘米、郭厚0.16厘米(图一一,4)。

咸丰通宝,1枚。M12:3-4,模制、完整、圆形、方穿。正面有郭,铸"咸丰通宝"四字,楷书,对读;背面有郭,穿左右为满文"宝泉",纪局名。直径2.35厘米、穿径0.45厘米、郭厚0.19厘米(图一一,5)。

(二)双棺墓

共3座:M1、M4、M5。平面均呈不规则形。

M1　位于发掘区中南部,东北邻M2。南北向,方向为140°。墓口距地表深0.3米,墓底距地表深1.39米。墓圹南北长1.31~2.36米、东西宽0.8~1.45米、深1.09米(图一三;彩版四,1)。

东棺棺木保存较好。棺长1.04米、宽0.22~0.28米、残高0.18米、厚0.12米。骨架保存较差,已经扰乱,头向南,面向西。性别不详,仰身直肢葬。西棺棺木已朽。棺长2.02米、宽0.62~0.7

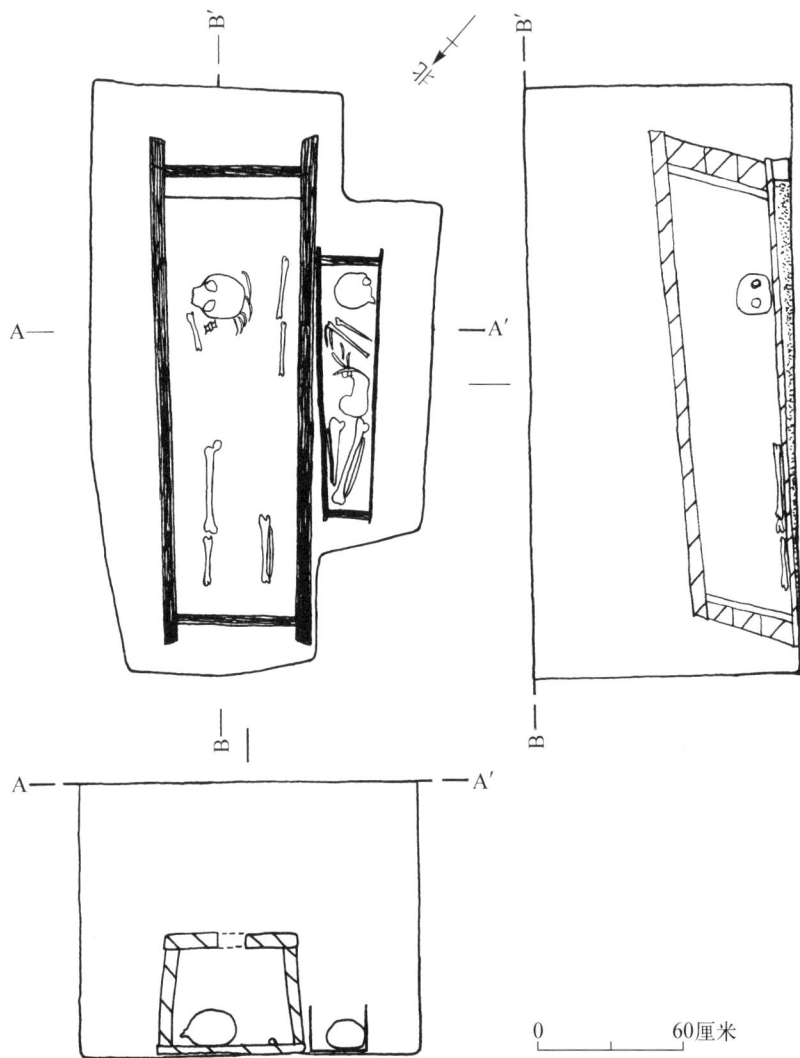

图一三　M1平、剖面图

米、残高0.52～0.58米。骨架保存较差，头向南，面向东。性别不详，仰身直肢葬。西棺打破东棺。内填花黏土，土质较疏松。未发现随葬品。

M4　位于发掘区中南部，北邻M5。南北向，方向为180°。墓口距地表深0.3米，墓底距地表深1.09～1.19米。墓圹南北长1.58～2.48米、东西宽1～1.81米、深0.79～0.89米（图一四；彩版四，2）。

东棺棺木保存较好。棺长2米、宽0.72～0.84米、残高0.28米、厚0.12米。骨架保存较差，头向南，面向上。性别不详，仰身直肢葬。西棺棺木已朽。棺长1.2米、宽0.3米、残高0.02米。骨架保存较差，头向南，面向上。性别不详，仰身直肢葬。西棺打破东棺。内填花黏土，土质较疏松。随葬品有银簪、银耳钉、银戒指、银镯、银头饰、银扁方、铜扣、铜钱。

银簪，5件。首为葵花形，截面为凸字形，中部为圆形凸起。体细长。M4：1-1，内铸"福"字，底托为花瓣形，首背面左刻"足纹"。首直径1.5～2.6厘米、残长11厘米（图一五，1；彩版一〇，

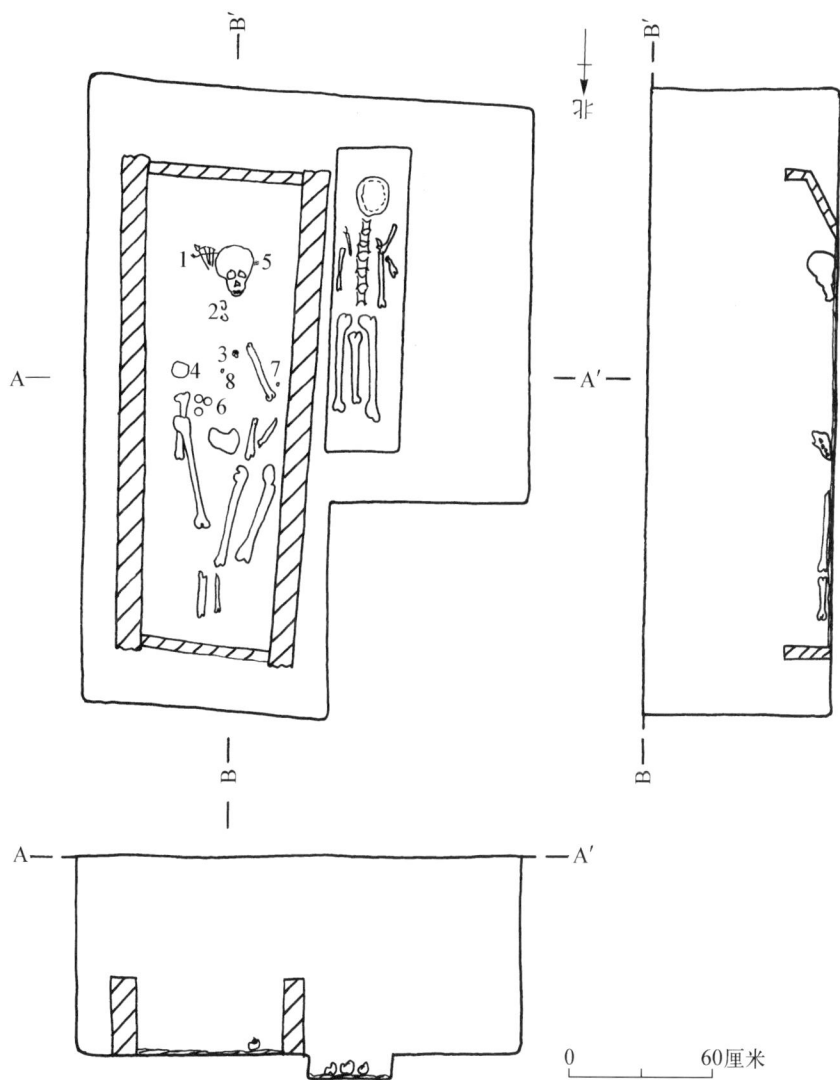

图一四　M4平、剖面图

1.银簪　2.铜钱　3.银耳钉　4.银戒指　5.银镯　6.银头饰　7.银扁方　8.铜扣

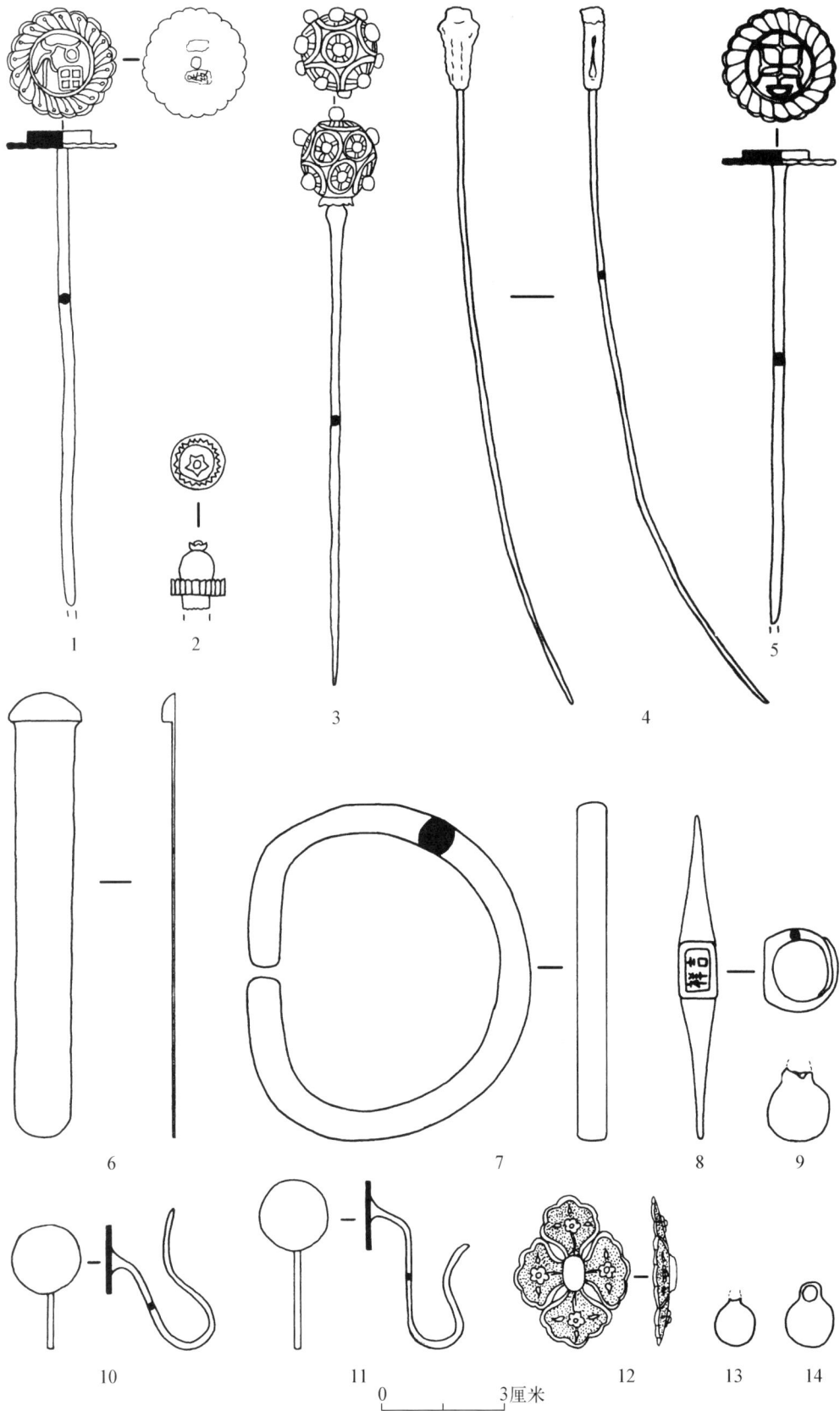

图一五　M4 随葬器物

1～5.银簪（M4：1-1、M4：1-2、M4：1-3、M4：1-4、M4：1-5）　6.银扁方（M4：7）　7.银镯（M4：5）　8.银戒指（M4：4）
9、13、14.铜扣（M4：8-1、M4：8-2、M4：8-3）　10、11.银耳钉（M4：3-2、M4：3-1）　12.银头饰（M4：6）

3）。M4：1-2，首底托作花瓣形，中部为圆形银珠，顶端镶一梅花形卯。残高1.5厘米（图一五，2；彩版一〇，4）。M4：1-3，首为镂空圆球形，铸有十一个圆形面，上有花瓣纹，焊小圆珠，底托为倒莲花状。体细长，为锥形。首直径1.7厘米、通长13.1厘米（图一五，3；彩版一〇，5）。M4：1-4，首近"十"字形，纹饰模糊。体细长弯曲，为锥形。首高2厘米、通长15.7厘米（图一五，4；彩版一〇，6）。M4：1-5，首内铸"寿"字，底托为花瓣形。首直径1.5～2.6厘米、残长10.2厘米（图一五，5；彩版一一，1）。

银耳钉，2件。形制相同，大小不一。一端为圆饼形，一端弯曲呈"S"形。M4：3-1，圆饼直径1.6厘米、通长3.9厘米（图一五，11；彩版一一，2）。M4：3-2，圆饼直径1.7厘米、通长2.9厘米（图一五，10；彩版一一，3）。

银戒指，1枚。M4：4，圆环形，两端对接。中部较平，长方形，内刻"吉祥"二字。厚0.14厘米、通长7.4厘米（图一五，8；彩版一一，4）。

银镯，1件。M4：5，为马蹄形，截面为圆形。素面。直径7.6厘米、宽1厘米（图一五，7；彩版一一，5）。

银头饰，1件。M4：6，由四个相连的花瓣构成，中部为花蕊。花瓣上刻有花叶纹，并以篦点为地纹。宽2.8厘米、通长3.5厘米（图一五，12；彩版一一，6）。

银扁方，1件。M4：7，首为蘑菇形。体扁平，末端圆弧状。素面。通长10.3厘米、厚0.12厘米（图一五，6；彩版一二，1）。

铜扣，3枚。形制基本相同。体呈球形，中空，顶部作环状。M4：8-1，直径1.4厘米、残高1.7厘米（图一五，9；彩版一二，2）。M4：8-2，直径0.9厘米、残高1.1厘米（图一五，13；彩版一二，3）。M4：8-3，直径1.2厘米、高1.4厘米（图一五，14；彩版一二，4）。

康熙通宝，3枚。均模制、完整、圆形、方穿。正面有郭，铸"康熙通宝"四字，楷书，对读；背面有郭，穿左右为满文"宝泉"，纪局名。标本：M4：2-1，直径2.29厘米、穿径0.51厘米、郭厚0.11厘米（图一六，1）。

光绪通宝，7枚。均模制、完整、圆形、方穿。正面有郭，铸"光绪通宝"四字，楷书，对读；背面有郭，穿左右为满文"宝源"，纪局名。标本：M4：2-2，直径2.25厘米、穿径0.54厘米、郭厚0.18厘米（图一六，2）。

其余4枚，均锈蚀严重，字迹模糊不可辨认。

M5 位于发掘区中部，东南邻M4、西北邻M6。南北向，方向为2°。墓口距地表深0.3米，墓底距地表深1.2米。墓圹南北长2.28～2.7米、东西宽2.1米、深0.9米（图一七；彩版五，1）。

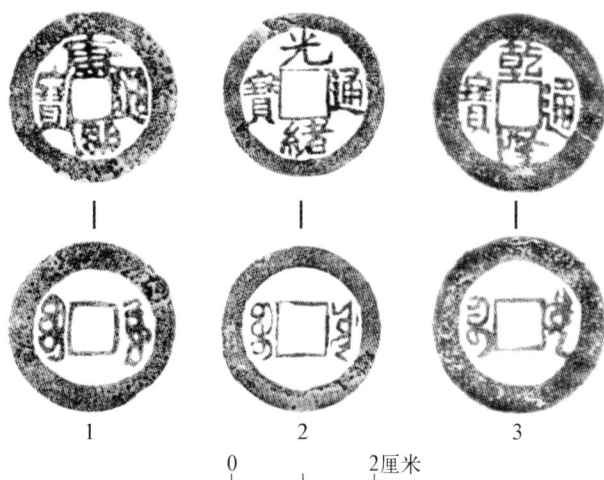

图一六　双棺墓葬随葬铜钱

1. 康熙通宝（M4：2-1）　2. 光绪通宝（M4：2-2）
3. 乾隆通宝（M5：1）

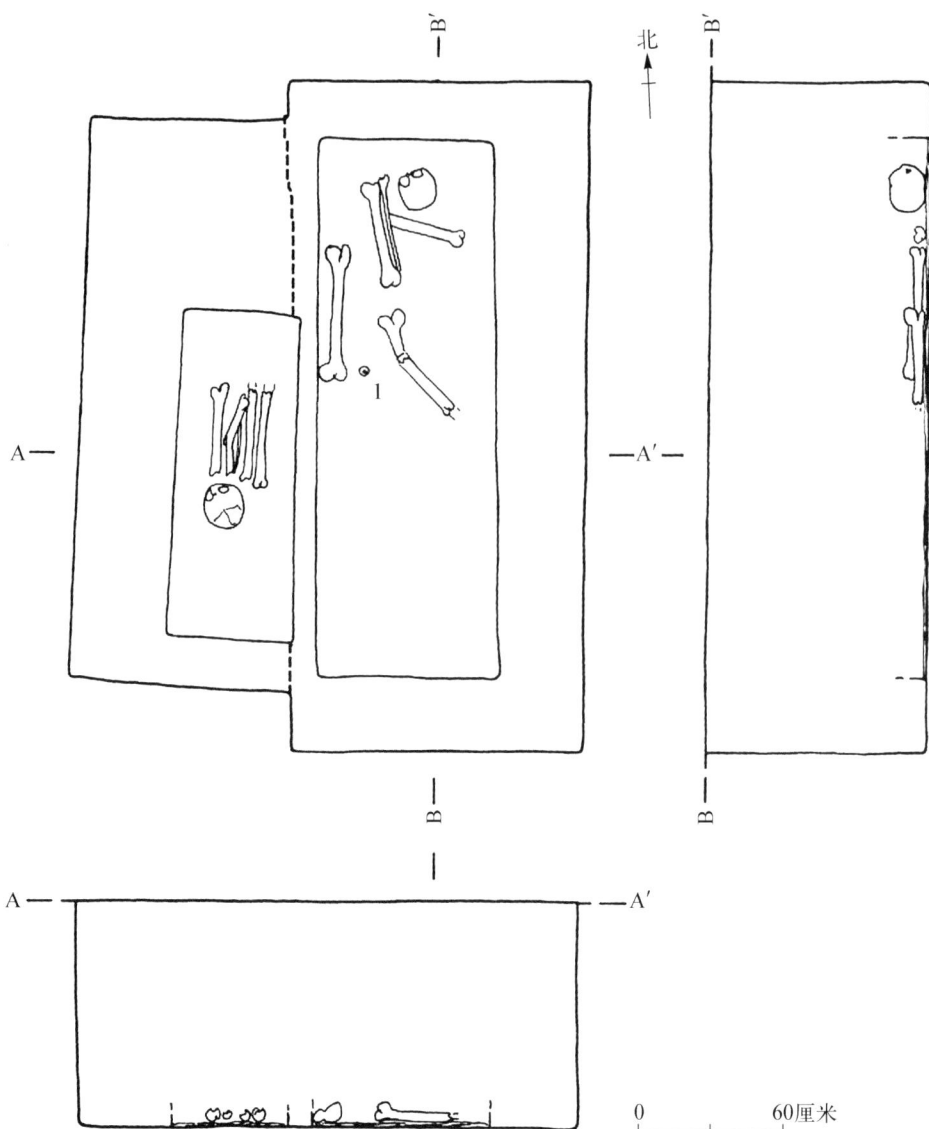

图一七　M5平、剖面图

1. 乾隆通宝

　　棺木均已朽。西棺长1.32米、宽0.5～0.54米、残高0.03米。骨架保存较差,已经扰动,头向南,面向、性别均不详,仰身直肢葬。东棺长2.16米、宽0.74～0.78米、残高0.03米。骨架保存较差,已经扰动,头向北,面向北。性别、葬式均不详。西棺打破东棺。内填花黏土,土质较疏松。随葬品有铜钱。

　　乾隆通宝,1枚。M5:1,模制、完整、圆形、方穿。正面有郭,铸"乾隆通宝"四字,楷书,对读;背面有郭,穿左右为满文"宝泉",纪局名。直径2.36厘米、穿径0.49厘米、郭厚0.12厘米(图一六,3)。

　　(三)三棺墓

　　1座。

M13 位于发掘区西北部。东西向,方向为100°。平面呈不规则形。墓口距地表深0.3米,墓底距地表深0.62~0.71米。墓圹东西长2.39~3米、南北宽2.99~3.25米、深0.32~0.41米(图一八;彩版五,2)。

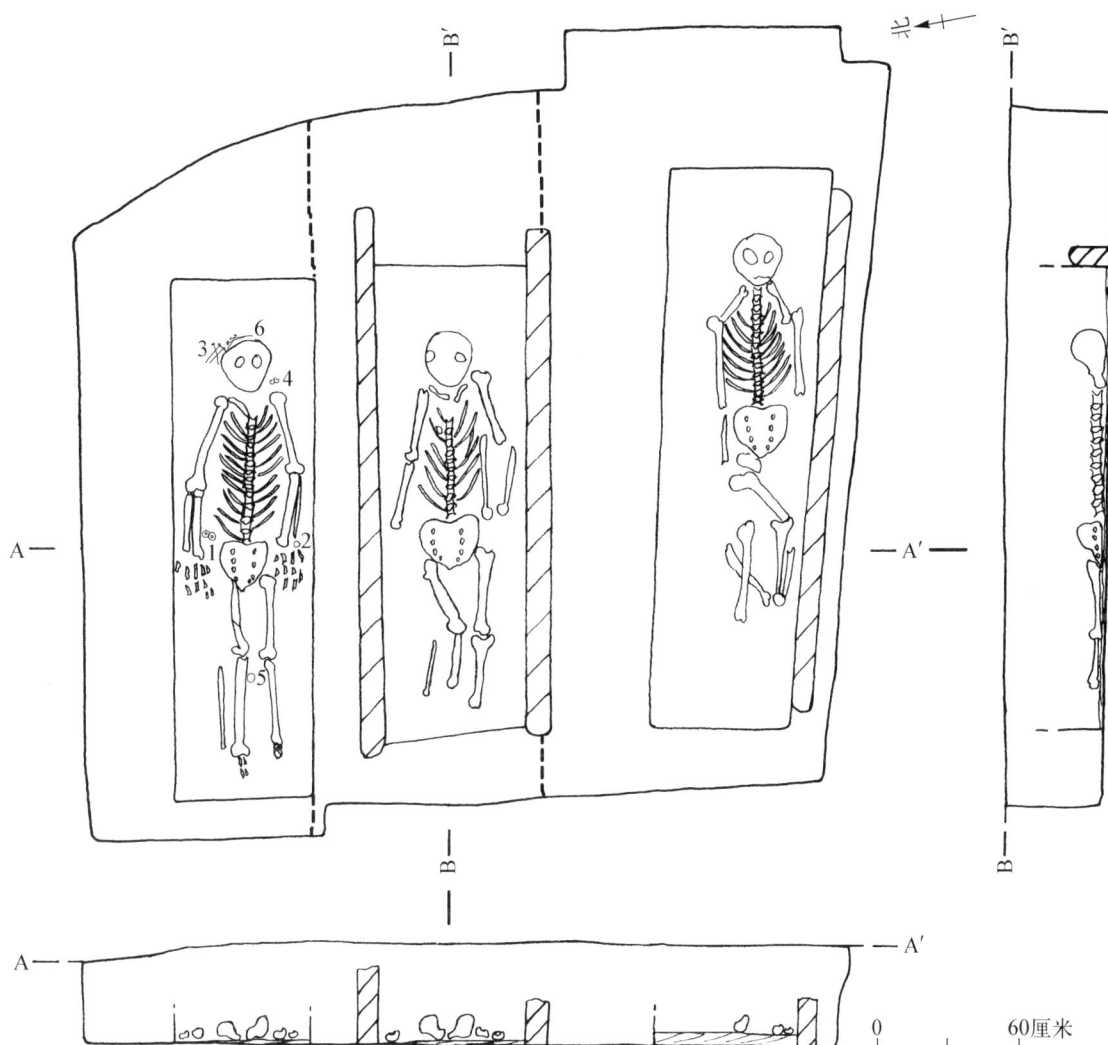

图一八 M13平、剖面图

1.铜钱 2.银戒指 3、6.银簪 4.银耳环 5.铜板

北棺棺木已朽。棺长2.06米、宽0.56~0.58米、残高0.18~0.31米。棺内骨架保存较好,头向东,面向上。为老年女性,仰身直肢葬。中棺棺木保存较好。棺长2.16米、宽0.5~0.8米、残高0.22~0.3米、厚0.12米。棺内骨架保存较好,头向东,面向上。为老年女性,仰身直肢葬。南棺保存较差。棺长2.18米、宽0.6~0.72米、残高0.18米、厚0.12米。棺内骨架保存较好,头向东,面向不详。为老年男性,仰身直肢葬。中棺打破北棺,南棺打破中棺。内填花黏土,土质较疏松。随葬品有银簪、银戒指、银耳环、铜钱、铜板。

银戒指，1枚。M13：2，圆环形，一端刻"寿"字，左右两侧饰对称蝙蝠纹。上下各饰一道弦纹，中饰两组对称圆凸纹、水滴纹等。接口不齐。通长8.6厘米、宽1.4厘米、厚0.12厘米（图一九，7；彩版一二，5）。

银簪，6件。M13：3-1，首呈镂空圆球形，铸有十一个圆形面，上有花瓣纹，中间焊有小圆珠，底托为倒莲花状。体细长，为锥形。通长10.7厘米、首直径1.8厘米（图一九，1；彩版一二，6）。M13：3-2，首呈"U"形，封顶为一椭圆形薄片，中有九个长方形孔，颈部由三组凸弦纹、细线纹组成。体细直，为锥形。通长8.7厘米、首高1.75厘米、首宽1厘米（图一九，2；彩版一三，1）。两件形制、大小基本相同。M13：3-3，由四个相连的花瓣形构成如意云纹形，其中部刻有蝴蝶纹，并以篦点为地纹；中心刻一蝙蝠形图案。背面左刻"足纹"，右刻"聚宝"。通长10.7厘米、首高0.2厘米、首宽2.4厘米（图一九，3；彩版一三，2）。M13：3-4，通长10.8厘米、首高0.21厘米、首宽2.38厘米（图一九，5；彩版一三，3）。M13：3-5，体双股缠绕呈绳形。末端尖锐。通长10.2厘米（图一九，4；彩版一三，4）。M13：6，首为耳挖形，颈部刻一立体六瓣花。体弯曲，末端尖锐。通长11厘米（图一九，6；彩版一四，1）。

银耳环，2件。形制、大小基本相同。一端尖细弯曲，一端中部附一立体六瓣花，下饰花叶纹。M13：4-1，通长2.9厘米（图一九，8；彩版一三，5）。M13：4-2，通长2.7厘米（图一九，9；彩版一三，6）。

乾隆通宝，2枚。均模制、完整、圆形、方穿。正面有郭，铸"乾隆通宝"四字，楷书，对读；背面有郭，穿左右为满文"宝源"，纪局名。标本：M13：1-1，直径2.49厘米、穿径0.56厘米、郭厚0.11厘米（图一九，11）。

道光通宝，3枚。均模制、完整、圆形、方穿。正面有郭，铸"道光通宝"四字，楷书，对读；背面有郭，穿左右为满文"宝源"，纪局名。标本：M13：1-2，直径2.44厘米、穿径0.52厘米、郭厚0.14厘米（图一九，10）。

其余5枚，均锈蚀严重，字迹模糊不可辨认。

铜板，1枚。M13：5，模制、完整，正面"大清铜币"四字，楷书，对读；背面四周有英文字母。中部为蟠龙。直径3.29厘米、郭厚0.12厘米（图一九，12）。

（四）搬迁墓

共5座：M2、M6、M7、M14、M15。可分为单棺、双棺两种类型。

A型：单棺墓，有M7、M14、M15。

M7 位于发掘区东部，毗邻M8。南北向，方向为358°。平面呈不规则形。墓口距地表深0.3米，墓底距地表深0.89米。墓圹东西长2.1～2.24米、南北宽0.76～1米、深0.59米（图二〇；彩版六，1）。

棺木腐蚀严重，仅残留棺痕。棺痕长1.8米、宽0.6～0.8米、残高0.16米。内填花黏土，土质较疏松。未发现人骨架及随葬品。

M14 位于发掘区北部。南北向，方向为330°。平面呈梯形。墓口距地表深0.3米，墓底距地表深0.44～0.6米。墓圹南北长2.66米、东西宽0.8～1.1米、深0.14～0.3米（图二一；彩版六，2）。

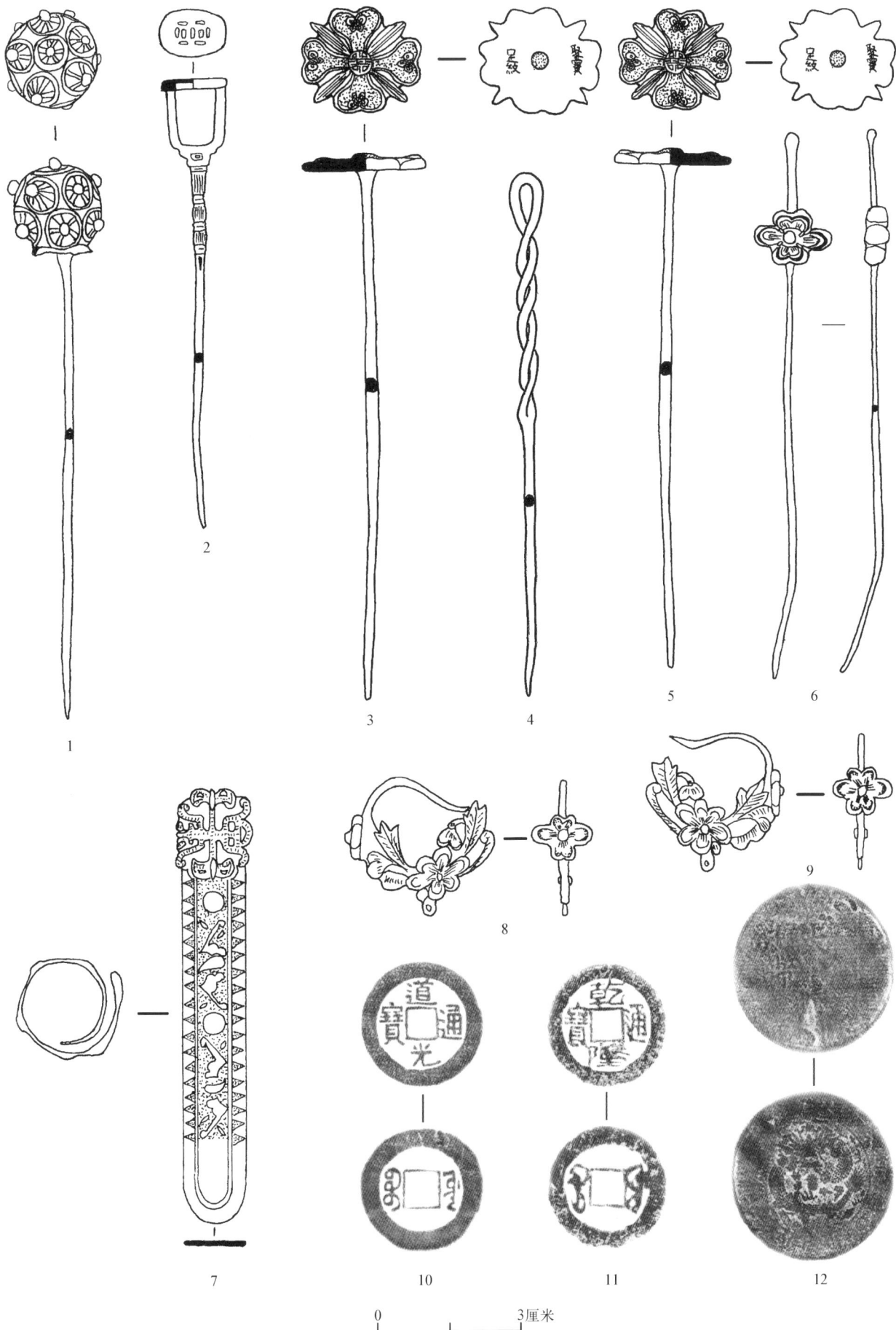

图一九　M13随葬器物

1~6.银簪（M13：3-1、M13：3-2、M13：3-3、M13：3-5、M13：3-4、M13：6）　7.银戒指（M13：2）

8、9.银耳环（M13：4-1、M13：4-2）　10、11.铜钱（M13：1-2、M13：1-1）　12.铜板（M13：5）

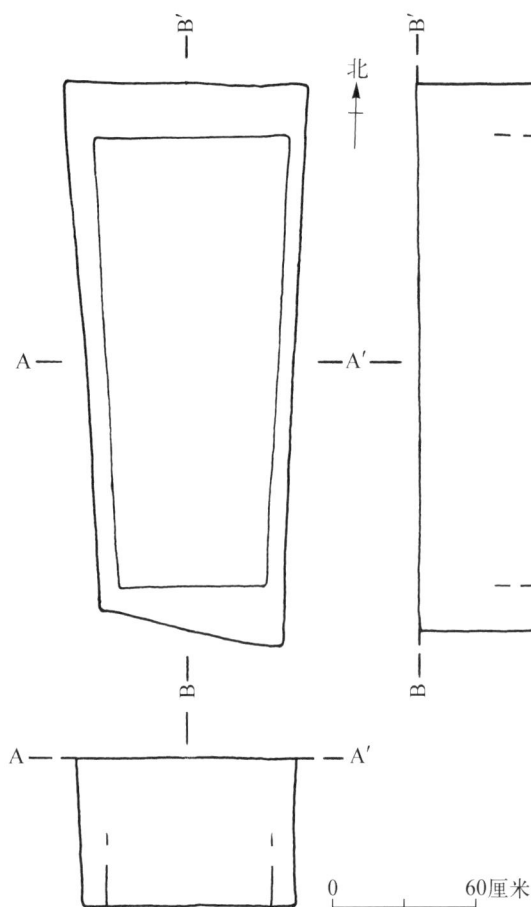

图二〇　M7平、剖面图

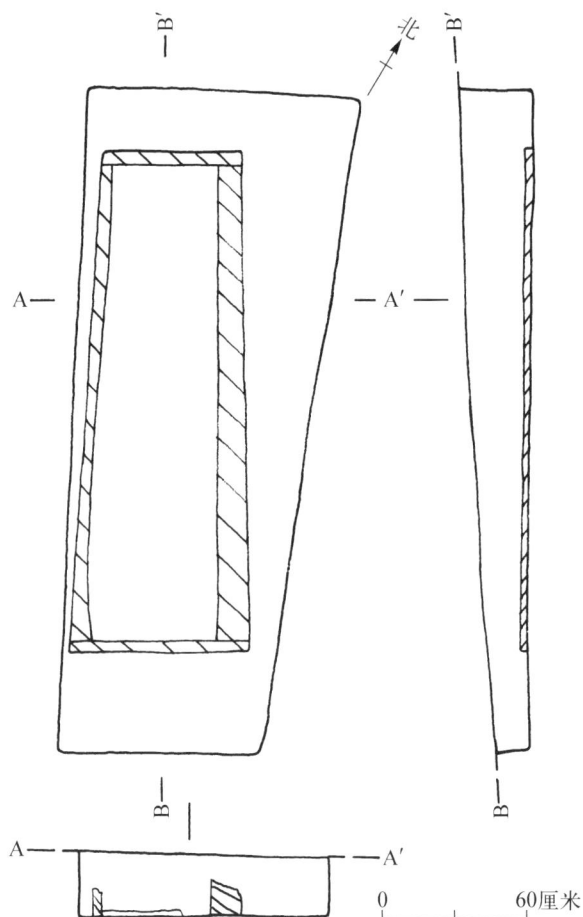

图二一　M14平、剖面图

　　棺木保存较好。棺长2米、宽0.36～0.56米、残高0.12～0.14米、厚0.12米。内填花黏土,土质较疏松。未发现人骨及随葬品。

　　M15　位于发掘区东北部,M14的东南。南北向,方向为320°。平面呈不规则形。墓口距地表深0.3米,墓底距地表深1.2米。墓圹南北长2.6米、东西宽0.7～1米、深0.9米(图二二;彩版六,3)。

　　棺木已朽。棺长2.04米、宽0.54～0.72米、残高0.23米。内填花黏土,土质较疏松。未发现人骨架。随葬品有半釉罐。

　　半釉罐,1件。M15∶1,尖唇,敛口,弧腹,平底。胎质较粗糙。施黄釉,外壁下部、底部未施釉。素面。口径7.8厘米、底径7.9厘米、高7.2厘米(图二三,1;彩版一四,2)。

　　B型:双棺墓,有M2、M6。平面呈不规则形。

　　M2　位于发掘区中南部,西南邻M1。东西向,方向为120°。墓口距地表深0.3米,墓底距地表深1.3米。墓圹东西长2.41～2.67米、南北宽2.04～2.1米、深1米(图二四;彩版七,1)。

　　棺木保存较好。北棺长1.82米、宽0.38～0.52米、残高0.2米、厚0.08米。骨架保存较差,只残留头骨。因扰动头向不明,面向南。性别、葬式均不详。南棺长2.02米、宽0.4～0.5米、残高

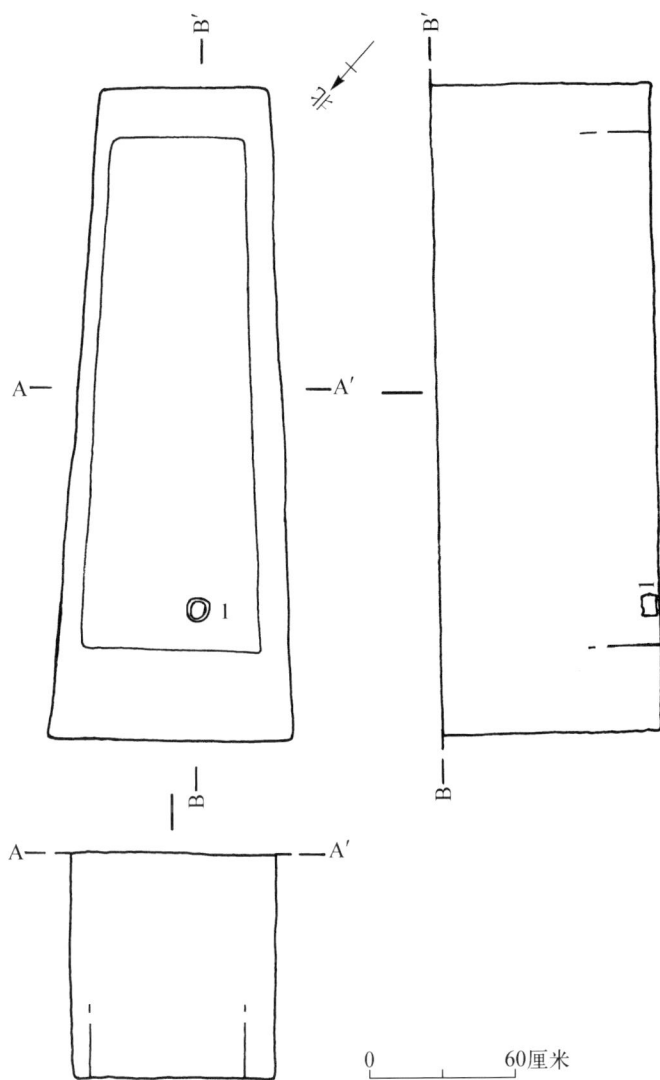

图二二　M15平、剖面图

1. 半釉罐

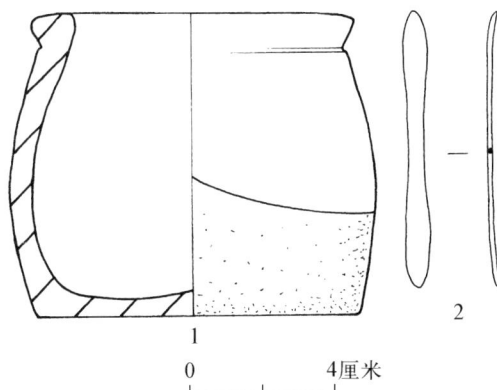

图二三　搬迁墓葬随葬器物

1. 半釉罐（M15:1）　2. 银押发（M2:1）

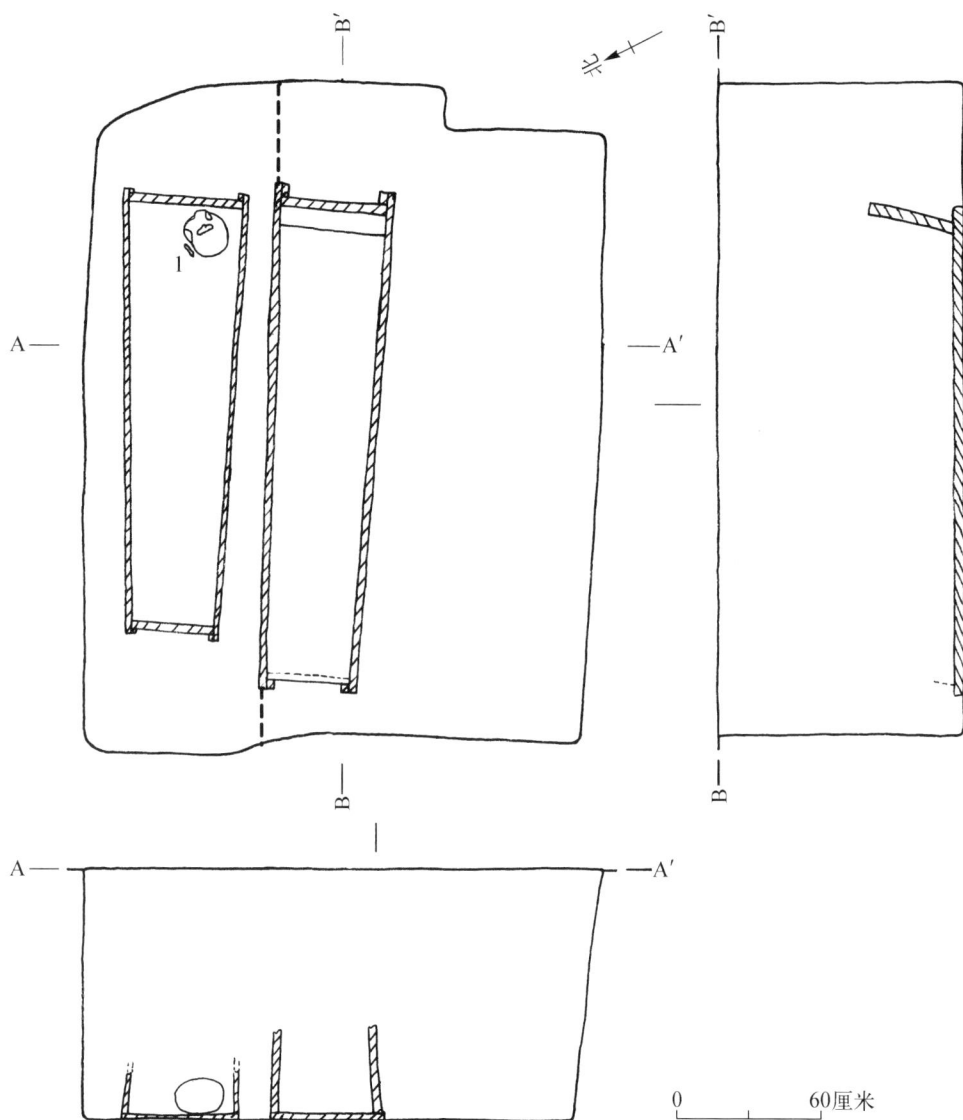

图二四　M2平、剖面图

1.银押发

0.35米、厚0.08米。未发现人骨。南棺打破北棺。内填花黏土,土质较疏松。随葬品有银押发。

银押发,1件。M2:1,体扁平,两端为圆弧形,略宽;束腰。素面。宽0.4～0.8厘米、厚0.1厘米、通长6.4厘米(图二三,2;彩版一四,3)。

M6　位于发掘区中南部,南邻M5。南北向,方向为160°。墓口距地表深0.3米,墓底距地表深1.42～2米。墓圹南北长2.56～2.9米、东西宽1.18～2.18米、深1.12～1.7米(图二五;彩版七,2)。

棺木保存较好。棺长2.13米、宽0.7～0.76米、残高0.34～0.57米、厚0.11米。内填花黏土,土质较疏松。未发现人骨及随葬品。

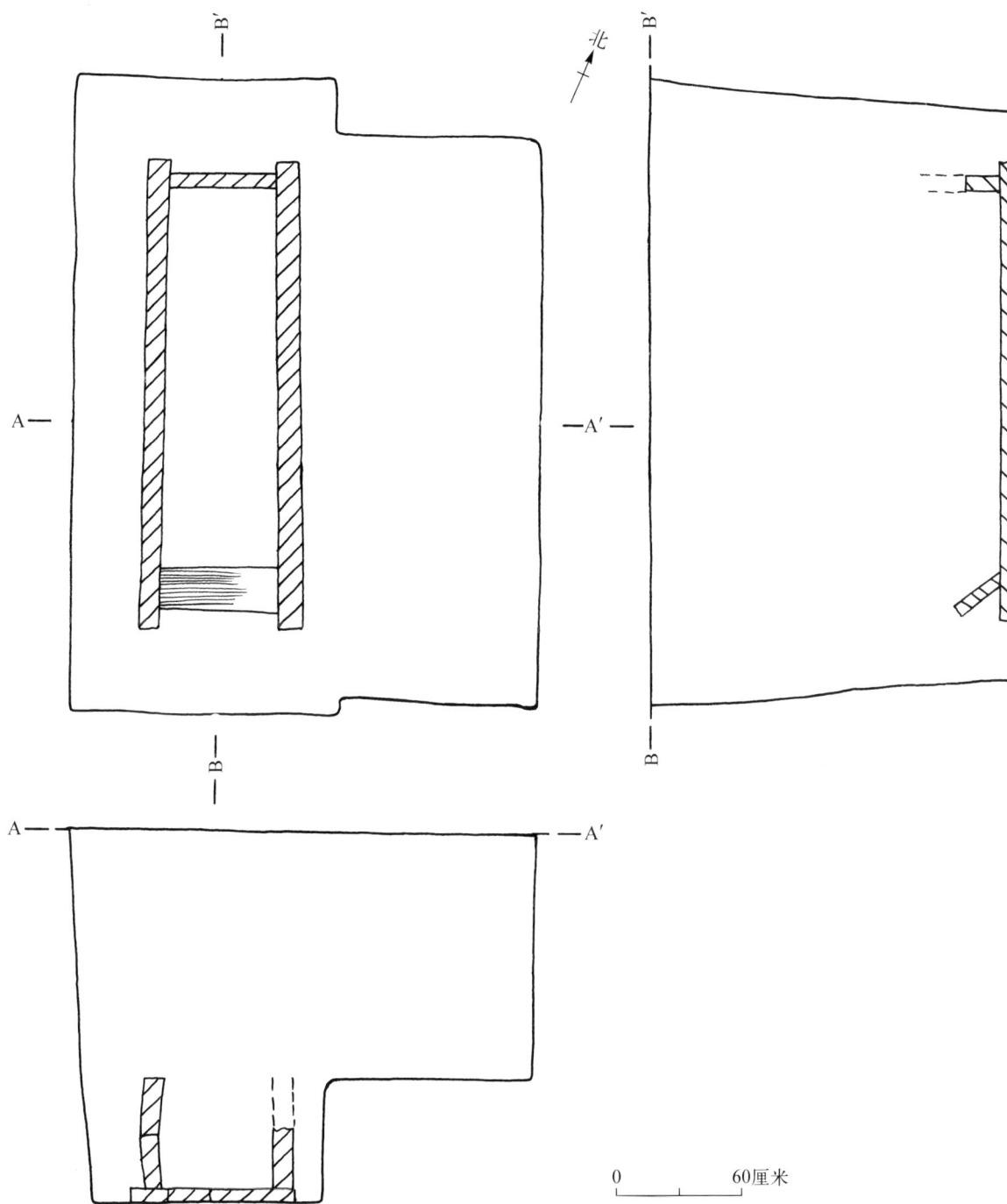

图二五　M6平、剖面图

四、小结

此次发掘的15座墓葬主要集中分布于该发掘区的南部,M13~M15零散分布于北部。

这批墓葬均为竖穴土坑结构,规格较小。单棺墓9座,占60%;双人合葬墓5座,占33.3%;三棺墓1座,占6.7%。根据人骨保存状态、对人骨性别和年龄的鉴定、墓葬的形制、尺寸及随葬品初步判断,双人合葬墓多为一夫一妻合葬,其中有二次葬(如M5),少数为母子合葬;三人合葬墓应为一夫多妻合葬;合葬形式多为同穴异棺的二次葬。单棺墓多因盗扰严重,具体葬式不详。

出土的随葬品有铜钱、银发簪、银耳环、银戒指、铜扣、银镯及半釉罐等,属于北京清代墓葬中较为常见的器类。

根据墓葬形制、结构及随葬品来判断,这些墓葬具有典型的清代墓葬特征。出土的铜钱中,最早的为"康熙通宝",最晚为"光绪通宝"。M13出土的铜板,其年代已进入民国。根据墓葬形制及随葬品判断,该墓地为一处清代中期到清末的平民墓地。

此次发掘为进一步研究朝阳区东北部地区清代葬俗乃至了解当时的社会状况提供了新的资料。

孙河组团土地储备项目M地块考古发掘报告

一、概况

为配合朝阳区孙河组团土地储备M地块项目，北京市文物研究所于2015年4月14日至4月28日，对该地块进行了考古勘探（彩版一五），并于2015年8月1日至8月3日对勘探发现的清代墓葬进行了考古发掘。考古发掘证照为考执字（2015）第（551）号。

发掘区位于朝阳区孙河乡北甸西村南侧、N地块的东侧，南距机场南线高速公路33米、东距孙河地铁站40米（图二六）。西部GPS坐标：北纬40°02′41.78″，东经116°31′11.37″，高33米；东

图二六　发掘区位置示意图

部GPS坐标：北纬40°02′38.53″，东经116°31′23.24″，高34米。

共发掘清代墓葬4座（附表三），出土铜钱5枚（附表四），发掘面积共计26平方米（图二七）。

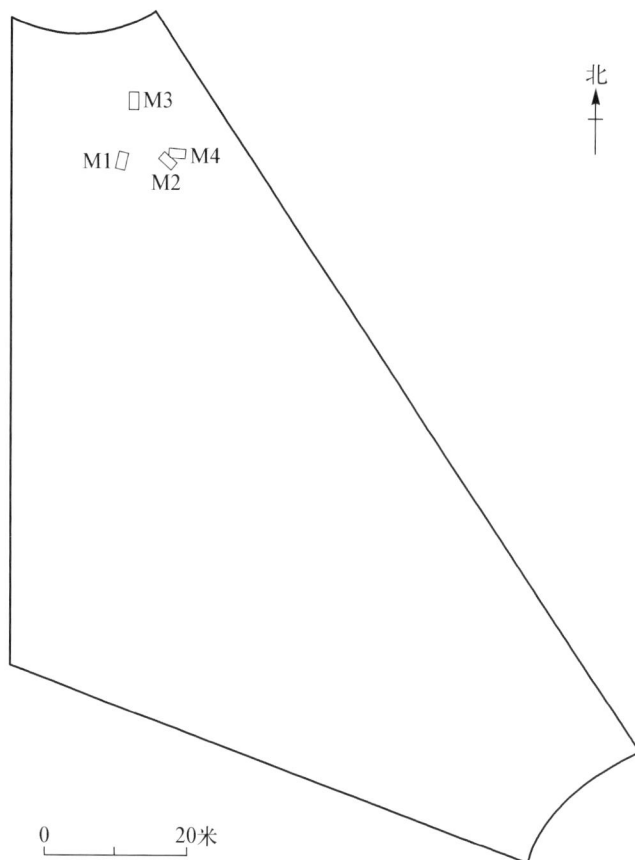

图二七　总平面图

二、地层

该发掘区的地层堆积自上而下可分为四层（图二八）。

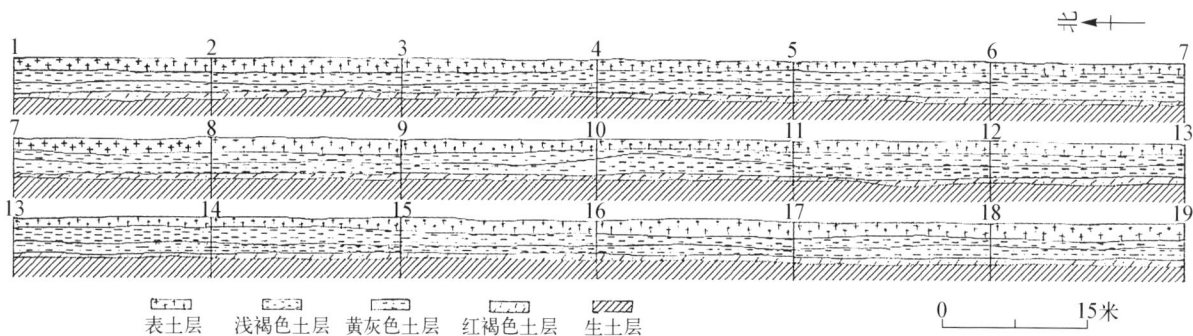

表土层　浅褐色土层　黄灰色土层　红褐色土层　生土层

图二八　南北向地层探孔柱状剖面图

第①层：表土层。深0.3～1.8米，呈黄灰褐色，疏松，含大量建筑石块。

第②层：浅褐色土层。深0.6～1.8米、厚0.3米～1米，较疏松，含砖块、水泥渣、石块及煤炭颗粒。

第③层：黄灰色土层。深0.5～2.2米、厚0.4～0.7米，较致密，含礓石颗粒，有水锈斑点。

第④层：红褐色土层。深0.7～2.6米、厚0.2～0.4米，致密，较纯净。

以下为生土层。

三、墓葬

墓葬均为竖穴土坑墓，东西向，开口于③层下。分为单棺墓、双棺墓两种（表二）。

表二 墓葬分类表

分 类	单 棺 墓	双 棺 墓
数量（座）	2	2

（一）单棺墓

共2座：M2、M4。平面均呈长方形。

M2 位于发掘区北部，打破M4。墓室东部有一梯形盗洞，南北长1.28米、东西宽0.55～0.75米、深0.42米。方向为125°。墓口距地表深1.3米，墓底距地表深1.72米。墓圹东西长2.56米、南北宽1.1米、深0.42米（图二九；彩版一六，1）。

棺木保存一般。棺长1.55米、宽0.58～0.7米、残高0.11米、厚0.09米。内填花黏土，土质较疏松。未发现人骨和随葬器物。

M4 位于发掘区北部，西南部被M2打破。方向为95°。墓口距地表深1.3米，墓底距地表深1.87米。墓圹东西长2.5米、南北宽1.45米、深0.57米（图三〇；彩版一六，2）。

棺木保存较差。棺长1.8米、宽0.42～0.56米、残高0.04米。棺底有白灰一层，厚0.03～0.05米。棺内仅余数根下肢骨。墓主人头向、面向、性别、葬式均不详。内填花黏土，土质较疏松。未发现随葬器物。

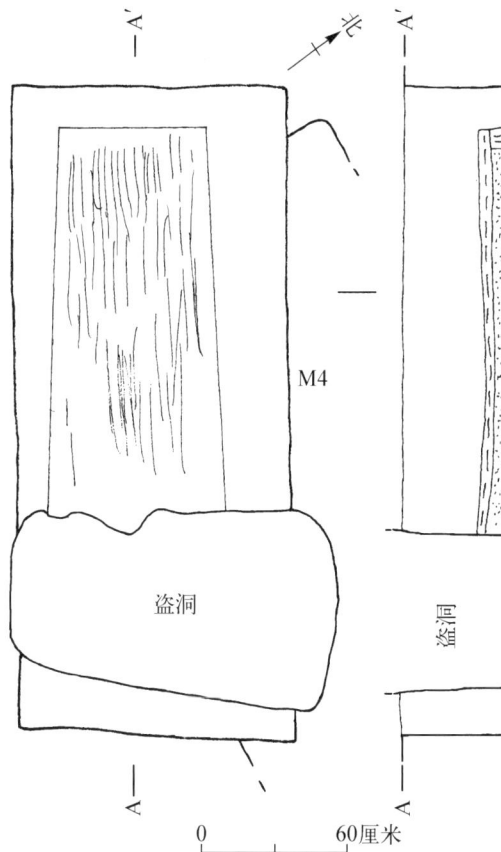

图二九 M2平、剖面图

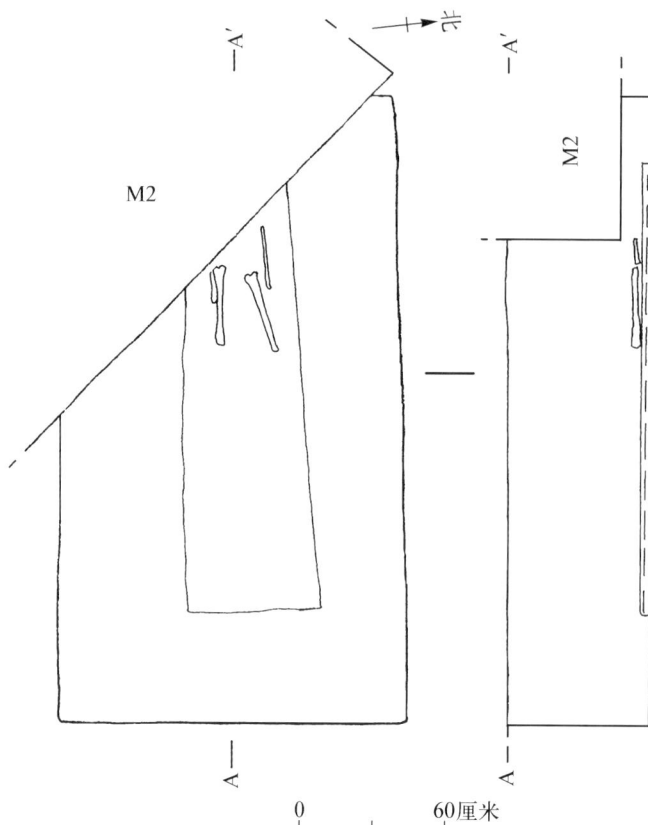

0 ————— 60厘米

图三〇　M4平、剖面图

（二）双棺墓

共2座：M1、M3。平面均呈不规则形。

M1　位于发掘区北部。墓室东部有一椭圆形盗洞。南北长1.35米、东西宽1米、深1.1米。方向为120°。墓口距地表深2.1米，墓底距地表深2.41～2.69米。墓圹东西长2.18～2.51米、南北宽1.78～1.82米、深0.31～0.59米（图三一；彩版一七，1）。

棺木保存一般。棺内人骨保存均较差，头向、面向、性别、年龄、葬式均不详。南棺残长1.07米、宽0.5米、残高0.06米、厚0.08米。北棺残长1.1～1.85米、宽0.48米、残高0.1米、厚0.06米。内填花黏土，土质较疏松。随葬器物有铜钱。

嘉庆通宝，1枚。M1：1，圆形、方穿。正面有郭，铸"嘉庆通宝"四字，楷书，对读；背面有郭，穿左右为满文"宝泉"，纪局名。直径2.92厘米、穿径0.61厘米、郭厚0.16厘米（图三二，1）。

M3　位于发掘区北部，M1的北部。墓室东部有一长方形盗洞，南北长1.75米、东西宽0.9米、深1.35米。方向为55°。墓口距地表深1.7米，墓底距地表深3米。墓圹东西长2.35～2.6米、南北宽2～2.1米、深1.3米（图三三；彩版一七，2）。

棺木已朽。人骨面向、性别均不详。南棺残长0.9米、宽0.48米、残高0.12米。棺内人骨仅余下肢骨，残长0.7米。北棺残长1.25米、宽0.46～0.55米、残高0.13米。棺内人骨保存较差。仰

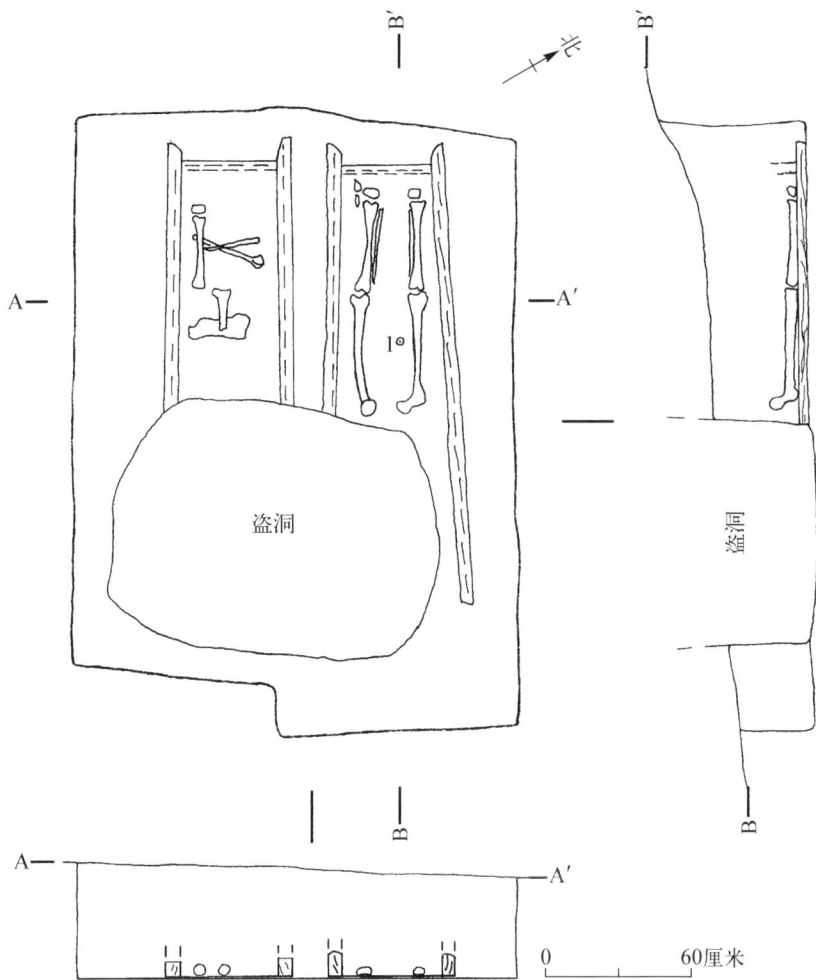

图三一　M1平、剖面图

1. 铜钱

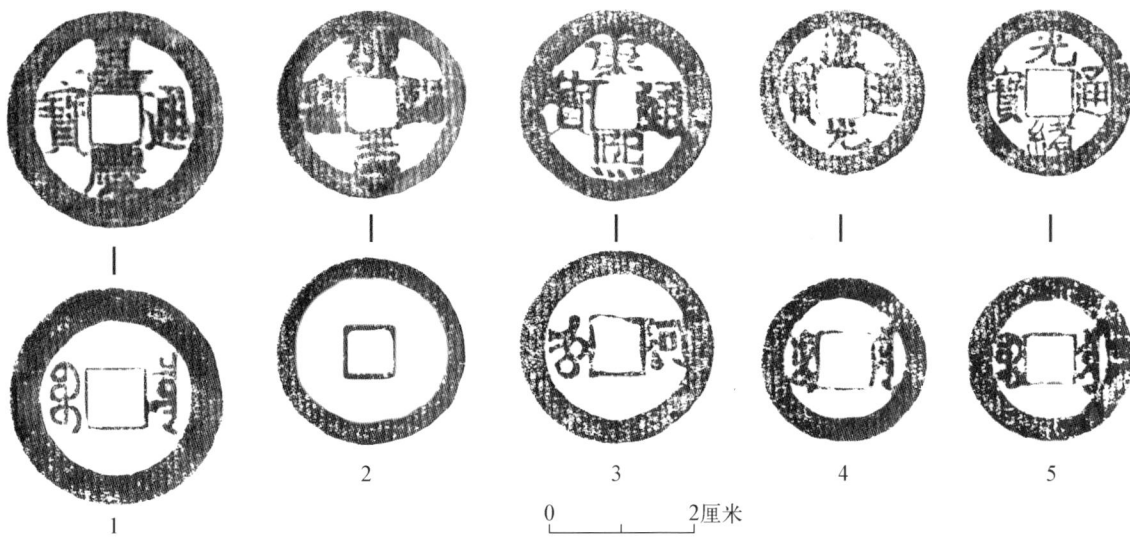

图三二　双棺墓葬随葬铜钱

1. 嘉庆通宝（M1：1）　2. 明道元宝（M3：1-1）　3. 康熙通宝（M3：1-2）　4. 道光通宝（M3：1-3）　5. 光绪通宝（M3：2）

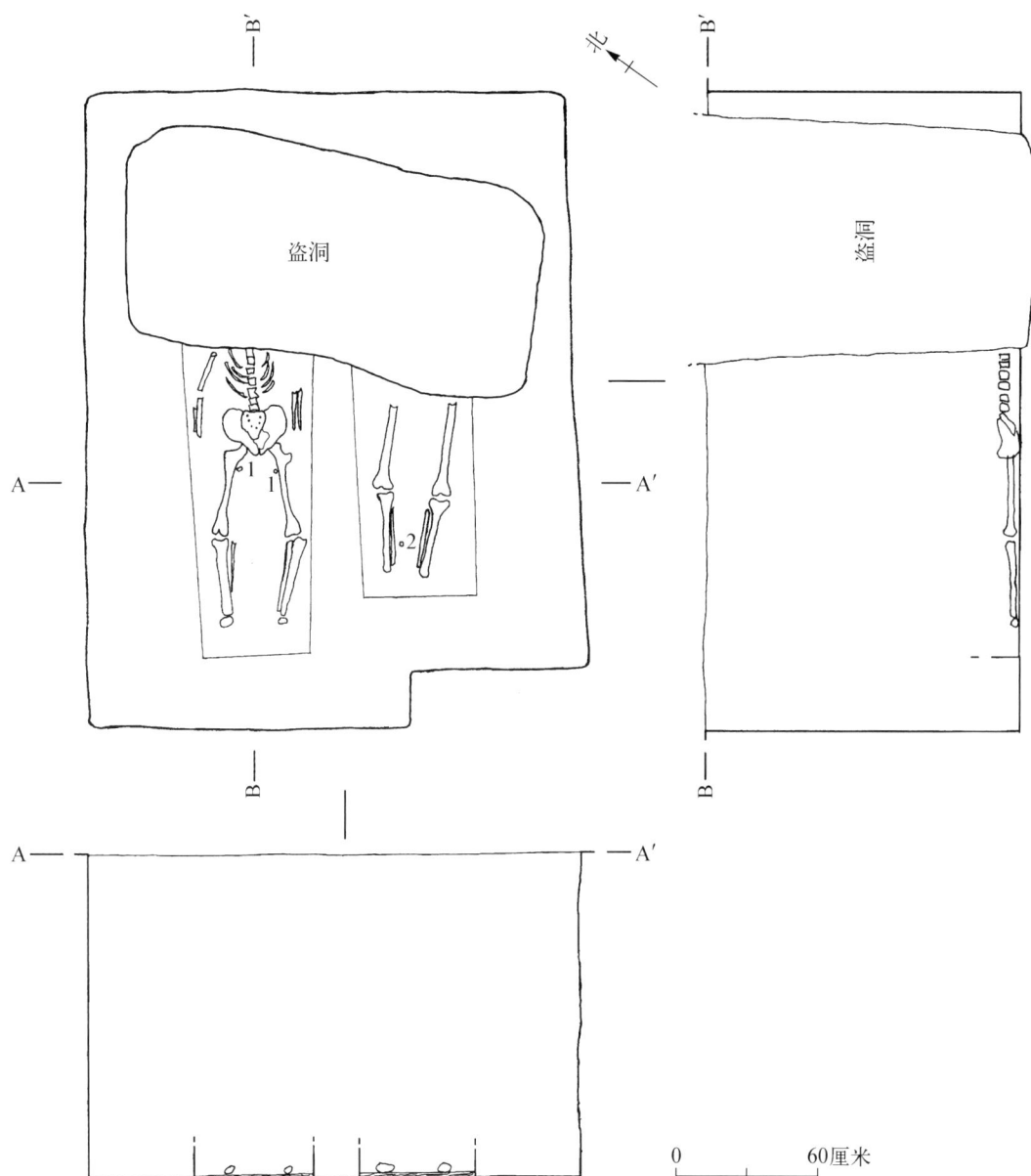

图三三　M3平、剖面图

1、2. 铜钱

身直肢葬，头向不详。棺底铺草木灰，厚0.02～0.05米。内填花黏土，土质较疏松。随葬器物有铜钱。

明道元宝，1枚。M3∶1-1，圆形、方穿。正面有郭，铸"明道元宝"四字，篆书，旋读；背面有郭，无字。直径2.51厘米、穿径0.56厘米、郭厚0.12厘米（图三二，2）。

康熙通宝，1枚。M3∶1-2，圆形、方穿。正面有郭，铸"康熙通宝"四字，楷书，对读；背面有郭，穿左侧为满文，右侧为汉字"河"，纪局名。直径2.6厘米、穿径0.56厘米、郭厚0.09厘米（图三二，3）。

道光通宝,1枚。M3:1-3,圆形、方穿。正面有郭,铸"道光通宝"四字,楷书,对读;背面有郭,穿左右为满文"宝泉",纪局名。直径2.25厘米、穿径0.56厘米、郭厚0.15厘米(图三二,4)。

光绪通宝,1枚。M3:2,圆形、方穿。正面有郭,铸"光绪通宝"四字,楷书,对读;背面有郭,穿左右为满文"宝泉",纪局名。直径2.22厘米、穿径0.5厘米、郭厚0.11厘米(图三二,5)。

四、小结

此次发掘的4座墓葬集中分布于发掘区北部。M2打破M4。

这4座墓葬均为竖穴土坑墓,形制较小,大部分被盗。其中M1和M3为双棺墓,合葬形式为同穴异棺。M2和M4为单棺葬,发掘时均未发现人骨和随葬器物。

共出土铜钱5枚。按时代早晚依次为M3北棺出土的北宋中期的明道元宝1枚,该钱币又称明元道宝,为北宋仁宗明道元年(1032)始铸,钱文有篆、真二体。版别复杂,仅《新订北宋符合泉志》所收录不同版别的明道元宝即多达28种[1]。清代早期的有康熙通宝1枚,清代中期的有嘉庆通宝和道光通宝各1枚,清代晚期的有光绪通宝1枚。

结合墓葬开口层位、结构与形制和随葬铜钱判断,此次发掘的四座墓葬均为清代中晚期墓葬。

除了N地块和M地块外,近年来还在孙河土储U地块发掘出汉代、明清墓葬[2],T地块发掘出辽金时期窑址[3],K地块发掘出辽金、清代墓葬[4],从这些发现可以看出,孙河西甸村一带有汉、辽、金、清代的墓葬,是一处延续时间较长的古代遗址。

---

① (日)小川浩著,车新亭译:《新订北宋符合泉志》,中华书局,1996年。
② 北京市文物研究所2017年发掘资料。
③ 北京市文物研究所2018年发掘资料。
④ 北京市文物研究所2014年发掘资料。

中关村电子城E8-1北电三期
工程用地考古发掘报告

一、前言

2009年5月21日至6月3日，为配合施工建设，北京市文物研究所对中关村电子城E8-1北电三期工程占地范围内的清代墓葬进行了考古发掘（彩版一八，1）。

该项目位于朝阳区望京新城的东北部、北五环的东南部，东邻屏翠东路、南邻溪阳东路、西邻望京东路、北邻锐创集团（图三四）。共发掘墓葬13座（彩版一八，2；附表五），出土器物共计5件（不含铜钱），总发掘面积300平方米（图三五）。

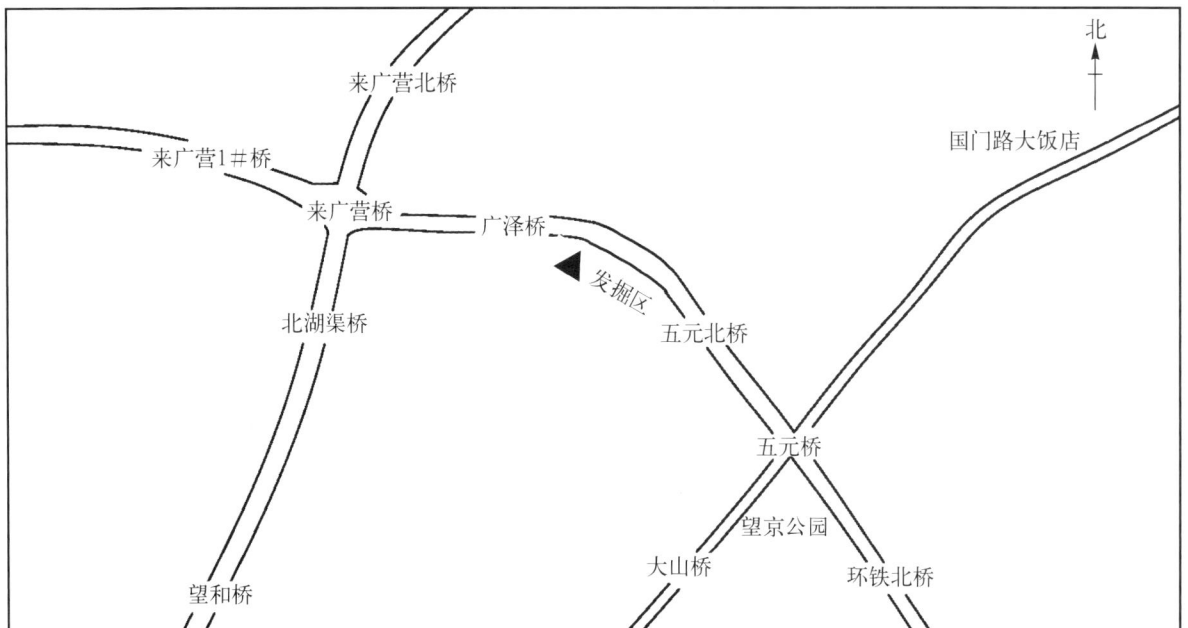

图三四　发掘区位置示意图

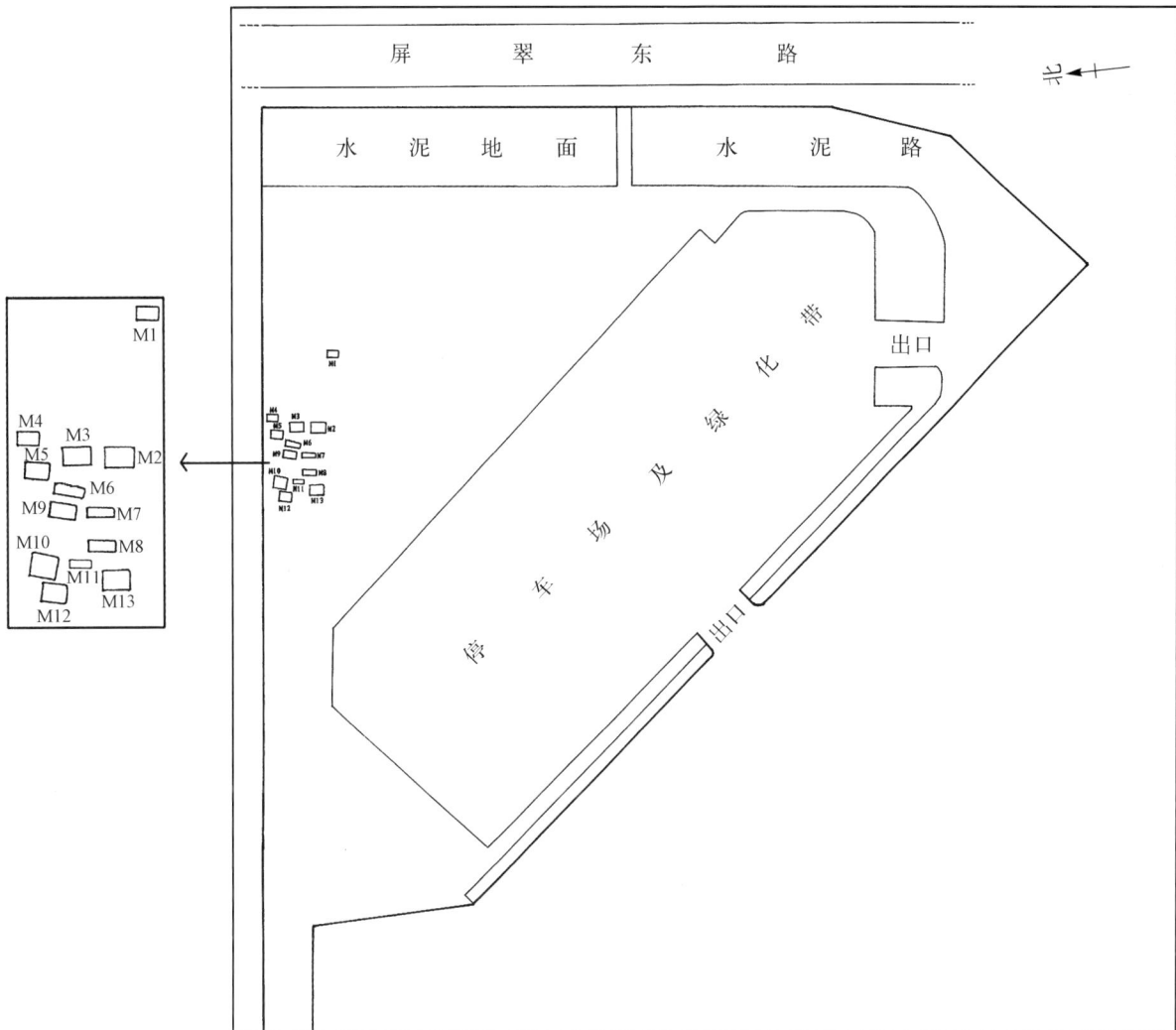

图三五 总平面图

二、地层堆积

发掘区的地层堆积自上而下可分为四层。

第①层：现代垫土层。深0～1米，内含砖渣及植物根系等。

第②层：原表土层。深1～1.3米、厚0.1～0.3米，土质较致密。

第③层：冲积层。深1.3～1.9米、厚0.2～0.6米，呈浅褐色，土质较疏松。

第④层：褐色土层。深1.9～2.9米、厚0.6～1米，呈黑褐色，土质较致密、纯净。

以下为生土层，呈浅黄色，土质较致密。

三、墓葬和遗物

墓葬均开口于②层下。均为长方形竖穴土坑墓，南北向。分为单棺墓、双棺墓、搬迁墓三种（表三）。

表三　墓葬分类表

分　类	单　棺　墓	双　棺　墓	搬　迁　墓
数量（座）	9	2	2

（一）单棺墓

共9座：M1、M3～M8、M11、M12。

M1　位于发掘区的东部。方向为10°。墓口距地表深1.7米，墓底距地表深3米。墓圹南北长2.5米、东西宽0.9～1米、深1.3米（图三六；彩版一九，1）。

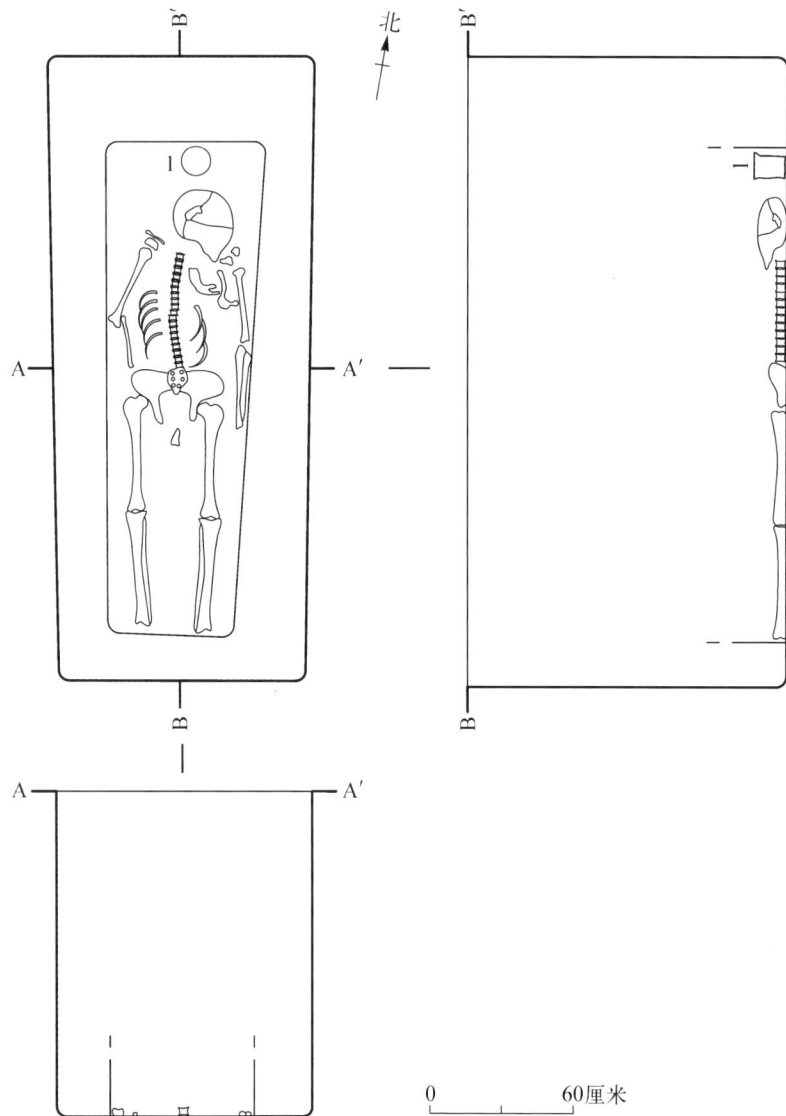

图三六　M1平、剖面图

1.半釉罐

棺木已朽。棺长1.88米、宽0.58～0.66米、残高0.05米。骨架保存较好,头朝北,面向东。墓主人为成年男性,葬式为仰身直肢葬。内填花黏土,土质疏松。随葬品有半釉罐。

半釉罐,1件。M1:1,厚圆唇、敞口,矮颈,斜肩,斜直腹,平底。腹部以上外壁及口沿内侧施绿色釉。轮制,体外有轮旋痕迹。素面。口径10.4厘米、肩径10.2厘米、腹径9.8厘米、底径7厘米、高10.8厘米(图三七,1;彩版二二,2)。

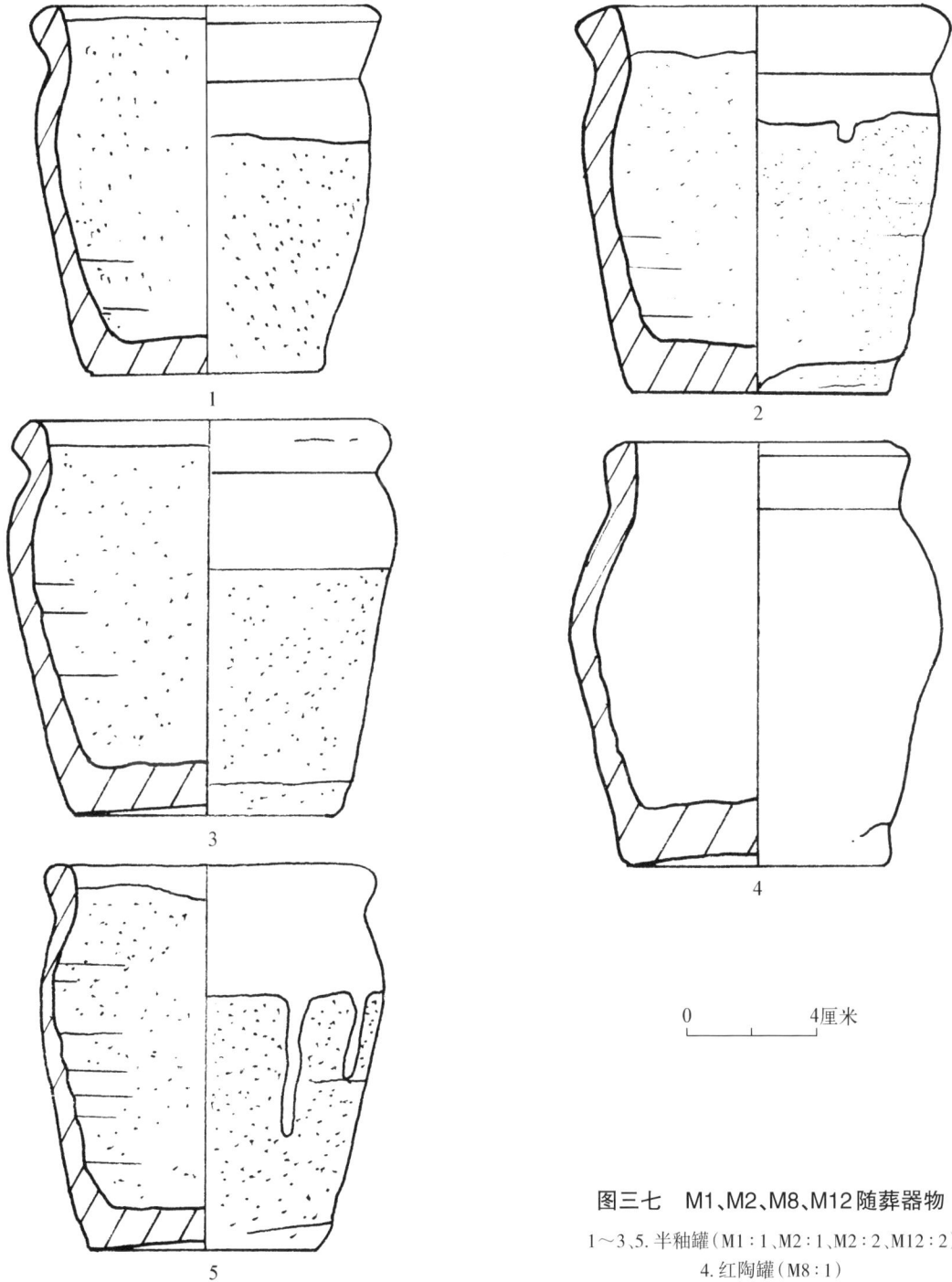

0   4厘米

图三七　M1、M2、M8、M12随葬器物

1～3、5.半釉罐(M1:1、M2:1、M2:2、M12:2)
4.红陶罐(M8:1)

M3 位于发掘区中部,南邻M2。方向为20°。墓口距地表深1.7米,墓底距地表深3米。西壁被一个近代坑打破。墓圹南北长2.7米、东西宽1.2米、深1.3米(图三八;彩版一九,2)。

棺木已朽。棺长2米、宽0.4~0.5米、残高0.1米、厚0.06米。骨架保存较差,墓主人为成年男性,葬式为仰身直肢,面向不详。内填花黏土,土质疏松。随葬品有铜钱。

康熙通宝,1枚。M3:1,圆形、方穿,正背面郭缘较宽。正面铸"康熙通宝"四字,楷书,对读;背穿左右为满文"宝泉",纪局名。直径2.31厘米、穿径0.55厘米、郭厚0.11厘米(图三九,1)。

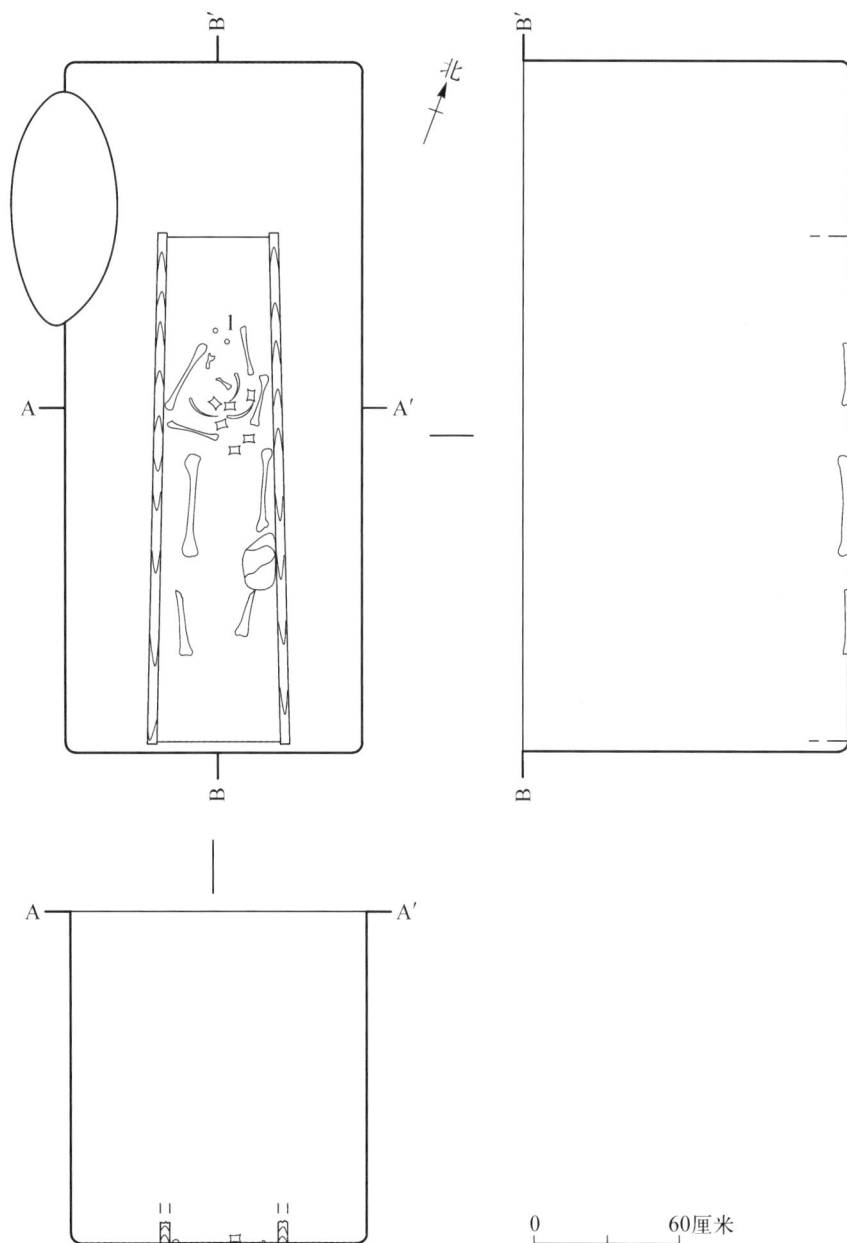

图三八 M3平、剖面图

1.康熙通宝

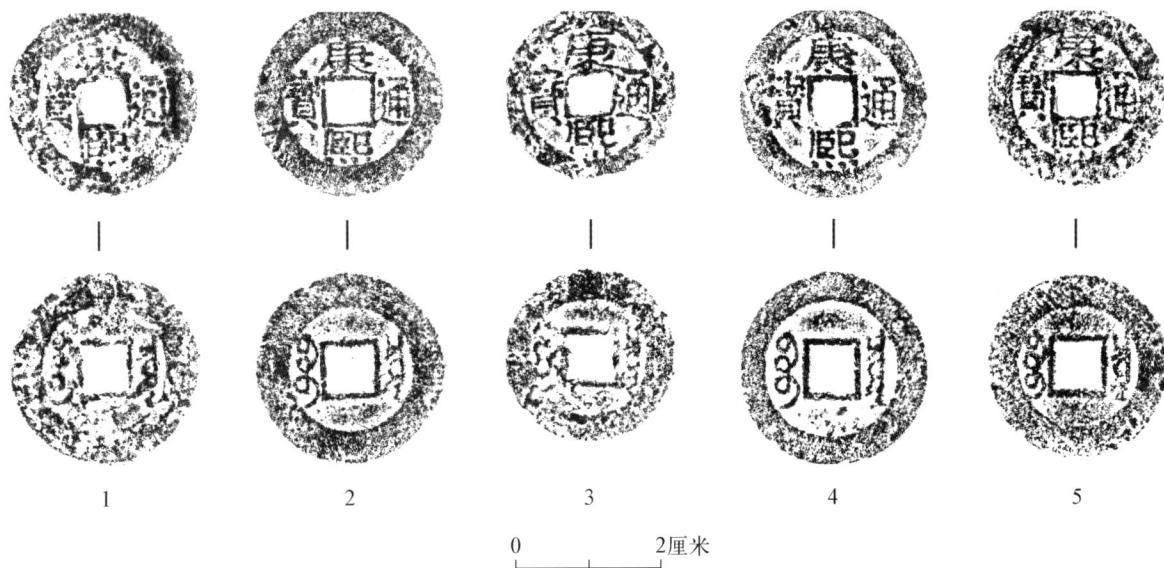

图三九　M2、M3、M12随葬康熙通宝

1. M3：1　2. M2：4-1　3. M2：4-2　4. M12：1-1　5. M12：1-2

M4　位于发掘区北部,西邻M5。方向为20°。墓口距地表深1.7米,墓底距地表深2.3米。墓圹南北长1.7米、东西宽1.2米、深0.6米(图四〇;彩版一九,3)。

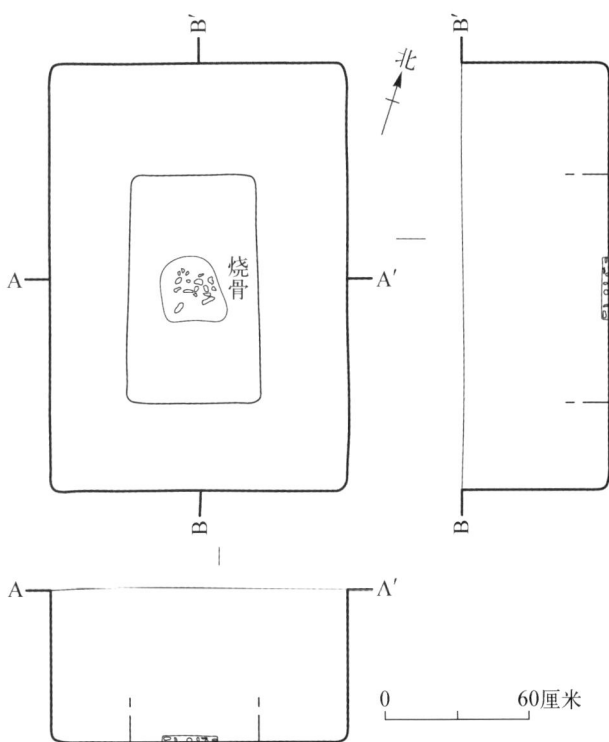

图四〇　M4平、剖面图

棺木已朽。棺长0.9米、宽0.5～0.55米、残高0.1米。棺内为烧骨。内填花黏土,土质疏松。未发现随葬品。

M5 位于发掘区北部,东邻M4。方向为20°。墓口距地表深1.7米,墓底距地表深3.5米。墓圹南北长2.3米、东西宽0.8～0.89米、深1.8米(图四一;彩版一九,4)。

棺木已朽。棺长1.8米、宽0.45～0.5米、残高0.2米。骨架保存较好。墓主人为成年女性,葬式为仰身直肢,头向西北,面向西。内填花黏土,土质疏松。未发现随葬品。

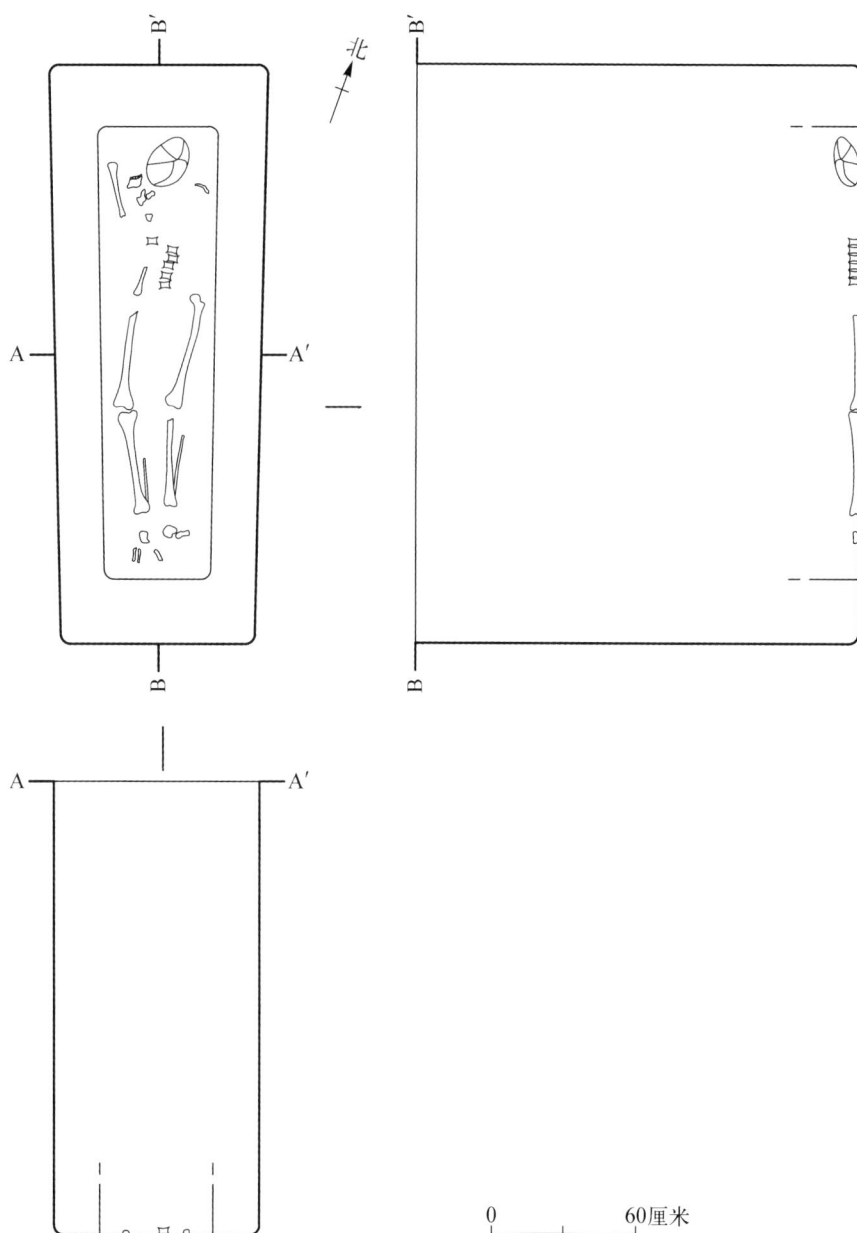

图四一 M5平、剖面图

M6 位于发掘区中部,北邻M5。方向为15°。墓口距地表深1.7米,墓底距地表深2.9米。墓圹南北长2米、东西宽1.2米、深1.2米(图四二;彩版二〇,1)。

棺木已朽。棺长1.65米、宽0.6~0.7米、残高0.2米。骨架保存较好。墓主人为成年男性,头向西北,葬式为仰身直肢。内填花黏土,土质疏松。未发现随葬品。

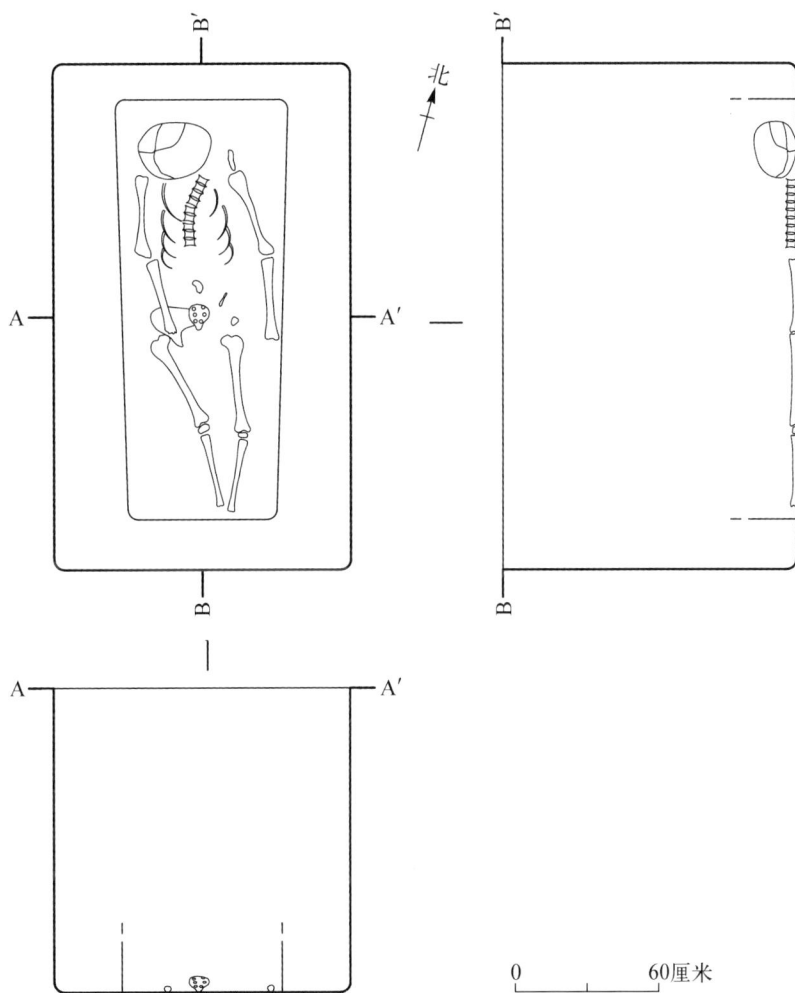

图四二 M6平、剖面图

M7 位于发掘区中部,东北邻M6。方向为10°。墓口距地表深1.7米,墓底距地表深3米。墓圹南北长2.2米、东西宽1.2米、深1.3米(图四三;彩版二〇,2)。

棺木已朽。棺长2米、宽0.48~0.6米、残高0.1米。骨架保存较好。墓主人为成年男性,头向南,葬式为仰身直肢。内填花黏土,土质疏松。未发现随葬品。

M8 位于发掘区西南部,东邻M7。方向为20°。墓口距地表深1.7米,墓底距地表深3.5米。墓圹南北长2.1米、东西宽0.9米、深1.8米(图四四;彩版二〇,3)。

棺木已朽。棺长1.7米、宽0.5~0.6米、残高0.2米。骨架保存较好。墓主人为成年男性,头

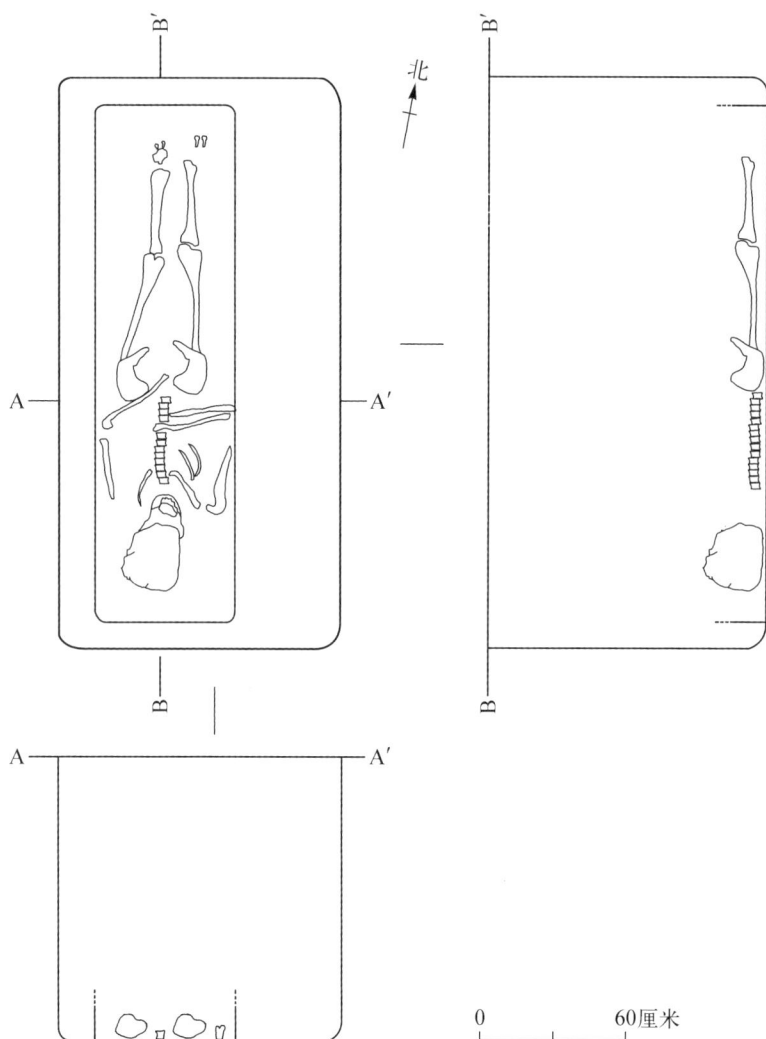

图四三　M7平、剖面图

向西北,葬式为仰身直肢。内填花黏土,土质疏松。随葬品有红陶罐。

红陶罐,1件。M8:1,泥制红陶。圆唇、直口,矮颈,斜折肩,下腹斜直,平底内凹。轮制,体外有轮旋痕迹。素面。口径9.2厘米、肩径9.6厘米、腹径11厘米、底径8厘米、高12.3厘米(图三七,4;彩版二二,3)。

M11　位于发掘区西南部,北邻M10。方向为20°。墓口距地表深1.7米,墓底距地表深3米。墓圹南北长2.5米、东西宽1米、深1.3米(图四五;彩版二〇,4)。

棺木已朽。棺长1.85米、宽0.5~0.6米、残高0.2米。棺内骨架保存较差。墓主人为成年男性,头向西北,葬式为仰身直肢。内填花黏土,土质疏松。未发现随葬品。

M12　位于发掘区西部,南邻M13。方向为20°。墓口距地表深1.7米,墓底距地表深3.09米。墓圹南北长2.51米、东西宽1.33米、深1.39米(图四六;彩版二一,1)。

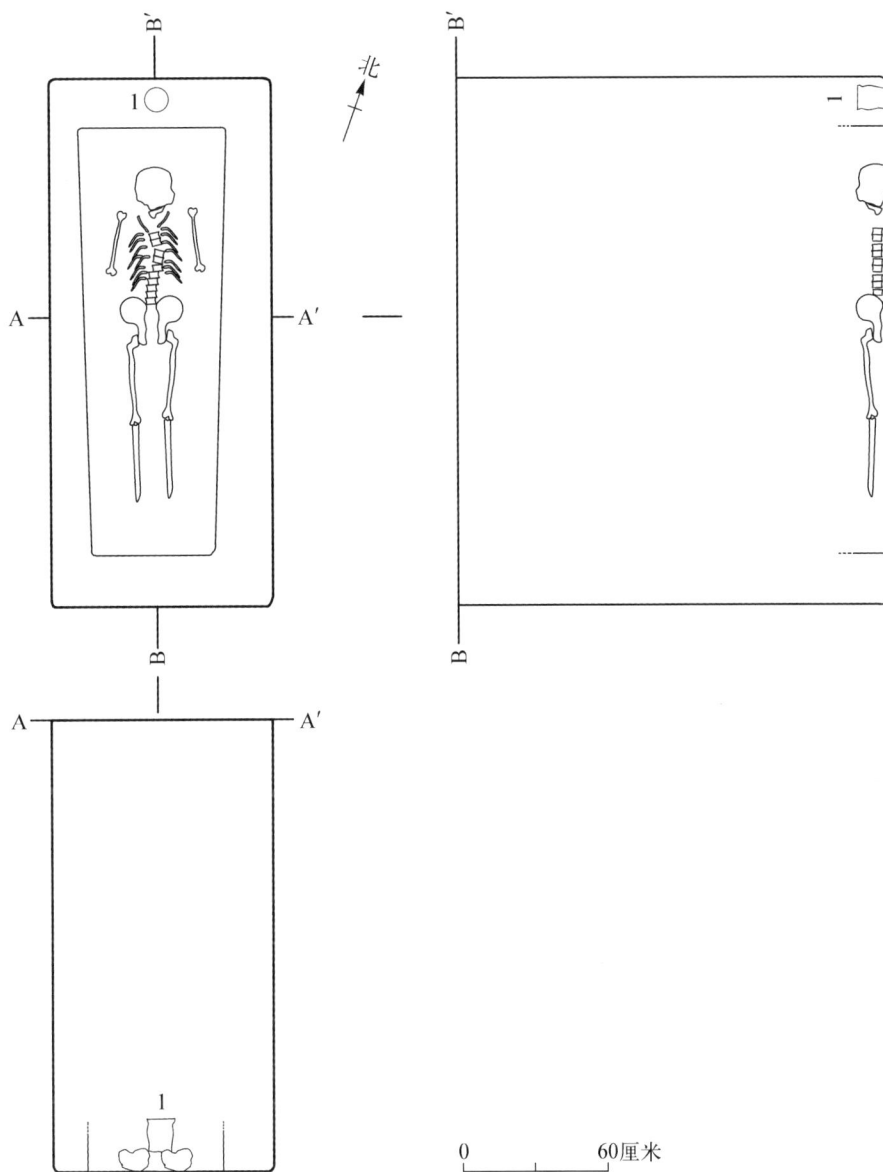

图四四　M8平、剖面图

1. 红陶罐

　　棺木已朽。棺长1.92米、宽0.5～0.56米、残高0.18米。棺内骨架保存较好。墓主人为成年女性,头向西北,面向东,葬式为仰身直肢。内填花黏土,土质疏松。随葬品有半釉罐、铜钱。

　　半釉罐,1件。M12:2,厚圆唇、侈口,矮颈,斜溜肩,斜直腹,平底内凹。腹部以上外壁及口沿内侧施酱黄色釉。轮制,外壁有轮旋痕迹。素面。口径9.8厘米、肩径10.2厘米、腹径10.2厘米、底径6.8厘米、高11.3厘米(图三七,5;彩版二二,4)。

　　康熙通宝,2枚。均圆形、方穿,正背面郭缘较宽。正面铸"康熙通宝"四字,楷书,对读;背穿左右为满文"宝泉",纪局名。M12:1-1,直径2.6厘米、穿径0.55厘米、郭厚0.13厘米(图三九,

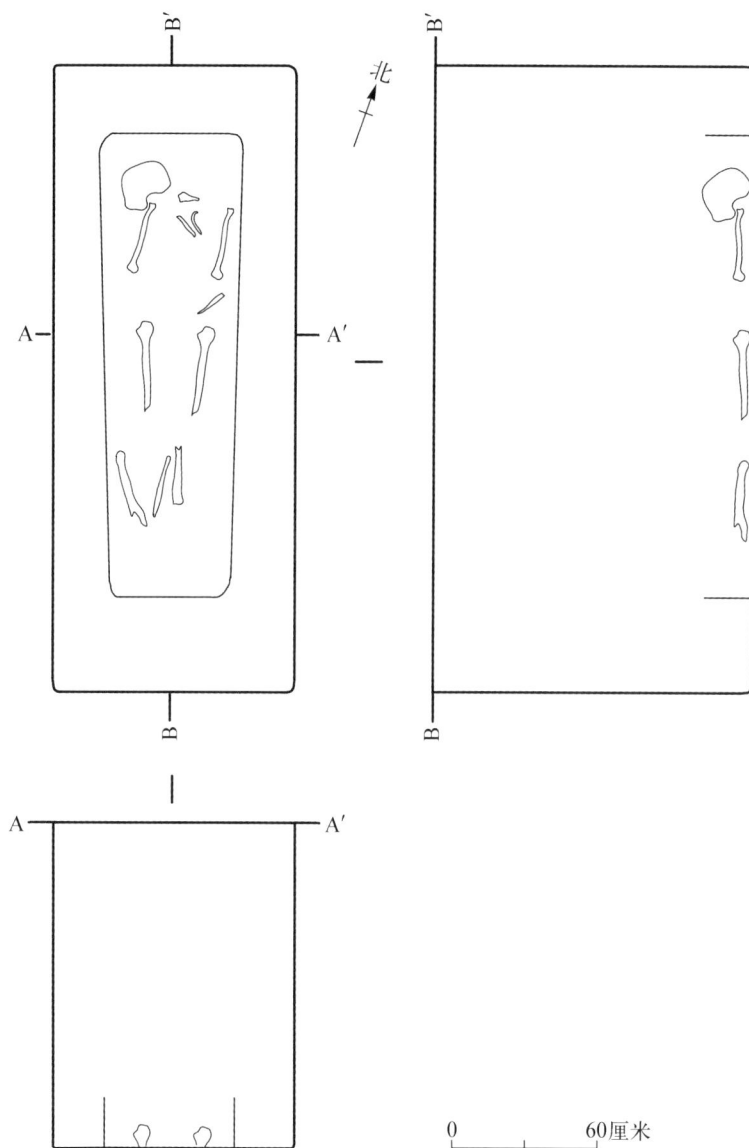

图四五　M11平、剖面图

0　　　　　　　　60厘米

4）。M12：1-2，直径2.48厘米、穿径0.56厘米、郭厚0.12厘米（图三九，5）。

（二）双棺墓

共2座：M2、M9。

M2　位于发掘区中部，北邻M3。方向为15°。墓口距地表深1.7米，墓底距地表深3米。墓圹南北长2.4米、东西宽1.5米、深1.3米（图四七；彩版二一，2）。

棺木已朽。东棺长1.7米、宽0.45～0.5米、残高0.2米。棺内骨架保存较差，头向西北，为成年男性。西棺长1.7米、宽0.5～0.6米、残高0.2米。棺内骨架保存较好，葬式为仰身直肢。

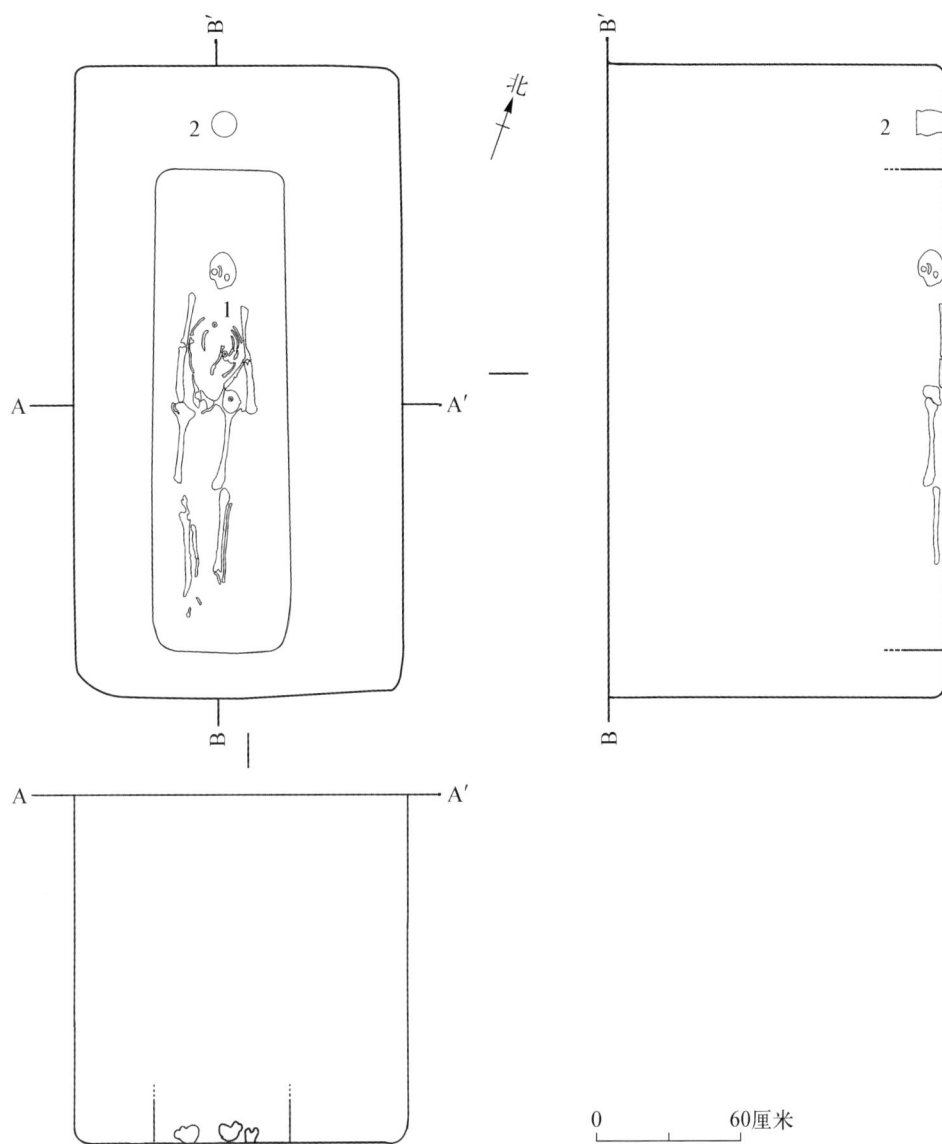

图四六　M12平、剖面图

1. 铜钱　2. 半釉罐

头向西北,为成年女性。西棺打破东棺。内填花黏土,土质疏松。随葬品有半釉罐、铜钱。

半釉罐,2件。M2:1,方圆唇、侈口,矮颈,折肩,斜直腹,平底。腹部以上外壁及口沿内侧施酱黄色釉。轮制,外壁有轮旋痕迹。素面。口径11.2厘米、肩径10.6厘米、腹径10.7厘米、底径8厘米、高11.3厘米(图三七,2;彩版二二,5)。M2:2,厚圆唇、侈口,矮颈,溜肩,斜直腹,平底内凹。腹部以上外壁及口沿内侧施酱黄色釉。轮制,外壁有轮旋痕迹。素面。口径11.6厘米、肩径12.1厘米、腹径11.6厘米、底径8厘米、高11.6厘米(图三七,3;彩版二二,6)。

康熙通宝,2枚。均圆形、方穿,正背面郭缘较宽。正面铸"康熙通宝"四字,楷书,对读;背

图四七　M2平、剖面图

1、2. 半釉罐　3、4. 铜钱

穿左右为满文"宝泉",纪局名。M2:4-1,直径2.67厘米、穿径0.6厘米、郭厚0.11厘米(图三九,2)。M2:4-2,直径2.58厘米、穿径0.55厘米、郭厚0.1厘米(图三九,3)。

其余1枚。M2:3,平钱,方穿,锈蚀较甚,字迹模糊不清。

M9　位于发掘区中部,南邻M7。方向为10°。墓口距地表深1.7米,墓底距地表深3.4米。墓圹南北长2.3米、东西宽1.5米、深1.7米(图四八;彩版二一,3)。

棺木已朽。棺内骨架保存较好,头向西北,葬式为仰身直肢葬。东棺长1.7米、宽0.5~0.6米、残高0.1米。棺内人骨为成年男性。西棺长1.7米、宽0.5~0.6米、残高0.1米。棺内人骨为成年女性。内填花黏土,土质疏松。西棺打破东棺。未发现随葬品。

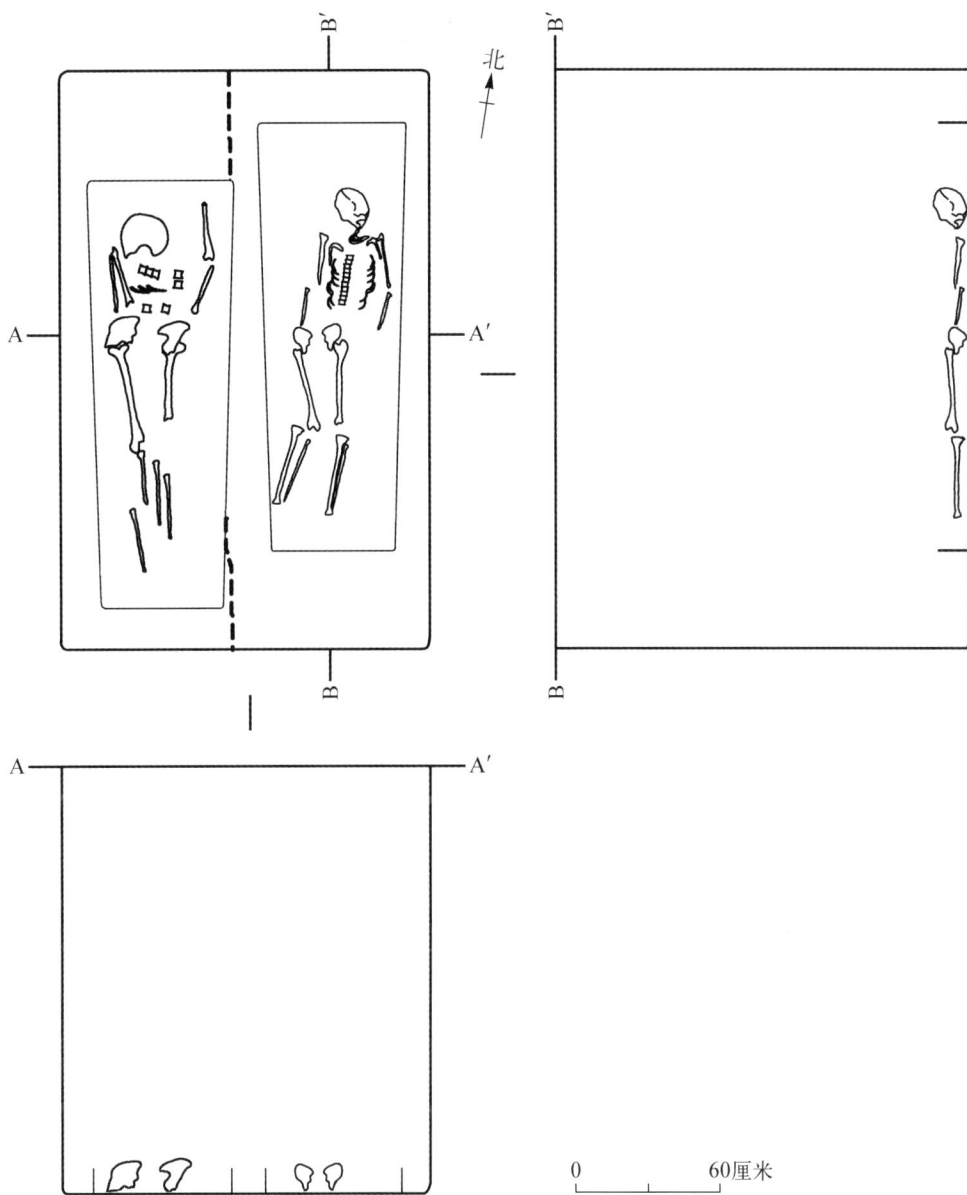

图四八　M9平、剖面图

（三）搬迁墓

共2座：M10、M13。

M10　位于发掘区西部，西邻M12。方向为20°。墓口距地表深1.7米，墓底距地表深3.7米。墓圹南北长2米、东西宽1.5米、深2米（图四九；彩版二一，4）。

棺木已朽，仅留底部棺木痕迹。棺长1.7米、宽0.5～0.6米、残高0.2米。棺内未发现骨架。内填花黏土，土质疏松。随葬品有铜钱。

铜钱，1枚。M10：1，圆形、方穿，锈蚀较甚，字迹模糊不清。

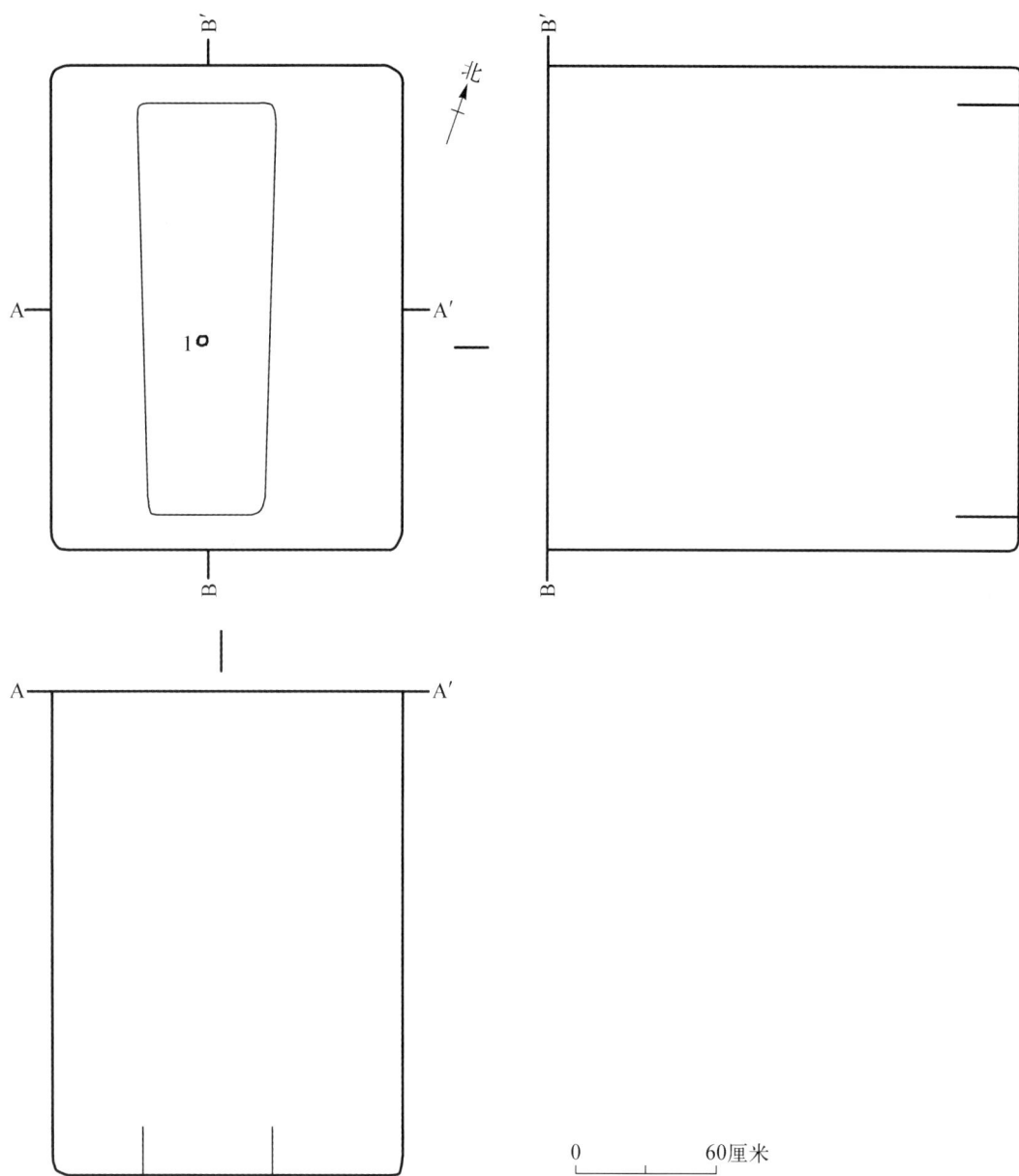

图四九　M10平、剖面图

1. 铜钱

M13　位于发掘区西南部，东邻M8。方向为10°。墓口距地表深1.7米，墓底距地表深2.9米。南北长2.5米、东西宽1.65米、深1.2米（图五〇；彩版二二，1）。

仅留西部棺木痕迹。棺长1.68米、宽0.61米、残高0.13米。棺内未发现骨架。内填花黏土，土质疏松。未发现随葬品。

四、小结

此次发掘清代墓葬13座，出土各类器物共计5件（不含铜钱）。单棺墓葬11座，占84.6%；双

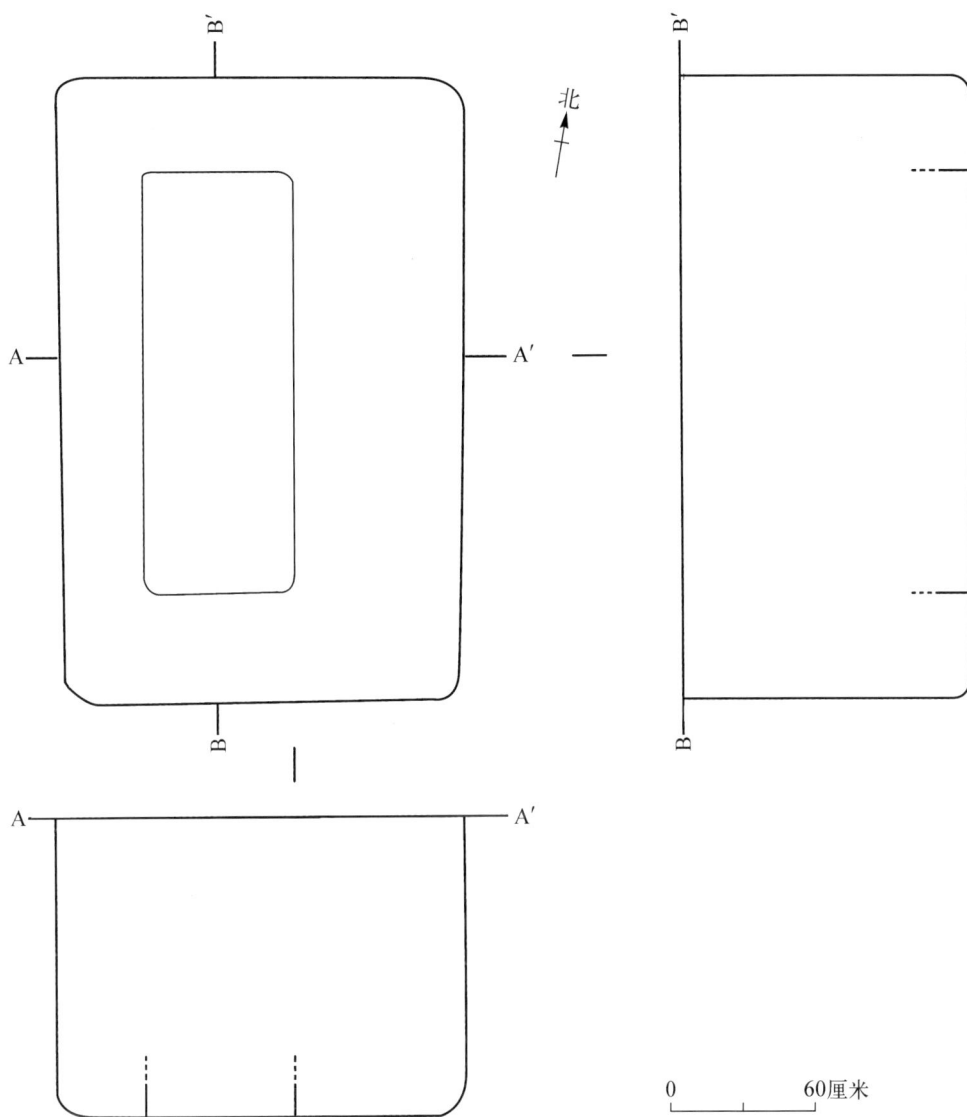

图五〇　M13平、剖面图

棺墓葬2座，占15.4%。

　　此次发掘位于2007年发掘区的东部[1]。墓葬规格、形制都与此前发掘的墓葬相近。出土的半釉罐都是北京清代墓葬中常见的器形。从出土铜钱均为康熙通宝来看，年代应为清代中期。此次发掘为研究该地区清代墓葬的形制、结构及丧葬习俗提供了新的资料。

[1]《朝阳区中关村电子城西区F1望京综合酒店工程考古发掘报告》，北京市文物研究所编《京沪高铁北京段与北京新少年宫考古发掘报告集》，上海古籍出版社，2014年。

中关村电子城西区E5研发中心
三期地块考古发掘报告

一、概况

2016年8月28日至9月13日，为配合施工建设，北京市文物研究所对中关村电子城西区E5研发中心三期地块进行了考古勘探，并对发现的古代墓葬进行了考古发掘（彩版二三）。

发掘区位于朝阳区望京地区，西邻利泽东二路、东邻望京东路、南邻其他地块、北邻利泽东街（图五一）。中心区域GPS数据：北纬40°00′28.85″，东经116°29′01.16″。共发掘9座古代墓葬（附表七），发掘面积170平方米（图五二），出土各类文物28件（不含铜钱）。

图五一　发掘区位置示意图

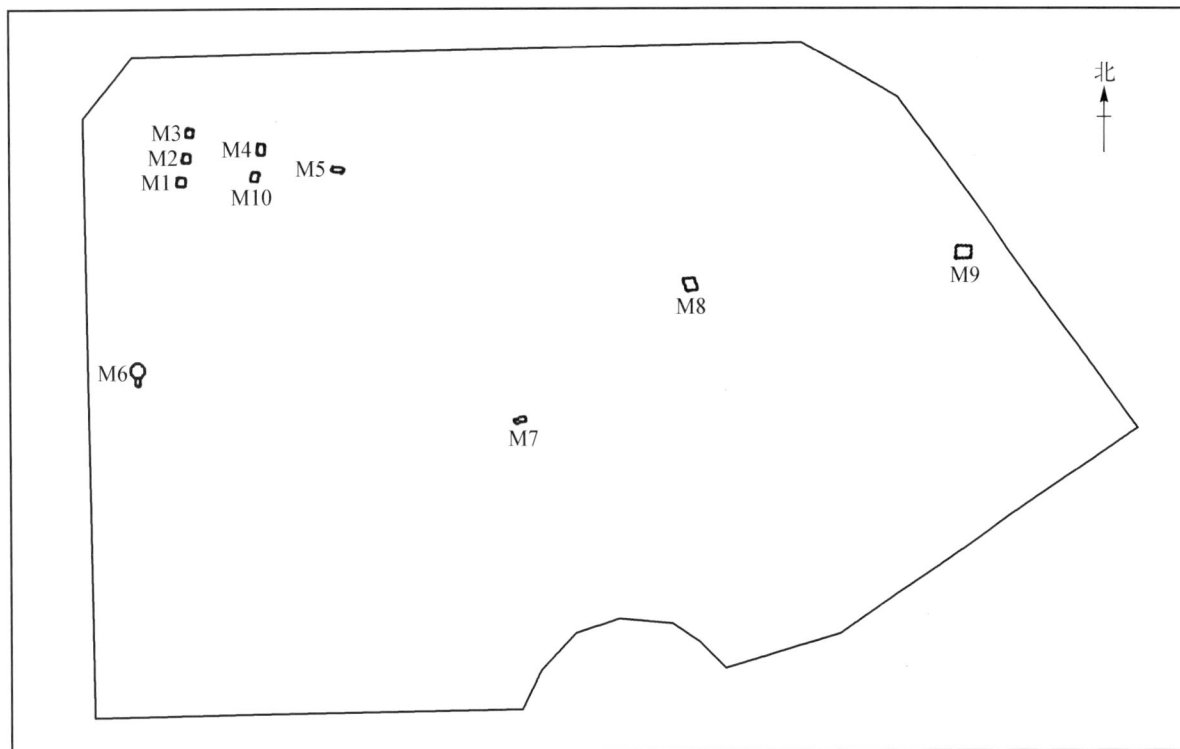

图五二　总平面图

二、地层堆积

发掘区的地表有大量建筑垃圾及回填土,其下地层堆积分为两层(图五三)。

第①层:黏土层。厚约0.8~1.5米,褐色,土质致密。

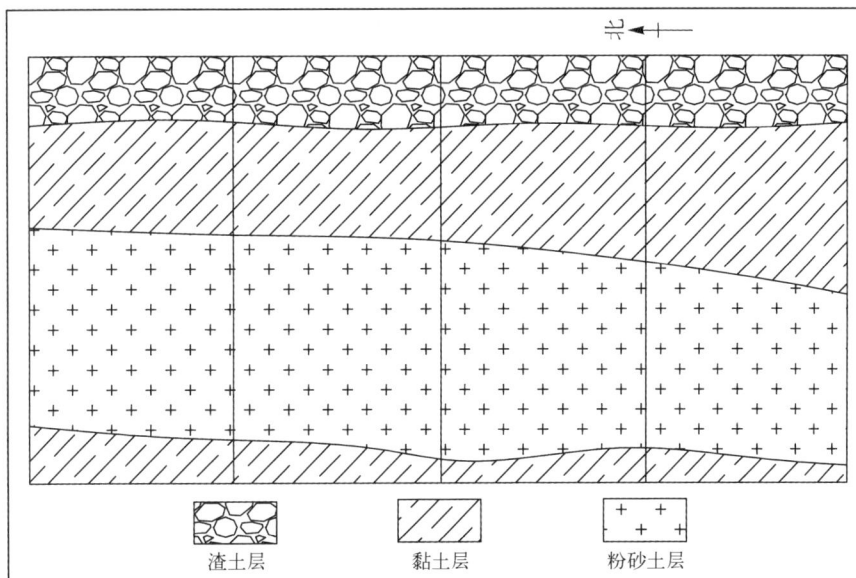

图五三　地层剖面图

第②层：粉砂土层。深3.2～3.6米、厚约2.5米，浅黄褐色，土质致密。

以下为生土层。

三、墓葬与遗物

（一）唐代

M6　位于发掘区西部。开口于②层下。南北向，方向为175°。平面呈"甲"字形，为竖穴土圹砖室墓。墓口距地表深1.5米，墓底距地表深2.6米。墓圹南北长5.43米、东西宽3.04米、深1.1米。由南向北依次由墓道、墓门、甬道及墓室组成（图五四；彩版二四，1）。

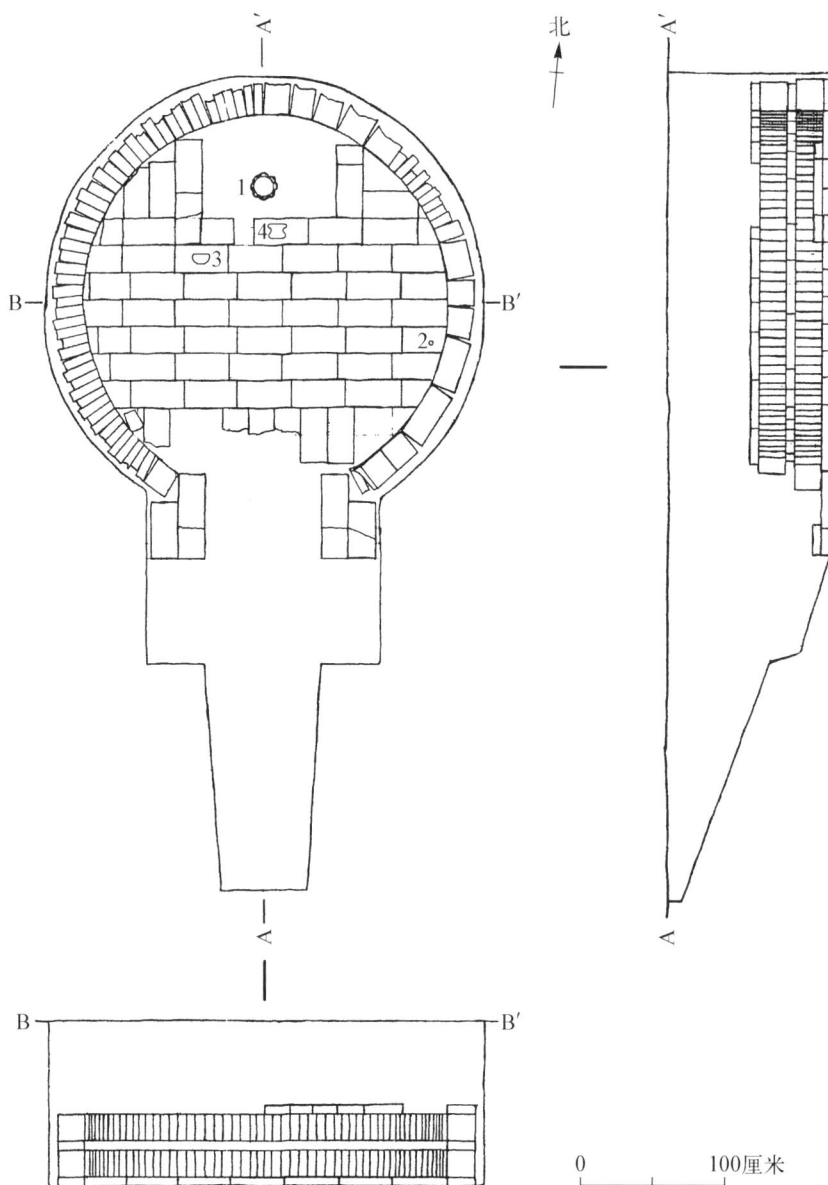

图五四　M6平、剖面图

1. 铜镜　2. 铜钱　3. 陶钵　4. 陶器座

　　墓道平面呈梯形,底为斜坡状。墓道上口南北长1.5米,东西宽0.6～0.8米;底距墓口深1.1米,底坡长2.6米。坡度为20°。四壁壁面较直,内填黄褐色花黏土,土质疏松。

　　墓门已被破坏无存。

　　甬道位于墓道北侧,破坏严重。进深1.1米,宽1.6米,东西两壁墙体残存底部南北向砖1～2层,残高0.05～0.1米。

　　墓室位于甬道北侧,平面近圆形。土圹南北长3米、东西长2.8米、残深1.1米。墓室直径2.5米,因盗扰破坏严重,顶部已损毁无存。四壁墙体保存较差,残高0.05～0.55米,残存1～5层砖,为长条砖及残长条砖一丁一顺交替平砌而成。铺地砖为长条砖错缝平铺而成。室内北部有近长方形熟土二层平台一座,长1.3米、宽0.85米、高0.05米。台沿为长条砖平铺而成,共1层。用砖规格为长0.36米、宽0.18米、厚0.06米,饰沟纹6道。未发现葬具和人骨。

　　熟土台上出土铜镜1件;墓室内东部出土铜钱1枚,墓室填土中出土陶钵1件、陶器座1件、瓷碗1件、陶盆5件、三足盆1件。

　　铜镜,1件。M6:1,八出葵花镜,锈蚀较甚,抛光较差。正面边缘凸起,素面无纹。中间钮座已残。直径13.2厘米、厚0.4厘米、重139.3克(图五五,1;彩版二六,1)。

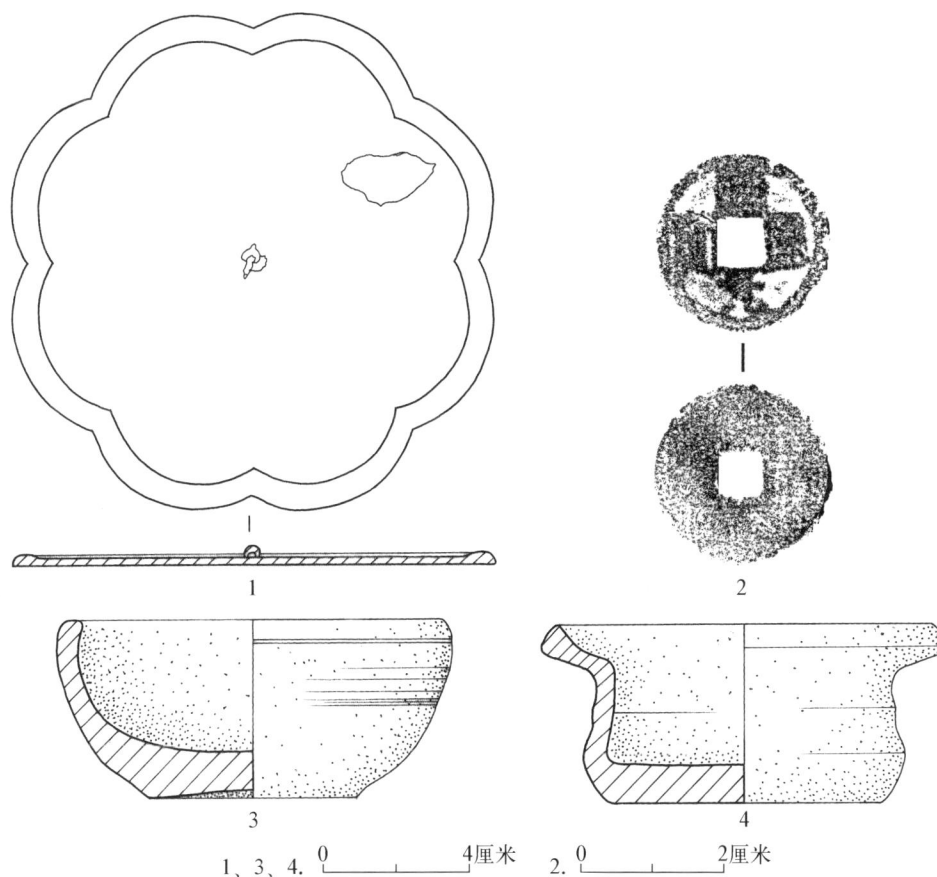

图五五　M6随葬器物(一)

1. 铜镜(M6:1)　2. 开元通宝(M6:2)　3. 陶钵(M6:3)　4. 陶器座(M6:4)

陶钵，1件。M6：3，泥制红陶，圆唇、口微敛，鼓腹弧收，平底。内壁有轮旋痕。口径10.2厘米、底径5.6厘米、高4.7厘米（图五五，3；彩版二六，2）。

陶器座，1件。M6：4，泥制灰陶，方唇、敞口，斜宽沿，沿面略内凹，直腹弧收，近底处略折，平底。底部有轮旋痕。口径10.4厘米、底径7.6厘米、高4.7厘米（图五五，4；彩版二六，3）。

瓷碗，1件。M6：5，圆唇、侈口，斜弧壁，圈足。薄胎、轻薄。通体施白釉，外壁有轮制抹痕。口径8.5厘米、底径3.2厘米、高4.5厘米（图五六，1；彩版二六，4）。

陶盆，5件。M6：6，泥质灰陶。圆叠唇、侈口，斜直腹，平底。外壁有轮制抹痕，底部有偏心旋痕。素面。口径15.1厘米、底径8厘米、高5.3厘米（图五六，2；彩版二六，5）。M6：7，泥质灰陶。圆唇、侈口，平折沿，斜弧腹，平底略内凹。外壁有轮制抹痕，底部有偏心旋痕。素面。口径15.4厘米、底径7.4厘米、高4.4厘米（图五六，3；彩版二七，1）。M6：9，泥质灰陶。圆唇、侈口，鼓肩，弧腹，平底。肩部有轮制抹痕，底部有偏心旋痕，内壁有轮旋痕，沿部有凸棱。素面。残高6.4厘米（图五六，5；彩版二七，3）。M6：10，泥质灰陶。方唇、侈口，平折沿，斜腹，平底。外壁有轮制抹痕。素面。残高4.4厘米（图五六，6；彩版二七，4）。M6：11，泥质灰陶。方唇、侈口，折肩，斜腹，平底。素面。外壁有轮制抹痕，内壁饰红彩。残高5厘米（图五六，7；彩版二七，5）。

三足盆，1件。M6：8，圆唇、侈口，软折沿，弧腹，平底。下腹接三足，足近三角形。外壁有轮制抹痕，内壁有红彩。高8厘米（图五六，4；彩版二七，2）。

开元通宝，1枚。M6：2，圆形、方穿，正面有郭，铸"开元通宝"四字，楷书，对读；背面无字。直径2.3厘米、穿径0.7厘米、郭厚0.1厘米（图五五，2）。

（二）清代

均开口于①层下，为竖穴土坑墓。分为单棺墓、双棺墓、三棺墓、搬迁墓四种（表四）。

表四　墓葬分类表

分　类	单棺墓	双　棺　墓			三棺墓	搬迁墓
		A型	B型	C型		
数量（座）	1	1	2	2	1	1

1.单棺墓

1座。

M5　位于发掘区西北部，西邻M10。东西向，方向为130°。平面呈长方形。墓口距地表深1.5米，墓底距地表深2.7米。墓圹东西长2.76米、南北宽1.16米、深1.2米（图五七；彩版二四，2）。

四壁较规整。内有木棺一具，棺木已朽，仅存少量棺板残片。棺残长1.96米、宽0.6～0.7米、

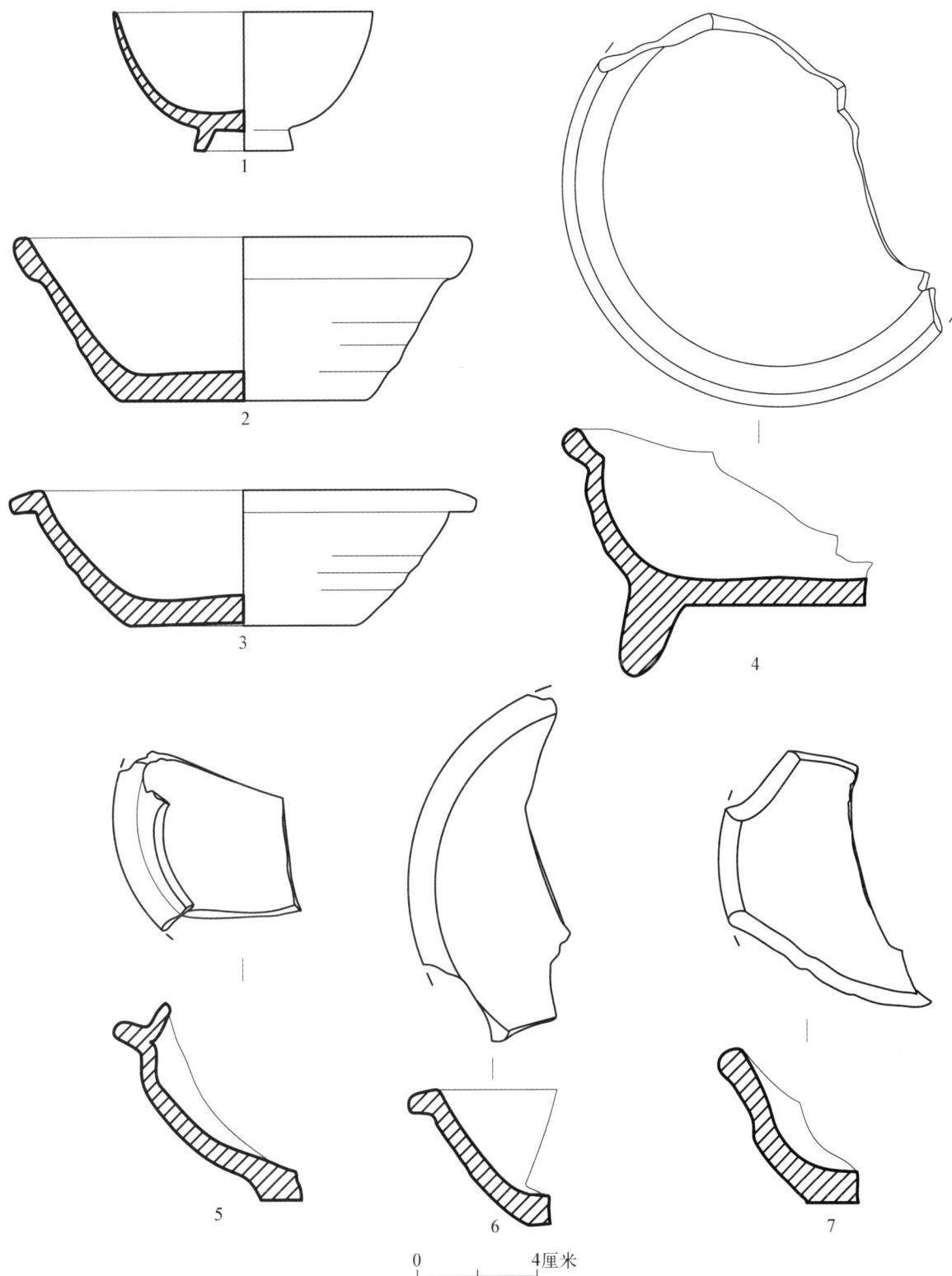

0　　　　　4厘米

图五六　M6随葬器物（二）

1.瓷碗（M6：5）　2、3、5～7.陶盆（M6：6、M6：7、M6：9、M6：10、M6：11）　4.三足盆（M6：8）

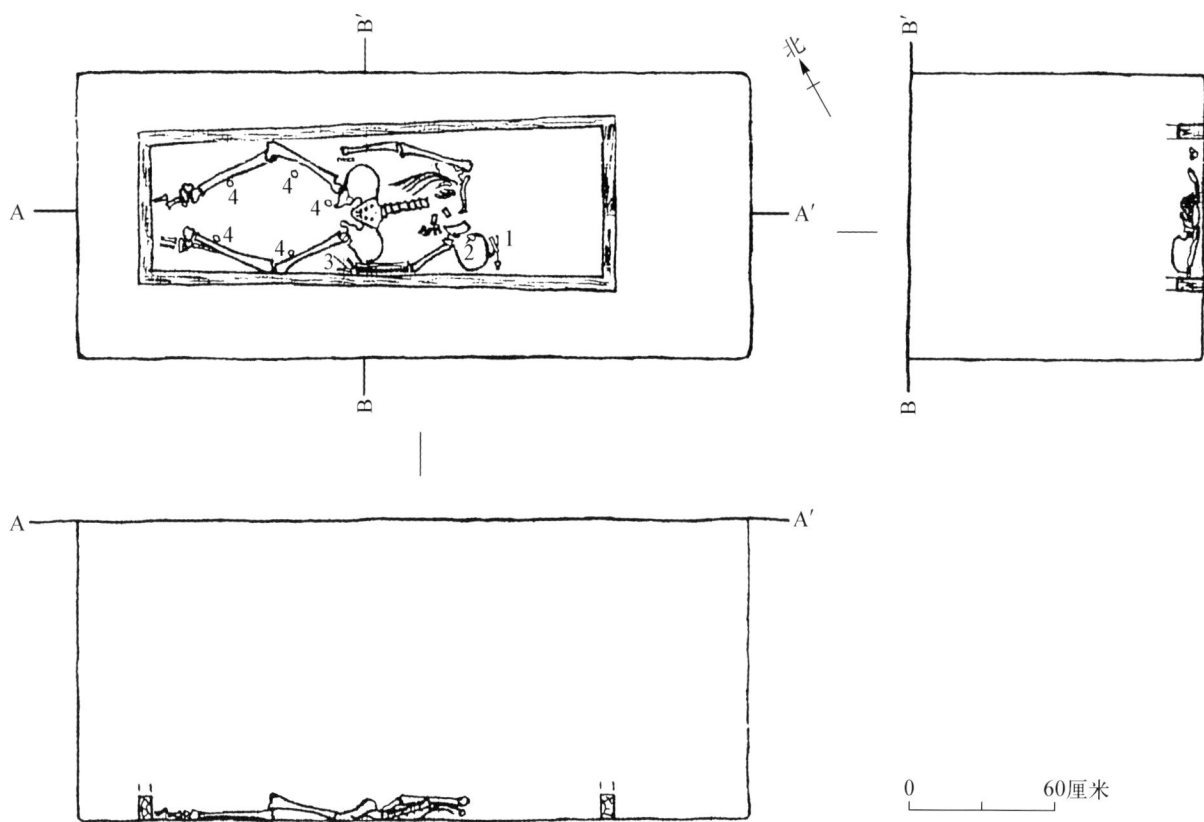

图五七　M5平、剖面图

1、3.银簪　2.铜扁方　4.铜钱

残高0.15米、厚0.06米。棺内有人骨一具，保存较差，残长1.4米。墓主人为老年女性，仰身直肢葬。头向东南，面向上。内填黄褐色花黏土。

随葬器物有银簪2件，分别位于头骨下及左手腕骨旁；铜扁方1件，位于头骨下；铜钱5枚，位于双腿间。

银簪，2件。M5：1，首残，体扁平，表面凸鼓，颈部刻上下两个菱形纹，下刻三组花草纹。背面戳印"北五福足纹"。尾尖。残长11.8厘米、宽0.8厘米，残重4.9克（图五八，1；彩版二八，1、2）。M5：3，首呈花瓣形，已残，体呈圆锥形。残长10.15厘米（图五八，3；彩版二九，1）。

铜扁方，1件。M5：2，首卷曲，体呈长方形，尾呈圆弧形。首部錾刻蝙蝠纹，方体正面上部刻圆寿纹，外为葵瓣纹，下部刻一展翅的蝙蝠纹。背面戳印"万德足纹"。首高0.4厘米、宽1.5厘米、通长8.1厘米（图五八，2；彩版二八，3、4）。

乾隆通宝，1枚。M5：4-1，圆形、方穿，正面有郭，铸"乾隆通宝"四字，楷书，对读；背面有郭，穿左右为满文"宝泉"，纪局名。直径2.1厘米、穿径0.65厘米、郭厚0.1厘米（图五八，4）。

光绪通宝，1枚。M5：4-2，圆形、方穿，正面有郭，铸"光绪通宝"四字，楷书，对读；背面有郭，穿左右为满文"宝泉"，纪局名。直径2.2厘米、穿径0.65厘米、郭厚0.1厘米（图五八，5）。

其余3枚，均锈蚀较甚，字迹模糊不清。

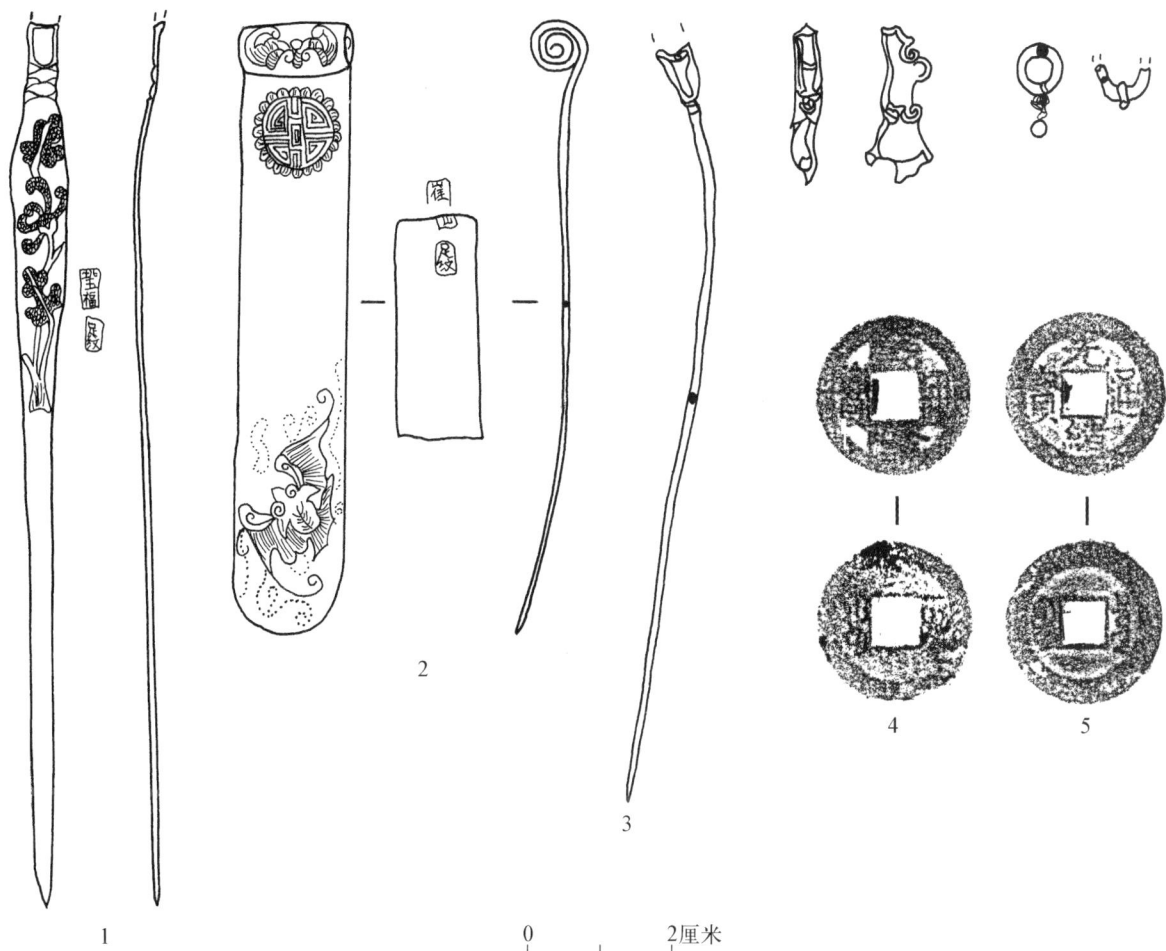

图五八　M5随葬器物

1、3.银簪(M5:1、M5:3)　2.铜扁方(M5:2)　4.乾隆通宝(M5:4-1)　5.光绪通宝(M5:4-2)

2. 双棺墓

共5座：M1～M4、M8。由平面形状分为三种类型。

A型：平面呈长方形。

M1　位于发掘区的西北部，北邻M2。南北向，方向为183°。墓口距地表深1.5米，墓底距地表深3米。墓圹南北长2.65米、东西宽1.9米、深1.5米(图五九；彩版二四,3)。

四壁较规整。棺木已无存，仅存棺痕。西棺打破东棺。东棺残长1.86米、宽0.38～0.5米、残高0.16米。棺内有人骨一具，保存较差，残长1.6米，为老年男性，仰身直肢葬。头向南，面向上。棺内无随葬器物。西棺残长1.85米、宽0.4～0.5米、残深0.16米。棺内有人骨一具，保存较差，残长1.45米，为老年女性，仰身直肢葬。头向南，面向上。内填黄褐色花黏土。随葬器物有银扁方1件，位于头骨之下。

银扁方，1件。M1:1，首卷曲，体呈长方形，尾呈圆弧形。方体正面上部刻一圆"寿"纹，下部为一展翅的蝙蝠纹。通长15.6厘米、宽2厘米，重22.1克(图六〇,1；彩版二九,2)。

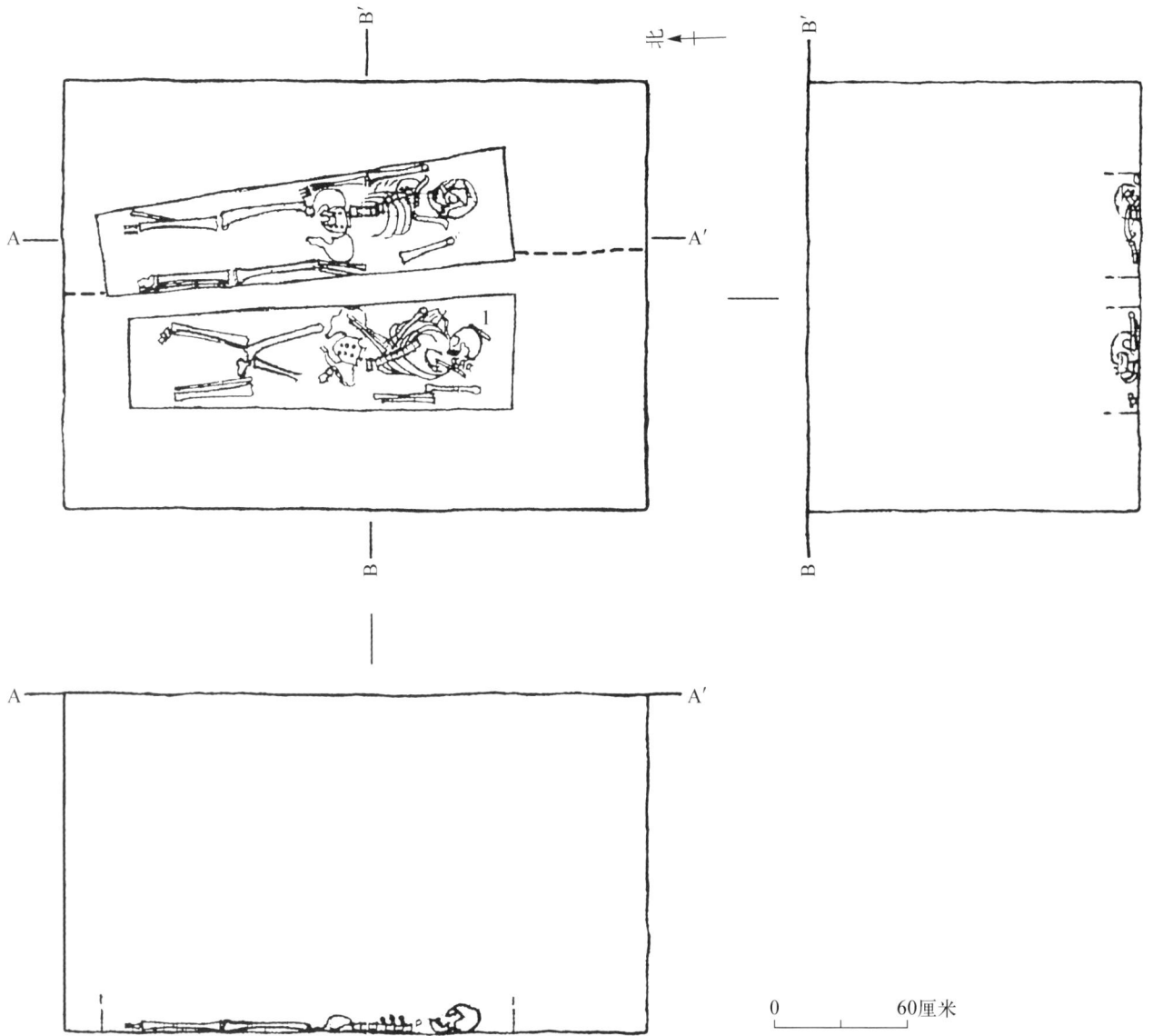

图五九　M1平、剖面图

1.银扁方

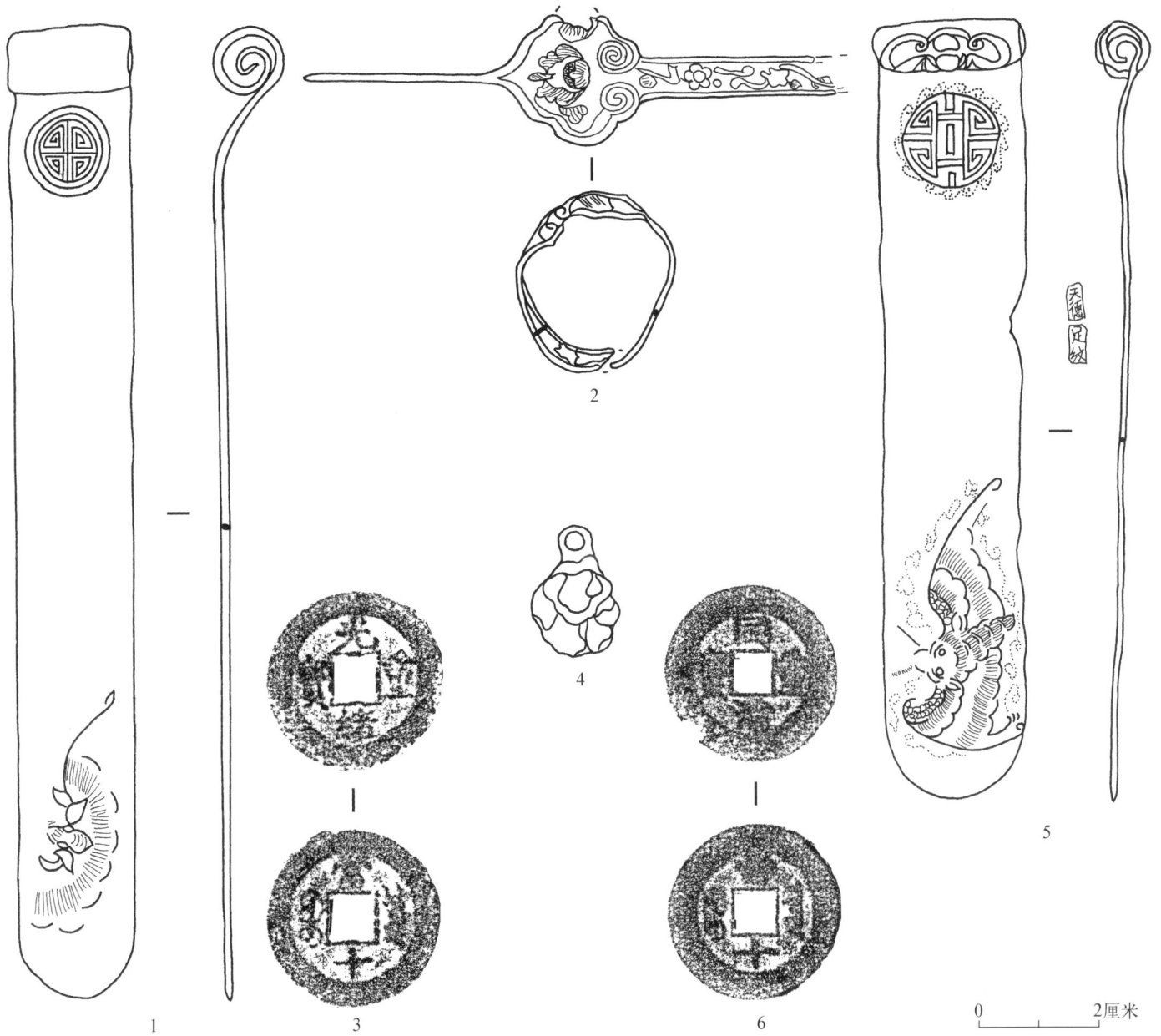

图六〇　M1、M2随葬器物

1、5.银扁方（M1∶1、M2∶5）　2.银戒指（M2∶1）　3.光绪重宝（M2∶2）　4.铜扣（M2∶3）　6.同治重宝（M2∶6）

B型：平面呈梯形，有M2、M8。

M2　位于发掘区西北部，北邻M3。南北向，方向为183°。墓口距地表深1.5米，墓底距地表深3～3.1米。墓圹南北长2.7～2.8米、东西宽2.2～2.4米、深1.5～1.6米（图六一；彩版二四,4）。

四壁较规整。内填黄褐色花黏土。东棺打破西棺。东棺棺木已朽，仅存棺板残片。棺残长1.9米、宽0.5～0.7米、残高0.2米、厚0.06米。棺内有人骨一具，保存较差，残长1.5米。性别不详，为仰身直肢葬。头向南，面向东。随葬器物有铜钱2枚，位于棺内中部；铜扣1枚，位于左盆骨旁。西棺棺木已无存，仅存棺痕。棺残长1.75米、宽0.4～0.5米、残高0.1米。棺内有人骨一具，保存较差。

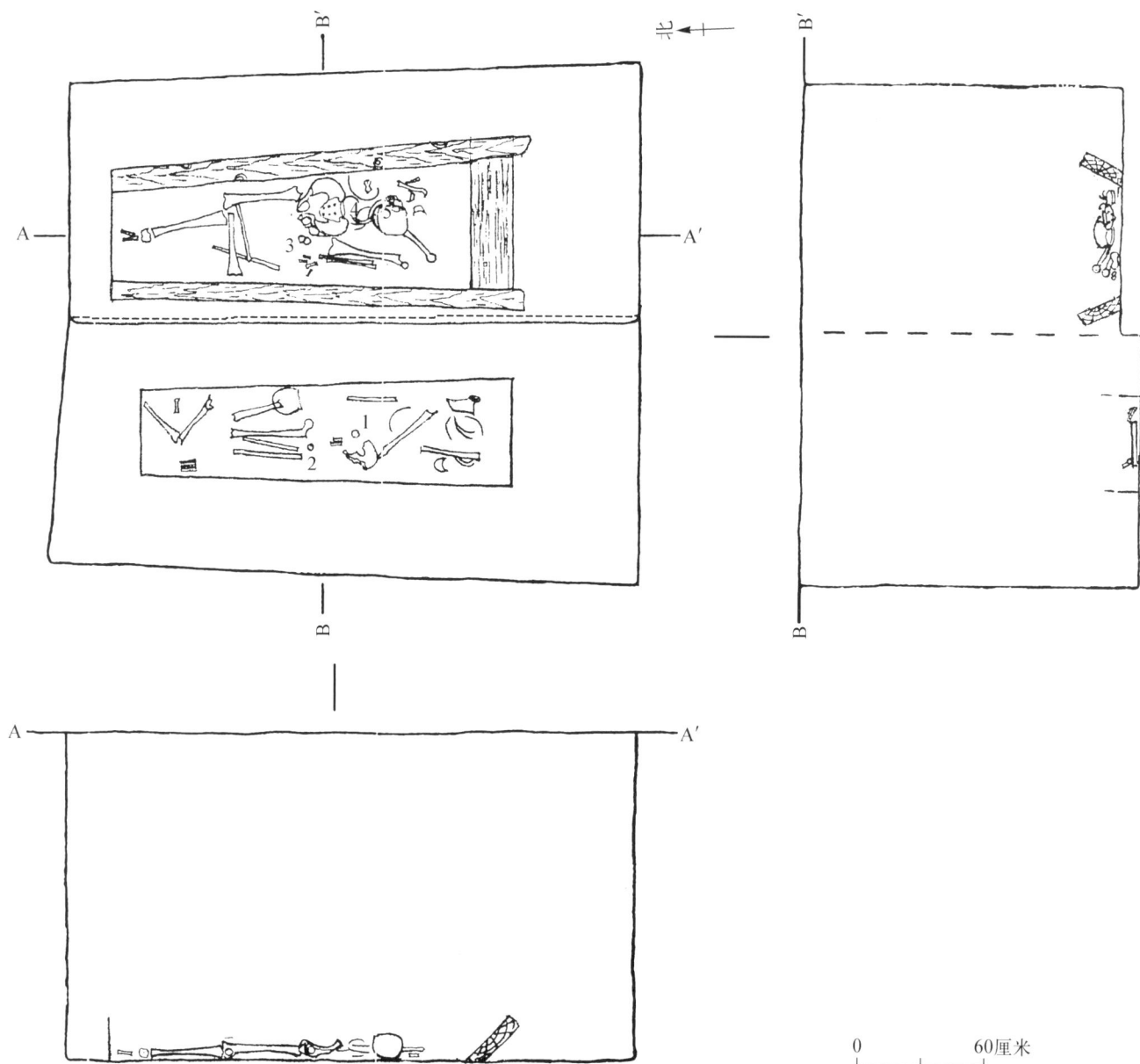

图六一　M2平、剖面图

1. 银戒指　2、4. 铜钱　3. 铜扣　5. 银扁方

性别不详，为仰身直肢葬。头向南，面向下。随葬器物有银戒指1枚和铜钱2枚，都位于棺内中部。

银戒指，1枚。M2：1，残，圆环形，展开后，中间为凸起的花瓣纹饰，内铸花瓣纹，一侧为长方形，上铸花叶纹；一侧为圆柱形。接口不齐。直径3厘米、最长4.4厘米、最宽1.4厘米、重3.54克（图六〇，2；彩版二九，3）。

铜扣，1枚。M2：3，扣体呈圆形，上铸花纹，但因锈蚀不清，顶部作环状，中空。高2.1厘米、宽1.4厘米（图六〇，4；彩版二九，4）。

银扁方，1件。M2：5，首卷曲，体呈长方形，尾呈圆弧形。首铸蝙蝠纹，体正面上部刻圆寿纹，内填以细密圆珠纹，外为连续一周的"丿"纹，下部刻一展翅的蝙蝠，周边有云纹。背面戳印"天德足纹"。通长12.5厘米、宽2.4厘米、重17.46克（图六〇，5；彩版三〇，1、2）。

光绪重宝，1枚。M2：2，圆形、方穿，正面有郭，铸"光绪重宝"四字，楷书，对读；背面有郭，穿上下为汉字"当十"，左右为满文"宝泉"，对读，纪局名。直径2.8厘米、穿径0.7厘米、郭厚0.14厘米（图六〇，3）。

同治重宝，1枚。M2：6，圆形、方穿，正面有郭，铸"同治重宝"四字，楷书，对读；背面有郭，穿上下为汉字"当十"，左右为满文"宝泉"，对读，纪局名。直径2.8厘米、穿径0.6厘米、郭厚0.1厘米（图六〇，6）。

其余，铜钱2枚，均锈蚀较甚，字迹模糊不清。

M8 位于发掘区中部。南北向，方向为173°。墓口距地表深1.5米，墓底距地表深2.91～3.01米。墓圹南北长3.6米、东西宽2.4～2.75米、深1.41～1.51米（图六二；彩版二五，1）。

四壁较规整，稍内收。内填黄褐色花黏土。棺木已朽，仅存少量棺板残片。西棺打破东棺。东棺残长1.8米、宽0.66～0.75米、残高0.1米、厚0.04米。棺内有人骨一具，保存较差，残长1.55米。为老年男性，仰身直肢葬。头向南，面向上。随葬器物有铜镜1件、鼻烟壶2件、铜三事1件，位于脊椎骨上；铜烟锅3件，两个位于右臂骨下，一个位于左臂骨下；铜顶戴1件，位于头骨下；铜钱26枚及铜扣5枚散置于棺内。西棺残长2.05米、宽0.4～0.55米、残高0.1米。棺内有人骨一具，保存较差。为老年女性，仰身直肢葬。头向南，面向上。随葬器物有金镯2件、玉镯2件、银簪2件、玉饰若干，均位于头骨前方；金簪1件，位于右手骨旁；小金环11件，位于肋骨旁；铜钱24枚及铜扣3枚，散置于棺内。

金镯，2件。两件形制相同。圆形，前后均铸、刻有龙纹，目、嘴、鬓、鳞清晰，龙首相对。中间为两个半圆形合成的圆珠形，圆珠正面内刻圆寿纹，外为葵瓣纹，取"二龙取珠"之意。对口精准。内部戳印"永兴原金"。工艺精湛，技艺高超。M8：1-1，直径6.8厘米、厚0.4厘米、长21厘米，重147.8克（图六三，1；彩版三〇，3、4）。M8：1-2，直径6.8厘米、厚0.4厘米、长21.2厘米，重146.8克（图六三，2；彩版三一，1、2）。

玉镯，2件。青绿色，局部泛白。两件形制相同。圆形，横剖面为长方形，表面略圆鼓。两侧面磨平。素面。通体磨光。晶莹剔透，做工精美。M8：2-1，直径7.3厘米、厚1厘米、重38.05克（图六三，3；彩版三一，3，左）。M8：2-2，直径7.2厘米、厚1厘米、重37.57克（图六三，4；彩版三一，3，右）。

图六二　M8 平、剖面图

1. 金镯　2. 玉镯　3. 银簪　4. 金簪　5. 玉饰　6、16、20. 铜钱　7、17. 铜扣　8. 小金环　9. 铜镜　10、11. 鼻烟壶　12、13. 铜烟袋　14. 铜顶戴　15. 铜三事　18. 玉坠　19. 玉带钩

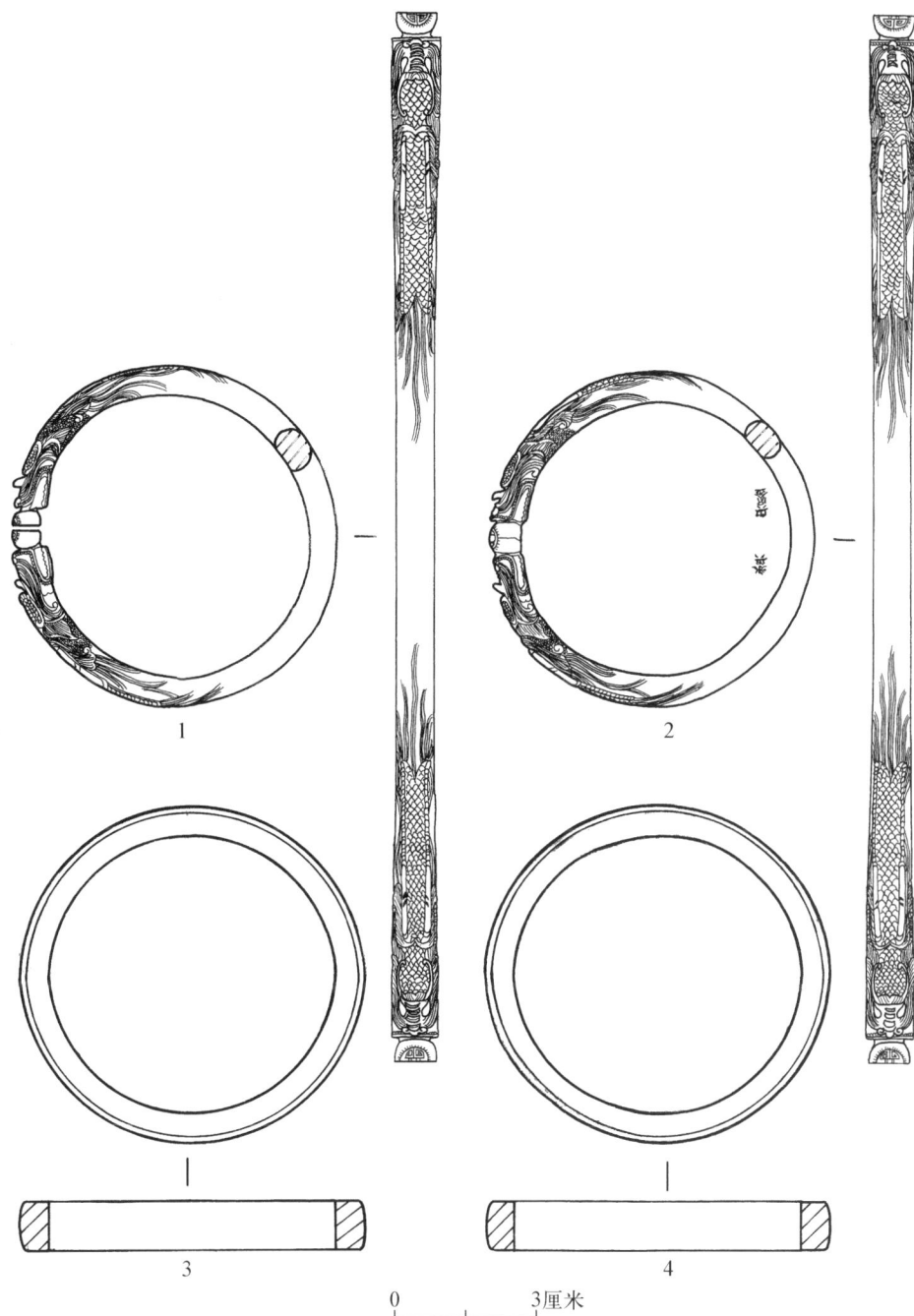

图六三　M8 随葬器物（一）

1、2. 金镯（M8∶1-1、M8∶1-2）　3、4. 玉镯（M8∶2-1、M8∶2-2）

　　银簪，2件。M8∶3-1，鎏金，首为一佛手形，拇指与食指尖部紧贴组成一"O"形，其余三指直伸略弯，手掌刻细密涡纹镂空。手腕部贴饰卷云纹。颈部为如意云纹，边缘铸细密绳索纹凸起。体细直，锥形，尾尖。首宽1.15厘米、高4.5厘米、通长12.9厘米，重4.94克（图六四，1；彩版三二，1、2）。M8∶3-2，鎏金，首两侧各铸纹样，形状不同，分上下两层，边缘铸以细密绳索纹凸起。一侧为如意云纹状，一侧为花叶状。中部呈椭圆形，外铸三层花卉和圆珠纹，边缘铸以细密绳索纹凸起，顶部嵌有一白色珊瑚和银色珍珠。整体作花瓶状。颈部铸两道凸弦纹。凸出，如托状。体细直，为锥形，尾尖。首宽3.5厘米、高4厘米、残长18厘米，重9.61克（图六四，2；彩版三二，3、4）。

　　金簪，1件。M8∶4，首为金丝缠绕成的六面形禅杖，顶呈葫芦形，下为正倒相接的两莲花座，侧面以金丝铸成中大上下两小的侧边，相连处呈如意云纹状，下部各挂一圆形绿色玉坠，存三枚。中间为一实心通心柱，柱心铸一上下相拼的两个半圆形。以细丝制成，镂空。下接正倒相接的两莲花座。体细直，为圆锥形。做工精湛，技法高超。首宽1.7厘米、高3.1厘米、残长11.75厘米，重9.95克（图六四，3；彩版三二，5）。

　　玉饰，15件。M8∶5-1，青色，正反面纹饰相同，两面磨平。上部刻有荷花两朵，中部呈拱形，下部呈花篮状，底部有一圆形穿孔。高2.3厘米、宽1.9厘米、重1.26克（图六四，4；彩版三三，1）。

　　M8∶5-2，青色，人形，体呈蝉状，扁平，为半圆雕。翁仲，免冠，直立正视，宽袍，大袖相对，皱纹、目、口、鼻、耳、足可见，背面磨光，线刻衣襟。采用汉八刀技法。高2.75厘米、宽2厘米、厚0.3厘米、重3.24克（图六四，5；彩版三三，2、3）。

　　M8∶5-3，圆形，由一鱼一荷花相交而成，正反面纹饰相同，扁平。花白色，局部有镂孔；鱼为青色。鱼刻口、目、鳞、尾，荷花刻花瓣、叶。直径2.7厘米、厚0.3厘米、重3.08克（图六四，6；彩版三四，1）。

　　M8∶5-4，青白色，正反面纹饰相同，扁平。刻一鱼一叶一花，鱼头在上部，身嵌入叶中，口、目、鳞、鳍可见，叶作镂空状。长1.4厘米、宽2.2厘米、厚0.15厘米、重1.25克（图六四，7；彩版三四，2）。

　　柳叶状，多数尾部线刻三道短线，颈部有凹弦纹。扁平。8件。M8∶5-5，深绿色，两面磨平。长2.05厘米、宽0.9厘米、重0.49克（图六四，8；彩版三四，3）。M8∶5-6，深绿色，背面磨平，表面圆鼓。长2.4厘米、宽0.6厘米、重0.6克（图六四，9；彩版三四，4）。M8∶5-7，深绿色，两面磨平。长3厘米、宽0.8厘米、重0.61克（图六四，10；彩版三四，5）。M8∶5-8，白色泛绿，背面磨平，表面圆鼓。长2.4厘米、宽0.75厘米、重0.78克（图六四，11；彩版三四，6）。M8∶5-9，白色泛绿，背面磨平，表面略圆鼓，素面。长2.7厘米、宽0.5厘米、重0.62克（图六四，12；彩版三五，1）。M8∶5-10，白色泛绿，两面磨平。长2.6厘米、宽0.75厘米、重0.63克（图六四，13；彩版三五，2）。M8∶5-11，白色泛绿，背面磨平，表面起棱，略凸起。长3.2厘米、宽0.6厘米、重0.77克（图六四，14；彩版三五，3）。M8∶5-12，白色泛绿，背面磨平，表面略圆鼓。长2.8厘米、宽0.5厘米、重0.76克（图六四，15；彩版三五，4）。

　　M8∶5-13，深绿色，呈三角形，蝉翼状，底部为波浪状，有4个小穿孔。正反面饰相同的刻线

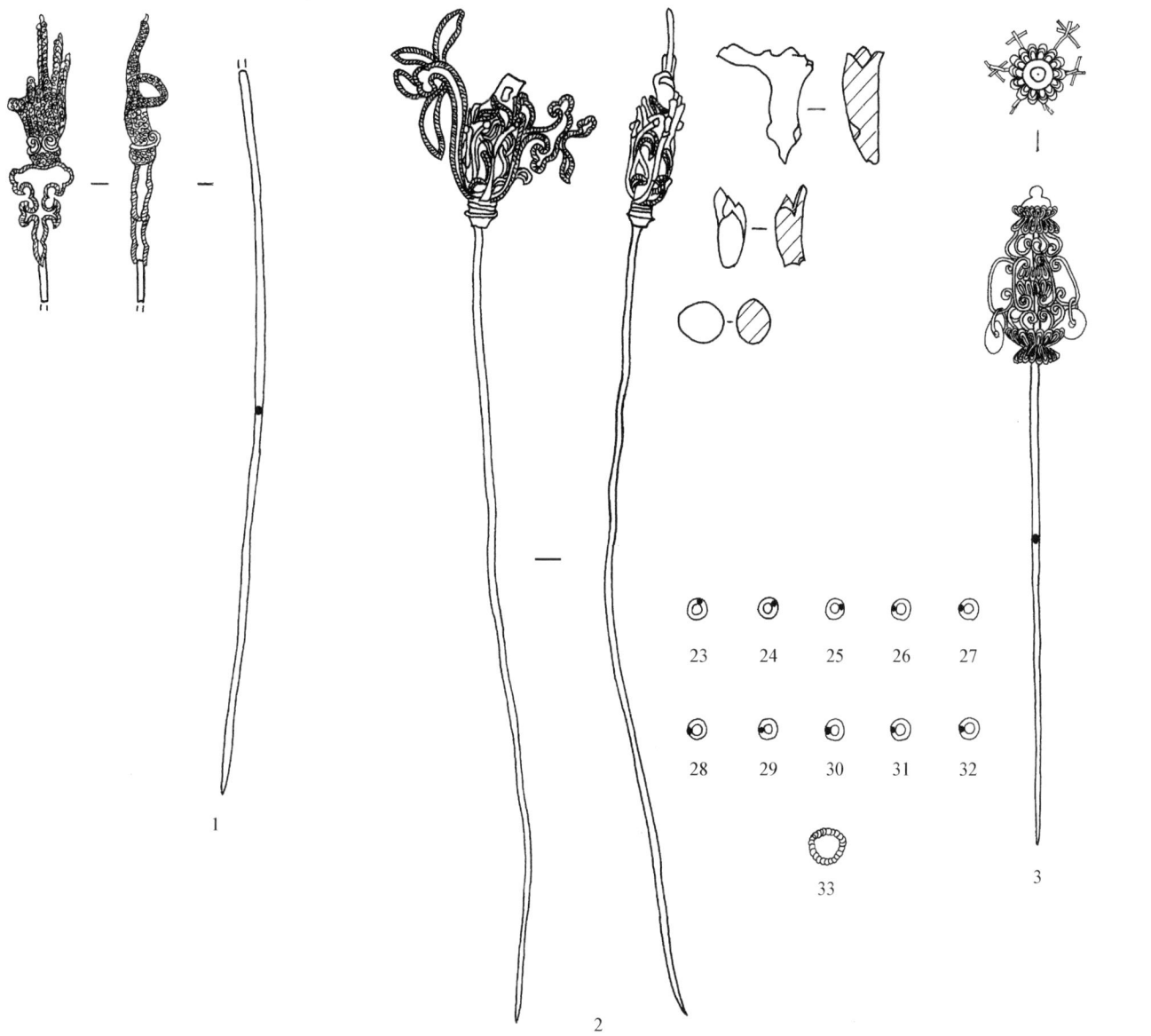

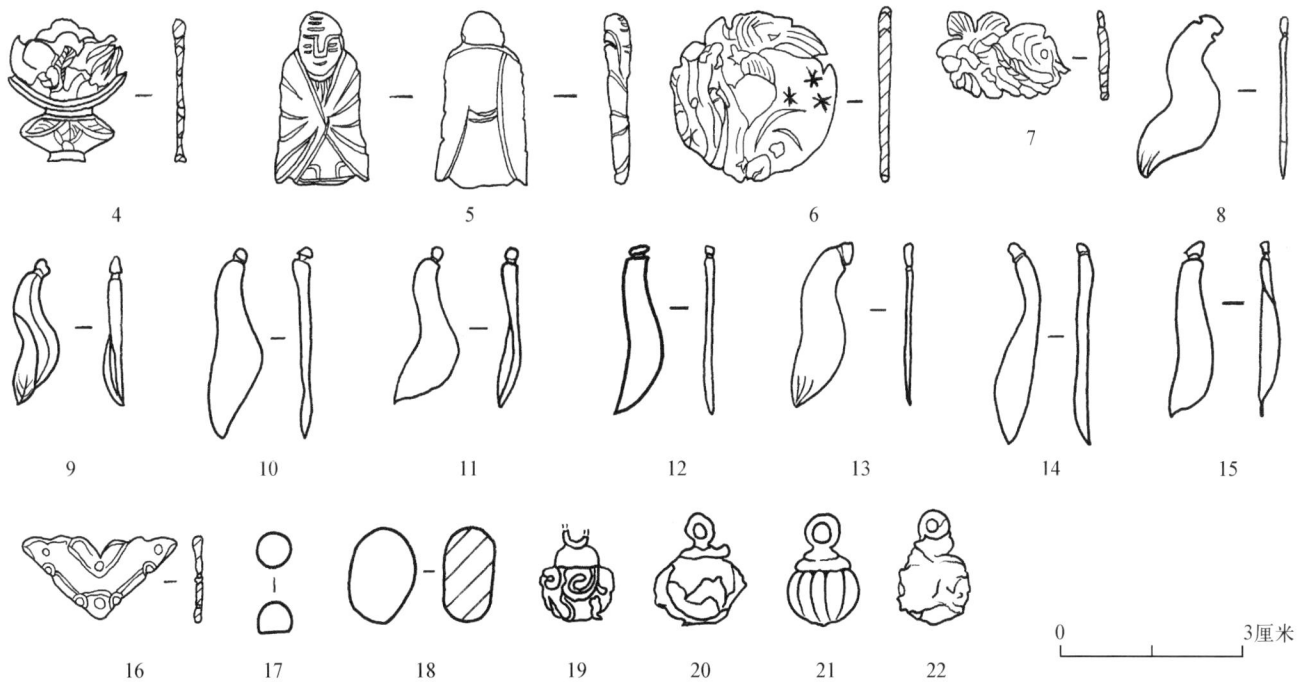

图六四　M8 随葬器物（二）

1、2. 银簪（M8：3-1、M8：3-2）　3. 金簪（M8：4）　4～18. 玉饰（M8：5-1、M8：5-2、M8：5-3、M8：5-4、M8：5-5、M8：5-6、M8：5-7、M8：5-8、
M8：5-9、M8：5-10、M8：5-11、M8：5-12、M8：5-13、M8：5-14、M8：5-15）　19～22. 铜扣（M8：7-1、M8：7-2、M8：7-3、M8：7-4）　23～33. 小
金环（M8：8-1、M8：8-2、M8：8-3、M8：8-4、M8：8-5、M8：8-6、M8：8-7、M8：8-8、M8：8-9、M8：8-10、M8：8-11）

纹、圆点纹。高1.4厘米、宽2.55厘米,重0.97克(图六四,16;彩版三五,5)。

M8:5-14,青色,帽状,半圆形,底部磨平。直径0.54厘米,重0.36克(图六四,17;彩版三五,6)。

M8:5-15,青色,局部泛白,椭圆形,平底。高1.5厘米、宽1.1厘米,重2.41克(图六四,18;彩版三六,1)。

小金环,11件。其中9件,大小、形制基本相同。均圆形,接口较齐。直径0.35厘米。M8:8-1,重0.14克(图六四,23;彩版三六,3,上,左1)。M8:8-2,重0.12克(图六四,24;彩版三六,3,上,左2)。M8:8-3,重0.13克(图六四,25;彩版三六,3,上,左3)。M8:8-4,重0.11克(图六四,26;彩版三六,3,上,左4)。M8:8-5,重0.16克(图六四,27;彩版三六,3,上,左5)。M8:8-6,重0.13克(图六四,28;彩版三六,3,中,左1)。M8:8-7,重0.12克(图六四,29;彩版三六,3,中,左2)。M8:8-8,重0.14克(图六四,30;彩版三六,3,中,左3)。M8:8-9,重0.12克(图六四,31;彩版三六,3,中,左4)。

侧面起棱,1件。M8:8-10,重0.17克(图六四,32;彩版三六,3,中,左5)。

圆环状,1件。M8:8-11,呈竹节状,直径0.7厘米,重0.19克(图六四,33;彩版三六,3,下)。

铜镜,1件。M8:9,圆形,锈蚀较甚。中间铸圆形钮座。座上竖刻"龙家自造"四字。素面。直径9.8厘米、厚1.9厘米,重244.2克(图六五,1;彩版三六,4)。

鼻烟壶,2件。M8:10,浅褐色玛瑙质,局部泛黑。直口、直颈、圆肩、圆腹,体扁平,小平底。绿色玉石作盖,蘑菇状,盖底为铜质,下有一别插入壶内空心圆柱体,内铸为一体。器表光素无纹,莹润。腹径4厘米、底径0.9厘米、高5.48厘米(图六五,2;彩版三六,5)。M8:11,紫色玻璃质,椭圆形,体扁平,两侧刻衔环铺首,正面刻花纹。破碎较甚,纹饰不清。盖为绿色石质,蘑菇状。

铜烟锅,3件。M8:12-1,锅为铜质,嘴为白色玉质,杆为木质。嘴为平顶,颈微束,直腹,中空。杆连接锅与嘴,残断。锅呈半球形,中空。锅长6.5厘米、直径2.2厘米、高1.75厘米,杆残长5.75厘米,嘴长7.5厘米,重16.68克,总残长19.75厘米(图六五,3;彩版三六,6)。M8:12-2,锅为铜质,嘴为乳白色玉质,局部泛黄,杆为木质。嘴顶呈蘑菇状,束颈,中空,身为四节竹节状,自上而下第一、二节上刻单竹叶。杆连接锅与嘴,残断。锅呈半球形,中空。锅长9.7厘米、直径2.1厘米、高1.7厘米,杆残长7厘米,嘴长6.7厘米,重18.93克,总残长23.4厘米(图六五,4;彩版三七,1)。M8:13,锅为铜质,嘴为白色玉质,杆为木质。嘴顶呈蘑菇状,束颈,折肩,直腹,中空。杆连接锅与嘴,残断。锅呈半球形,中空。锅长9.3厘米、直径2.1厘米、高1.9厘米,杆残长7.5厘米,嘴长6.5厘米,重12.85克,总残长23.3厘米(图六五,5;彩版三七,2)。

铜顶戴,1件。M8:14,由帽珠和铜圆环组成。帽珠,1件。M8:14-1,顶部贴一圆寿纹。下为圆珠,下为两层莲花座,再下为三层倒莲花座托。以细密绳索纹凸起为边缘,花瓣内铸叶脉纹。再下为圆锥形帽榫,底端为铜质,附以纺织品。高4.6厘米、宽2.75厘米(图六五,6;彩版三七,3,右)。铜圆环,1件。M8:14-2,圆形,体扁平。直径3厘米(图六五,7;彩版三七,3,左)。

铜三事,1件。M8:15,中间为上下两层镂空如意云纹牌,上层两朵,下层三朵,顶端两侧各一圆环。上端系一圆环,以链与牌相连,链长17.5厘米。下为三根环链,左系耳勺,柱体,上部呈粗方柱状,下部呈细圆柱状,长14厘米;中系镊子,上部有凹槽置闭合钮,下部双股,尾尖弯曲,长

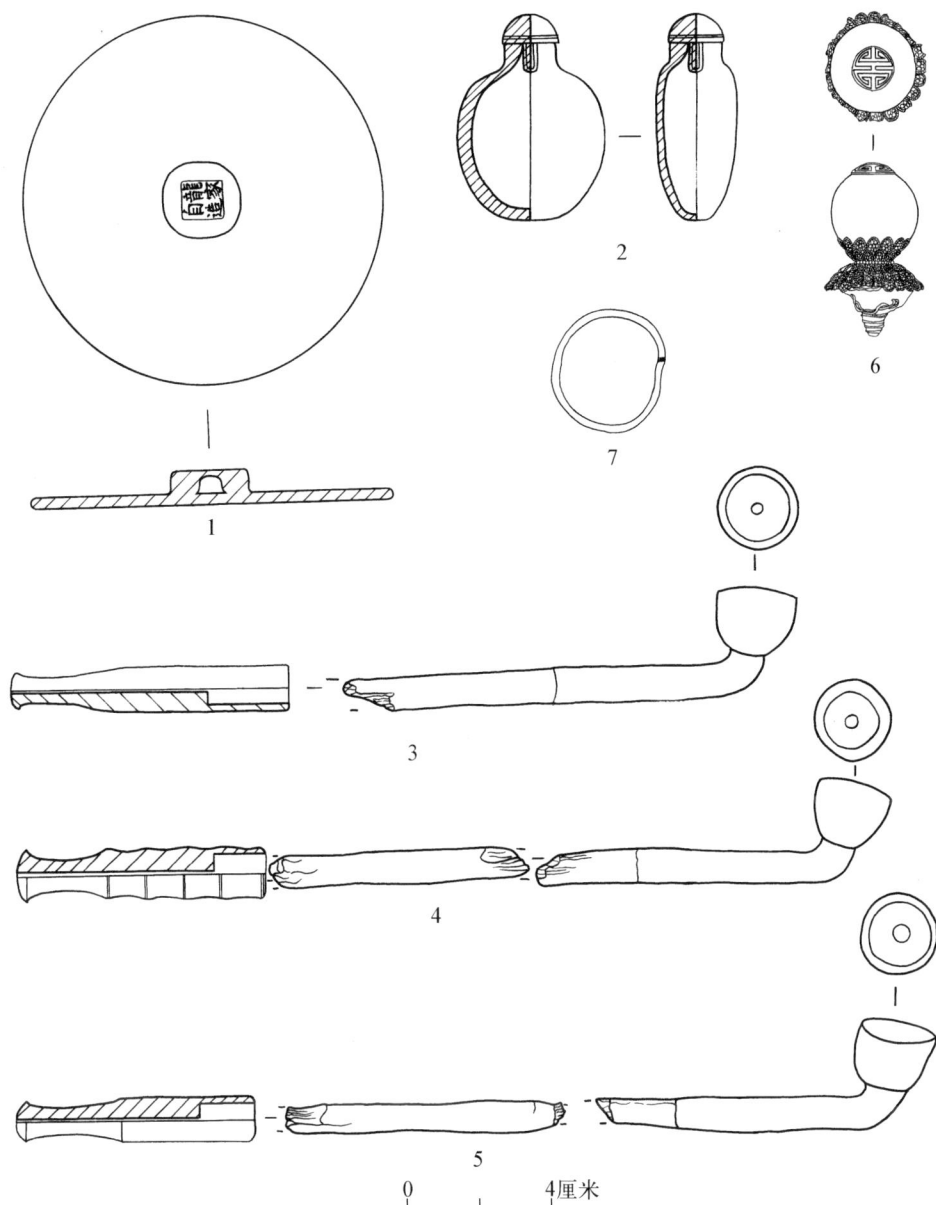

图六五　M8随葬器物（三）

1. 铜镜（M8：9）　2. 鼻烟壶（M8：10）　3～5. 铜烟锅（M8：12-1、M8：12-2、M8：13）
6. 帽珠（M8：14-1）　7. 铜圆环（M8：14-2）

15.3厘米；右系牙签，上部呈粗方柱状，下部呈圆锥状，尾尖，长15厘米。总长35.5厘米、宽4.3厘米（图六六，1；彩版三七，4）。

铜扣，8枚，分为两种。

扣体呈圆形，上铸有莲瓣状花纹，中空，顶部作环状。4枚。M8：7-1，高1.48厘米、宽1.2厘米（图六四，19；彩版三六，2，左1）。M8：7-2，高1.8厘米、宽1.2厘米（图六四，20；彩版三六，2，左2）。M8：7-3，高1.8厘米、宽1.5厘米（图六四，21；彩版三六，2，左3）。M8：7-4，高1.8厘米、宽

1.2厘米（图六四，22；彩版三六，2，左4）。

扣体呈圆形，素面，中空，顶部作环状。4枚。M8：17-1，高1.8厘米、宽1.3厘米（图六六，4；彩版三七，5，左1）。M8：17-2，高1.8厘米、宽1.25厘米（图六六，5；彩版三七，5，左2）。M8：17-3，高1.5厘米、宽0.95厘米（图六六，6；彩版三七，5，左3）。M8：17-4，残高1.3厘米、宽1.1厘米（图六六，7；彩版三七，5，左4）。

石坠，1件。M8：18，绿松石乌兰花，器体平面呈鞋形，中间隆起如山状，上有一圆形穿孔，底部磨平。长5.3厘米、宽2.3厘米、高2厘米（图六六，8；彩版三七，6）。

玉带钩，1件。M8：19，白色，色泽温润。平面近椭圆形，剖面为"S"状，长把短钩。钩首雕一大龙，作回望状，目、口、牙、鼻、鬃、角清晰可见，口部镂空。钩面雕一小龙与大龙相对，呈立状。头斜视左前方，目、嘴、角、鬃、爪、尾清晰可见。龙须、龙尾垂于钩面，六龙爪紧贴于钩面，尾部盘旋。躯干与肢间、身体与钩面处镂空。后背弯曲处刻一椭圆形钩纽。工艺精湛，制作精美。长10.7厘米、宽1.9厘米、高3厘米、重63.85克（图六六，9；彩版三八）。

乾隆通宝，18枚。均圆形、方穿，正面有郭，铸"乾隆通宝"四字，楷书，对读；背面有郭，穿左右为满文"宝泉"，纪局名。标本：M8：20-1，直径2.3厘米、穿径0.5厘米、郭厚0.1厘米（图六六，10）。

嘉庆通宝，2枚。均圆形、方穿。正面有郭，铸"嘉庆通宝"四字，楷书，对读；背面有郭，穿左右为满文"宝泉"，纪局名。M8：16-1，直径2.5厘米、穿径0.5厘米、郭厚0.1厘米（图六六，2）。M8：16-2，钱径2.3厘米、穿径0.6厘米、郭厚0.1厘米（图六六，3）。

其余30枚，均锈蚀较甚，字迹模糊。

C型： 平面呈不规则形，有M3、M4。

M3 位于发掘区西北部，南邻M2。南北向，方向为183°。墓口距地表深1.5米，墓底距地表深2.59～2.7米。墓圹南北长2.25～3米、东西宽1.81～1.9米、深1.09～1.2米（图六七；彩版二五，2）。

四壁较规整。内填黄褐色花黏土，未发现随葬器物。人骨皆头向南，面向上。西棺打破东棺。东棺棺木已无存，仅存棺痕。棺残长1.9米、宽0.4～0.55米、残高0.3米。棺内有人骨一具，保存较差，残长1.5米，为老年男性，仰身直肢葬。西棺棺木已朽，仅存少量棺板残片，残长1.8米、宽0.5～0.65米、残高0.2米、厚0.04米。棺内有人骨一具，保存较差，残长1.55米，为老年女性，仰身直肢葬。

M4 位于发掘区西北部，南邻M10。南北向，方向为187°。墓口距地表深1.5米，墓底距地表深2.6～2.9米。墓圹南北长2.46～2.8米、东西宽2米、深1.1～1.4米（图六八；彩版二五，3）。

四壁较规整，内填黄褐色花黏土。人骨皆头向南，面向下。东棺打破西棺。东棺棺木已朽，仅存部分棺板残片。棺残长1.76米、宽0.5～0.7米、残高0.16米、厚0.05米。棺内有人骨一具，保存较差，残长1.55米，为老年女性，仰身直肢葬。随葬器物有大清铜币2枚，位于右臂骨旁。西棺棺木已无存，仅存棺痕。棺残长2.05米、宽0.6～0.65米、残高0.16米。棺内有人骨一具，保存较差，残长1.85米，为老年男性，仰身直肢葬。随葬器物有铜钱3枚，位于右足骨旁。

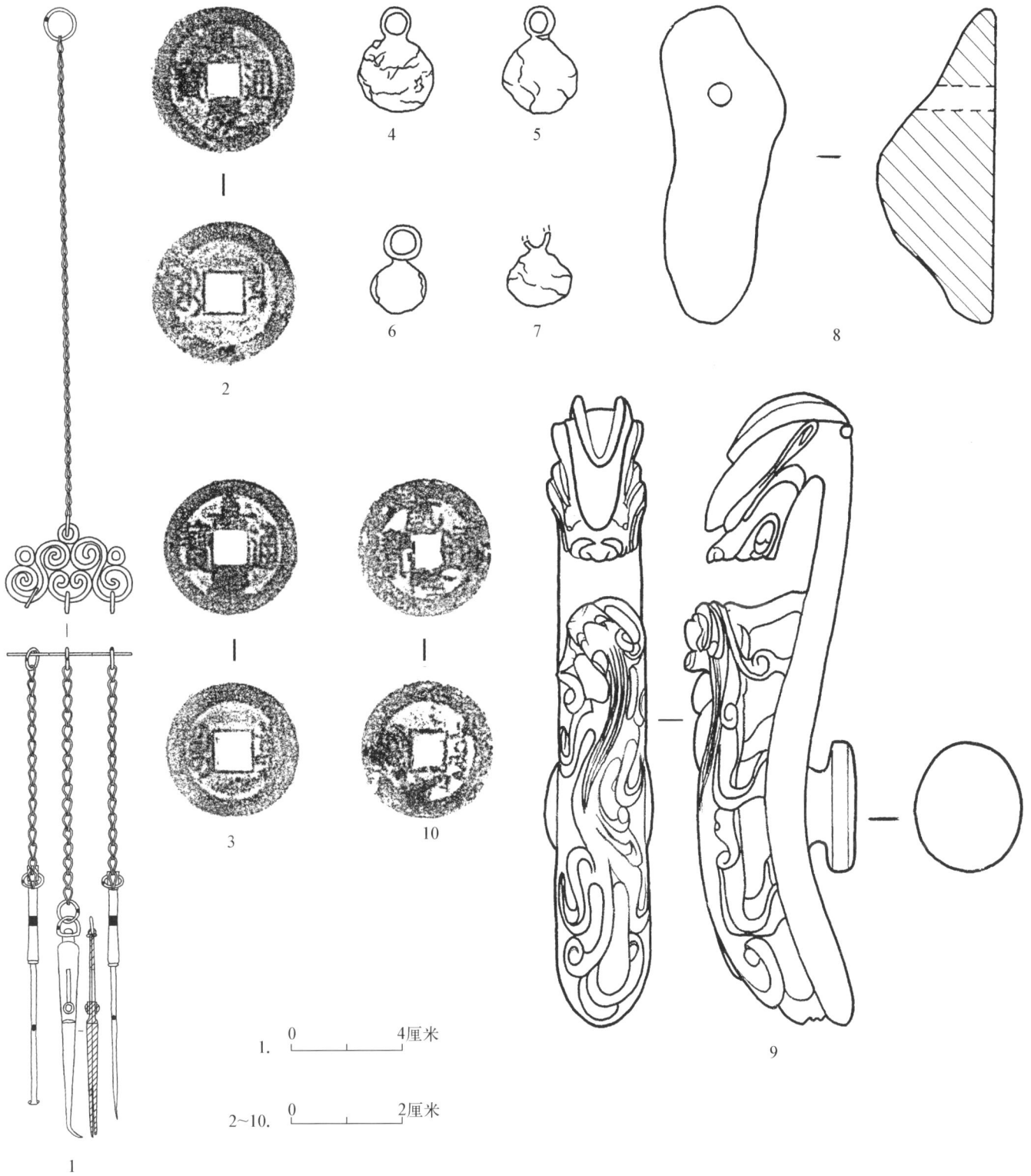

图六六　M8随葬器物（四）

1.铜三事（M8：15）　2、3.嘉庆通宝（M8：16-1、M8：16-2）　4~7.铜扣（M8：17-1、M8：17-2、M8：17-3、M8：17-4）
8.石坠（M8：18）　9.玉带钩（M8：19）　10.乾隆通宝（M8：20-1）

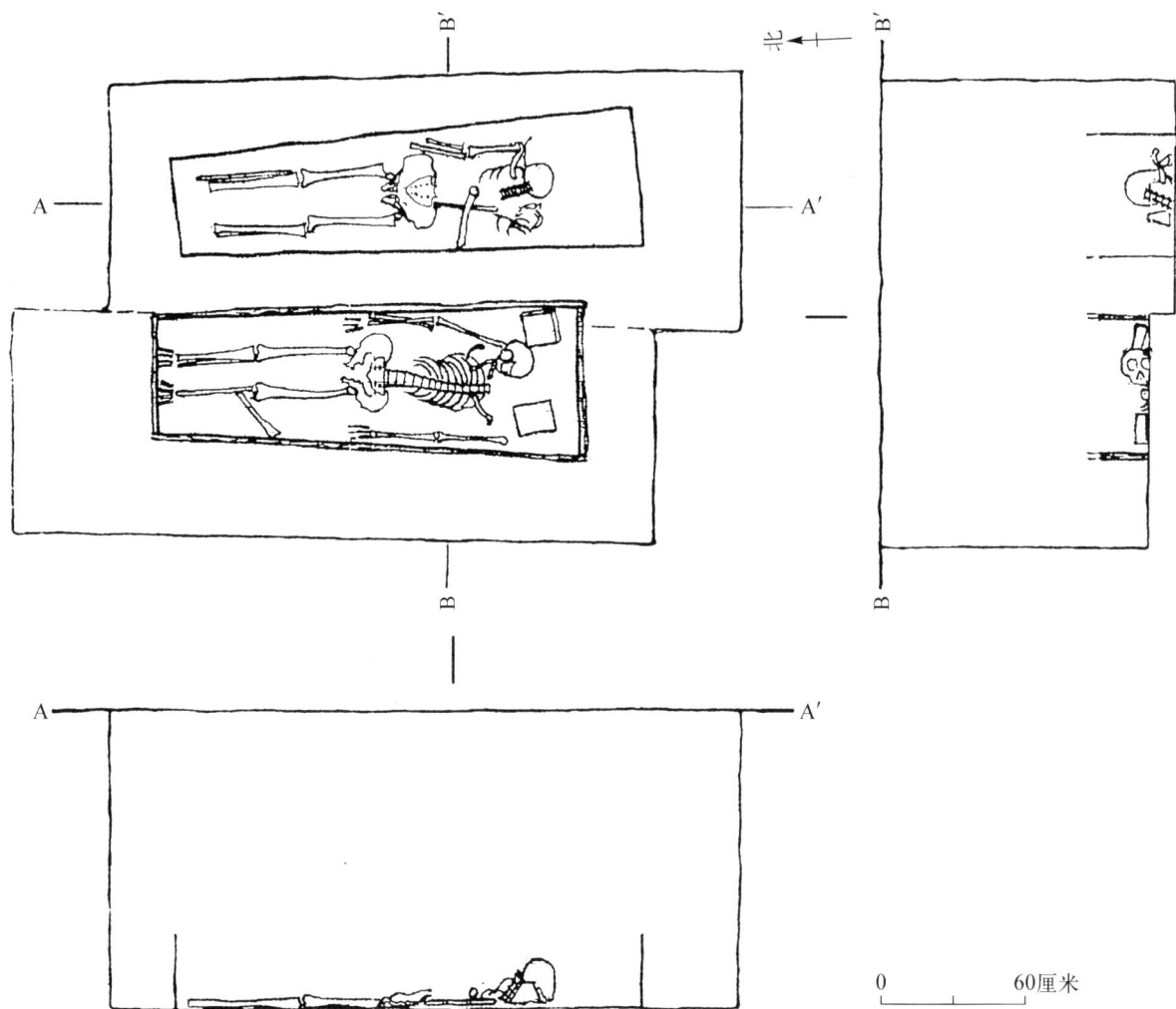

图六七　M3平、剖面图

铜币，2枚。均为圆形。正面铸有"大清铜币"四字，上下右左对读；背面锈蚀较甚。标本：M4：1-1，直径3.2厘米、厚0.1厘米（图六九，2）。

光绪重宝，3枚。均圆形、方穿。正面有郭，铸"光绪重宝"四字，楷书，对读；背面有郭，穿上下为汉字"当十"，左右为满文"宝泉"，对读，纪局名。标本：M4：2-1，直径3厘米、穿径0.7厘米、郭厚0.15厘米（图六九，1）。

3. 三棺墓

1座。

M9　位于发掘区东部。东西向，方向为263°。平面呈方形。墓口距地表深1.5米，墓底距地表深3米。墓圹南北长3.4～3.6米、东西宽3.4米、深1.5米（图七〇；彩版二五，4）。

四壁较规整，内填黄褐色花黏土。人骨皆头向西，面向上。北棺打破中棺，中棺打破南棺。棺木已朽，仅存少量棺板残片。棺残长2.4米、宽0.6～0.75米、残高0.3米、厚0.04米。棺内有人骨一具，保存较差，性别不详，为仰身直肢葬。未发现随葬器物。中棺棺木已朽，仅存部分棺板残

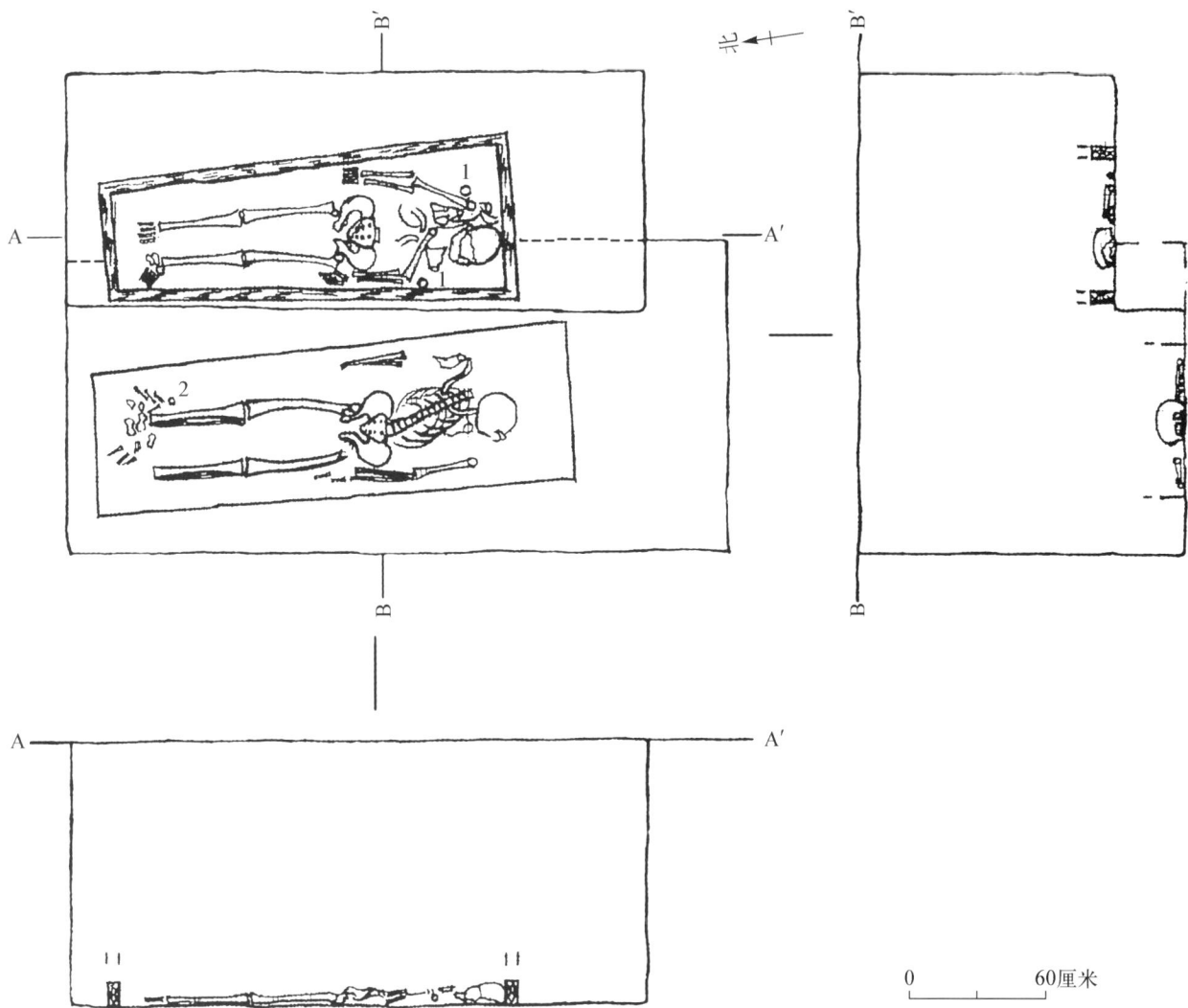

图六八　M4平、剖面图

1. 铜币　2. 铜钱

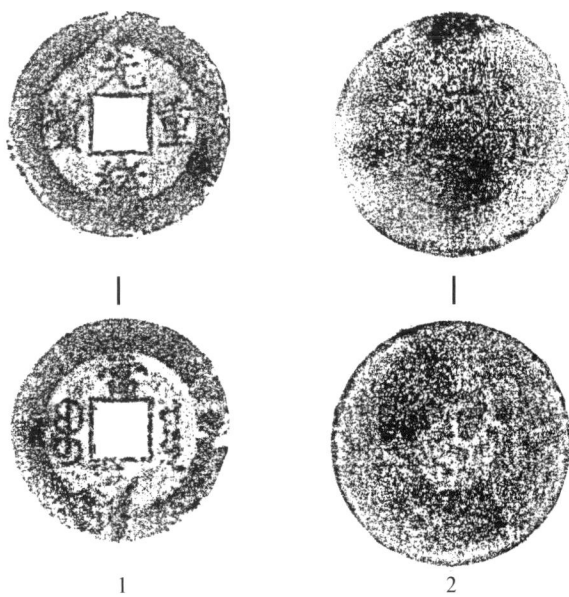

图六九　M4随葬铜钱

1. 光绪重宝（M4:2-1）　2. 大清铜币（M4:1-1）

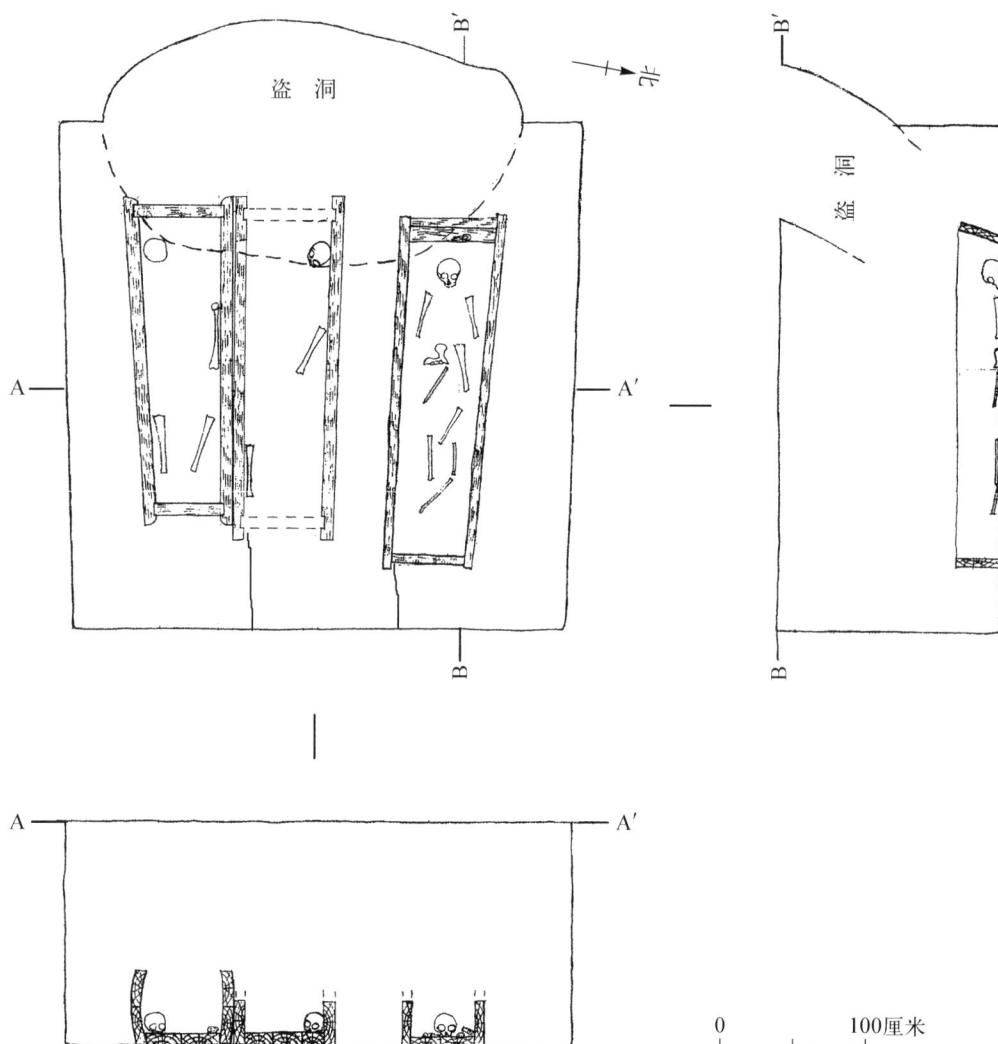

图七〇　M9平、剖面图

片。棺残长2.3米、宽0.7～0.78米、残高0.3米、厚0.05米。棺内有人骨一具，保存较差，仅存头骨
及腿骨1根。性别不详，为仰身直肢葬。未发现随葬器物。南棺棺木保存较好。棺残长2.2米、宽
0.6～0.75米、残高0.5米、厚0.06米。棺内有人骨一具，保存较差，仅存头骨及腿骨3根。性别不
详，为仰身直肢葬。未发现随葬器物。

墓葬西壁有椭圆形盗洞1个，盗扰至底，长径2.9米。盗洞填土中出土铜钱10枚、残烟锅1
件、串饰若干。

铜烟锅，1件。M9：2，仅存杆和锅。锅呈半圆形，中空。下部弯，与杆相连。残长6.5厘米、锅
直径2.2厘米、高2厘米（图七一，3；彩版三九，1）。

串饰，15枚。分为玛瑙坠、玻璃珠、石珠等。

玛瑙坠，1枚。M9：3-1，深灰色。器体呈不规则三角形，中部隆起，上方有一穿孔，底部磨平。
长2.3厘米、宽1.2厘米、厚0.6厘米（图七一，4；彩版三九，2，下，左2）。

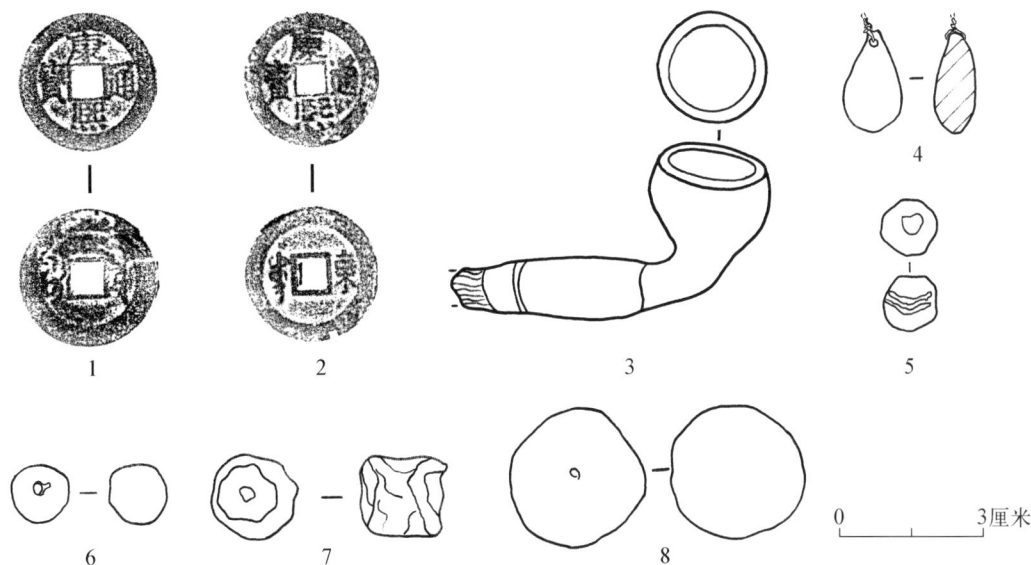

图七一　M9随葬器物

1、2.康熙通宝（M9：1-1、M9：1-2）　3.铜烟锅（M9：2）　4.玛瑙坠（M9：3-1）　5.玻璃珠（M9：3-2）
6、8.石珠（M9：3-3、M9：3-5）　7.料管（M9：3-4）

玻璃珠，10枚。均为紫色。圆形，中间有一圆形穿孔。标本：M9：3-2，直径1.3厘米（图七一，5；彩版三九，3，右）。

料管，1枚。M9：3-4，灰色。体呈圆柱形，中间有一圆形对穿穿孔。直径1.7厘米、高1.7厘米（图七一，7；彩版三九，2，下，左1）。

小石珠，1枚。M9：3-3，白色泛黄。器体呈圆形，中间有一圆形穿孔。直径1.13厘米、孔径0.3厘米（图七一，6；彩版三九，2，上，左1）。

大石珠，2枚。均为白色泛黄。圆形，中间有一细小穿孔。标本：M9：3-5，直径2.75厘米、孔径0.2厘米（图七一，8；彩版三九，2，上，左3；彩版三九，3，左）。

康熙通宝，10枚。均圆形、方穿。正面有郭，铸"康熙通宝"四字，楷书，对读；背面有郭，穿左侧为满文"东"，穿右侧为汉字"东"，纪局名。标本：M9：1-1，直径2.7厘米、穿径0.7厘米、郭厚0.1厘米（图七一，1）。标本：M9：1-2，直径2.7厘米、穿径0.71厘米、郭厚0.1厘米（图七一，2）。

4.搬迁墓

1座。

M7　位于发掘区中部。东西向，方向为260°。平面呈长方形。墓口距地表深1.5米，墓底距地表深2.1米。墓圹东西长2.6米、南北宽1.2米、深0.6米（图七二；彩版二五，5）。

四壁较规整，内填黄褐色花黏土。内有木棺一具，棺木已无存，仅存底部少量棺灰。棺残长1.8米、宽0.5～0.7米、残高0.02米。棺内残存少量肢骨和碎骨。未发现随葬器物。

四、小结

唐代墓葬M6为斜坡墓道竖穴土圹砖室墓，墓室平面呈圆形，属唐代晚期常见墓葬形制。未

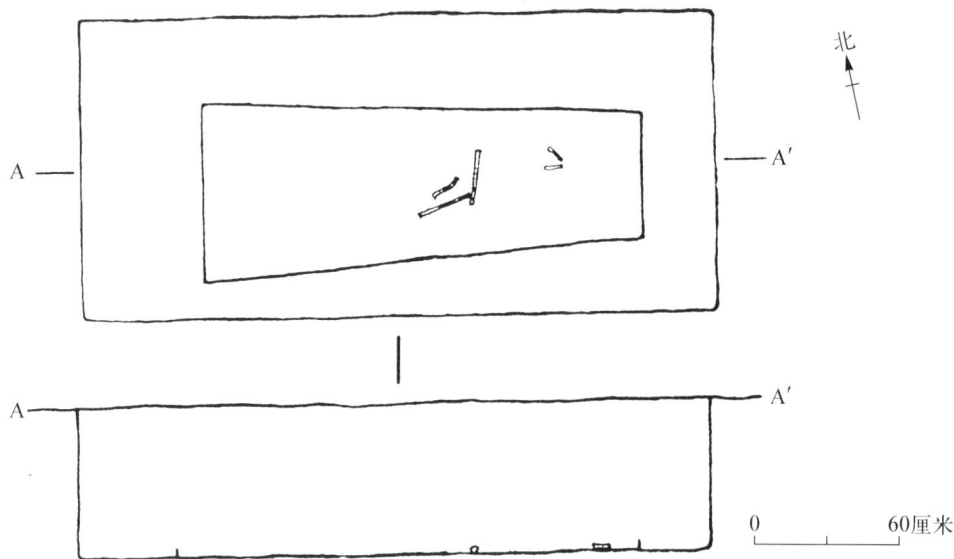

图七二　M7平、剖面图

发现任何葬具痕迹，盗扰破坏严重。未发现人骨，葬式不详。因出有开元通宝及八出葵花镜，属唐代北方胡化后常见墓葬形制，因此推断其时代应在唐代偏晚阶段。

清代墓葬均为竖穴土坑墓，共8座，为M1～M5、M7～M9，棺木直接置于土圹底部。土圹四壁壁面较直且平滑，深度约1.5米。

8座墓中，单棺葬2座，占25%；双棺合葬墓5座，占62.5%；三棺合葬墓1座，占12.5%。

葬式均为仰身直肢葬。

8座墓葬中，M2西棺出有光绪重宝，M4东棺出有光绪时期的大清铜币，M5出有光绪重宝，M8西棺出有乾隆通宝，M9盗洞出土康熙通宝。这5座墓的时代可定为清代中晚期，为乾隆至光绪时期。其他3座墓葬M1、M3、M7没有出土铜钱，但其墓葬规格、形制与另5座墓葬相同，均为竖穴土坑墓，故其时代也应在清代中晚期。

该地点周边如西区F1望京综合酒店发掘过清代墓葬①，E8-1北电三期发掘过清代墓葬②，电子城西区四期G3地块发掘过唐代、辽代、明清墓葬③，2017年发掘过清代墓葬④。唐代墓葬则是首次发现，清代墓葬的发掘也为研究清代中晚期丧葬习俗与墓葬形制提供了新的资料。

出土器物主要为铜簪及银簪等，共计71件，质地有金、银、铜、陶、玉石、琉璃等。另有铜钱35枚、铜币2枚。其中M8出土器物较多，有金镯、玉镯、玉饰、金饰、鼻烟壶及铜烟锅等，种类和数量远超过其他墓葬，墓主人的财富多于其他墓主人。

①《朝阳区中关村电子城西区F1望京综合酒店工程考古发掘报告》，北京市文物研究所编《京沪高铁北京段与北京新少年宫考古发掘报告集》，上海古籍出版社，2014年。

②《中关村电子城E8-1北电三期工程用地考古发掘报告》，见本书。

③北京市文物研究所2014年发掘资料。

④北京市文物研究所2017年发掘资料。

　　M8：19龙首螭纹玉带钩是北京明代玉带钩中常见的造型，与1982年朝阳东坝出土的玉带钩[1]、丰台岳各庄东区四期二号地M16：1[2]、原宣武区明代万通墓出土玉带钩[3]、延庆博物馆藏品[4]、通州丁各庄出土玉带钩[5]等相近，海淀区中国政法学院还曾出土过形制相同的翠质带钩[6]。

　　这种玉带钩由大小两条龙组成，喻父子二人，为"苍龙教子"图纹样。谚语中有望子成龙之说，寓意望子成龙、吉祥美好。

　　"苍龙教子"源自《三字经》，"窦燕山，有义方。教五子，名俱扬"。古人教子，满目琳琅，而窦燕山教子，堪称榜样。窦燕山先是为富不仁，以势压贫而一直无子，后幡然悔悟，克己利人，广结善缘，其妻连生五子。燕山言传身教，十数年如一日，培育他们的品德修养。五子先后登科及第：长子中进士，任礼部尚书；次子中进士，任礼部侍郎；三子任补阙；四子中进士，任谏议大夫；五子曾任起居郎。当时人称窦氏五龙。"苍龙教子"以苍龙喻窦燕山，强调父辈言传身教的重要性。

　　玉烟嘴与丰台亚林西三期M12：3[7]等相近，属于北京地区常见的器形。

---

① 北京市朝阳区文化委员会：《朝阳文物志》，文物出版社，2014年，第137页。
② 北京市文物研究所2009年发掘资料。
③ 首都博物馆馆藏文物。
④《延庆文化文物志》编委会、延庆县文化委员会：《延庆文化文物志·文物卷》，北京出版社，2010年。
⑤ 首都博物馆：《畿辅通会——通州历史文化展》，北京燕山出版社，2018年，第73页。
⑥ 北京市文物研究所：《北京出土文物》，北京燕山出版社，2005年，第600页。
⑦ 北京市文物研究所：《北京市丰台区亚林西三期明清墓葬发掘简报》，《北京文博》2014年第四辑。

单店养老产业示范基地项目考古发掘报告

一、概况

为配合朝阳区单店养老产业示范基地项目的施工建设，北京市文物研究所于2015年5月18日至5月30日对该地块进行了考古勘探，并对发现的清代墓葬进行了发掘（彩版四〇）。

发掘区位于朝阳区东坝乡单店368号院内，东五环七棵树桥东约20米处。北邻东坝南二街、东接北京公共交通控股集团有限公司、南连东坝南三街、西至东坝西环（图七三）。GPS坐标：东北角：北纬39°57′494″、东经116°31′685″，东南角：北纬39°57′402″、东经116°31′724″，西北角：北

图七三　发掘区位置示意图

纬39°57′463″、东经116°31′554″,西南角:北纬39°57′365″、东经116°31′608″。

共发掘清代墓葬15座(附表九),出土各类器物47件(不含铜钱),发掘面积共计90平方米(图七四)。

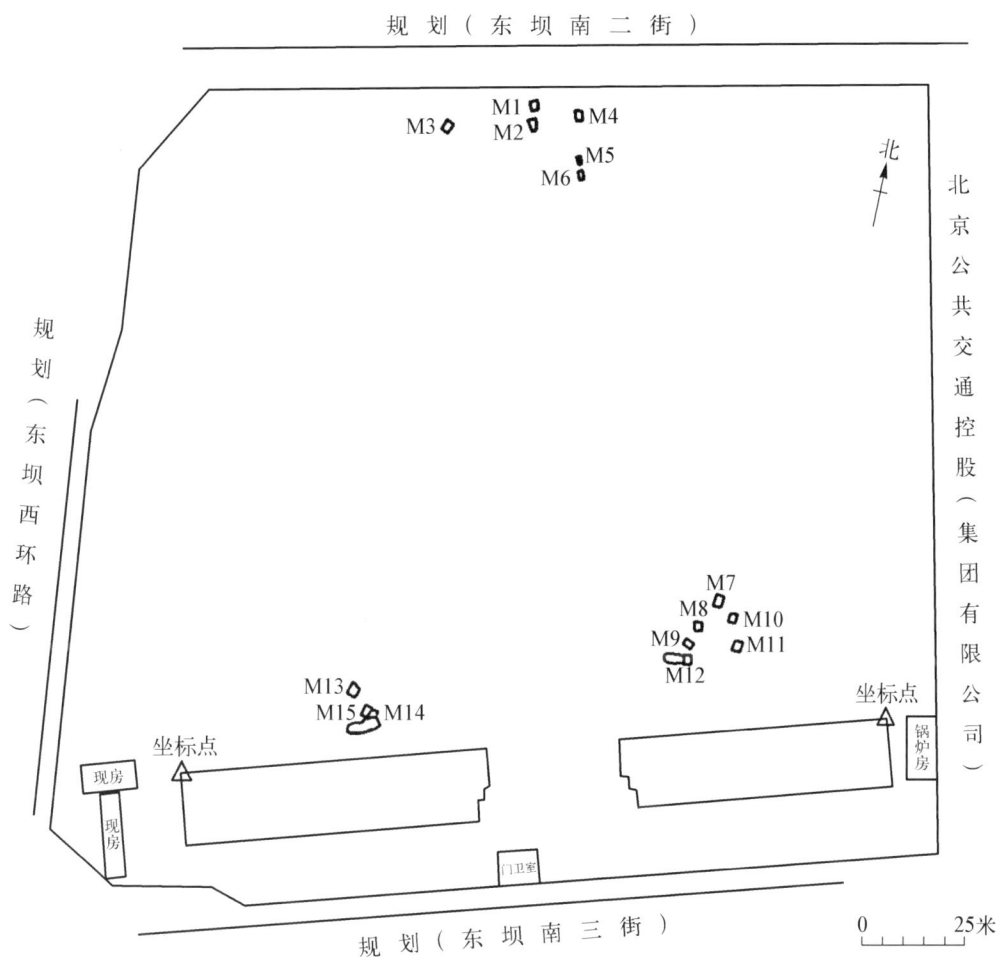

图七四 总平面图

二、地层

该发掘区的地层自上而下可分为七层。

第①层:深0～0.6米。呈浅黄色,土质较致密,包含较多现代建筑垃圾、碎砖块、水泥块、碎木块等。

第②层:深0.6～0.9米,厚0.2～0.3米。呈黑褐色,土质较致密,为原地表层,包含较多的现代垃圾、碎砖块、碎玻璃、塑料、木材、煤渣等。

第③层:深0.9～1.5米,厚0.4～0.6米。呈红褐色,黏土,较疏松,较纯净。

第④层:深1.5～1.8米,厚0.3米。呈黄褐色,黏土,较致密,有褐色斑点。

第⑤层:深1.8～2.5米,厚0.5～0.7米。呈浅黄色,砂土,较疏松,含较多的细黄沙。

第⑥层:深2.5～3米,厚0.4～0.5米。呈红褐色,砂土,致密,有褐色斑点。

第⑦层：深3～3.8米，厚0.6～0.8米。呈浅黄色，黏土，较致密。

以下为生土层。

三、墓葬及遗物

均为竖穴土坑墓，开口于③层下。可分为单棺墓、双棺墓、搬迁墓三种（表五）。

表五　墓葬分类表

分　类	单　棺　墓	双　棺　墓			搬迁墓
		A型	B型	C型	
数量（座）	1	5	2	6	1

（一）单棺墓

1座。

M6　位于发掘区中北部，北邻M5。南北向，方向为330°。平面呈长方形。墓口距地表深0.45米，墓底距地表深1.63米。墓圹南北长2.35米、东西宽1～1.1米、深1.18米（图七五；彩版四一，1、2）。

棺木已朽。棺长1.93米、宽0.55～0.68米、残高0.1米。骨架保存较好。墓主人为老年女性，仰身直肢葬。头向西北，面向上。内填花黏土，土质较疏松。随葬品有银簪、铜板。

银簪，1件，M6：2。首为两股，呈麻花状合为一股，体细直，为锥形。尾圆尖。体长8.6厘米（图七六，1；彩版四七，1）。

铜板，1枚。M6：1，圆形、无穿。正面有郭，铸"中华铜币"四字，楷书，对读；背面有郭，纹饰已磨损。直径3.1厘米、郭厚0.1厘米（图七六，2）。

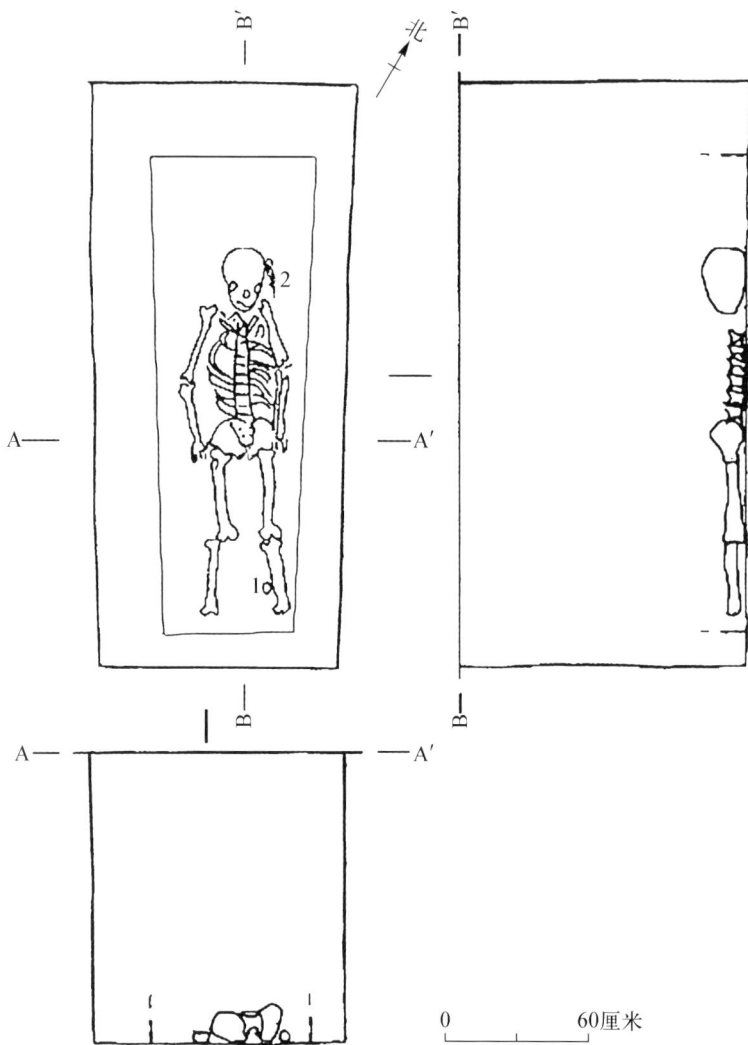

图七五　M6平、剖面图

1. 铜板　2. 银簪

（二）双棺墓

共13座：M1～M4、M7～M15。根据平面形制可分为三型。

A型： 平面呈长方形，有M9、M10、M12、M14、M15。

M9 位于发掘区东南部，北邻M8、南邻M12。东西向，方向为315°。墓口距地表深0.3米，墓底距地表深1.3米。墓圹东西长2.5米、南北宽1.8～1.85米、深1米（图七七；彩版四一，3）。

棺木已朽。北棺长2米、宽0.8米、残高0.15米。骨架保存较好，为老年男性，仰身直肢葬。头向西北，面向下。头下枕一长0.23米、宽0.12米、厚0.06米的方砖。南棺长1.9米、宽0.6～0.65米、残高0.15米。骨架保存较好，为老年女性，仰身直肢葬。头向西北，面向上。头下枕一长0.23米、宽0.11米、厚0.05米的方砖。南棺打破北棺。内填花黏土，土质较疏松。随葬品有铜顶戴、铜钱、玉烟嘴、铜扣、银耳环。

铜顶戴，1件。M9：1，顶部饰蓝色玛瑙珠，顶端贴铜饰"寿"字纹。珠内中空，以铜管连接圆珠与底座。珠下为包铜镂空座，一圈饰一条龙、一条鱼和一座大门，寓意鲤鱼跃龙门。直径1.2～3.5厘米、通高4.1厘米（图七八，1；彩版四七，2）。

玉烟嘴，1件。M9：3，白色，中空。顶作蘑菇状，束颈，下部呈筒形。顶、底部有圆孔相通，孔径0.2～0.9厘米。宽1.05～1.4厘米、通长5.4厘米（图七八，5；彩版四七，3）。

铜扣，1枚。M9：5，扣体呈圆形，中空。上呈圆环状，已残。直径1厘米、残高1.2厘米（图七八，6；彩版四七，4）。

银耳环，2件。大小、形制基本相同。正面刻如意纹。M9：6-1，残长8.3厘米、宽0.1～2.2厘米（图七八，7；彩版四七，5）。M9：6-2，残长8.2厘米、宽0.1～2.1厘米（图七八，8；彩版四八，1）。

乾隆通宝，3枚。均圆形、方穿。正面有郭，铸"乾隆通宝"四字，楷书，对读；背面有郭，穿左右为满文"宝泉"，纪局名。标本：M9：4-1，直径2.35厘米、穿径0.51厘米、郭厚0.12厘米（图七九，1）。标本：M9：4-2，直径2.45厘米、穿径0.57厘米、郭厚0.1厘米（图七九，2）。

嘉庆通宝，3枚。均圆形、方穿。正面有郭，铸"嘉庆通宝"四字，楷书，对读；背面有郭，穿左右为满文"宝泉"，纪局名。标本：M9：4-3，直径2.37厘米、穿径0.57厘米、郭厚0.15厘米（图七九，3）。标本：M9：4-4，直径2.4厘米、穿径0.48厘米、郭厚0.15厘米（图七九，4）。

咸丰重宝，3枚。均圆形、方穿。正面有郭，铸"咸丰重宝"四字，楷书，对读；背面有郭，穿上下为汉字"当十"，左右为满文"宝泉"，纪局名。标本：M9：2-1，直径3.1厘米、穿径0.61厘米、郭厚0.2厘米（图七九，8）。

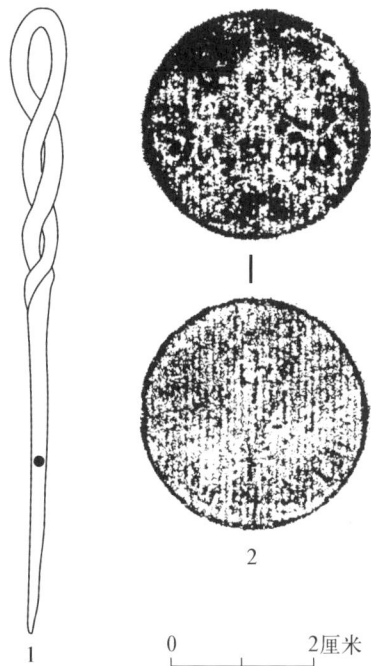

图七六　M6随葬器物

1. 银簪（M6：2）　2. 铜板（M6：1）

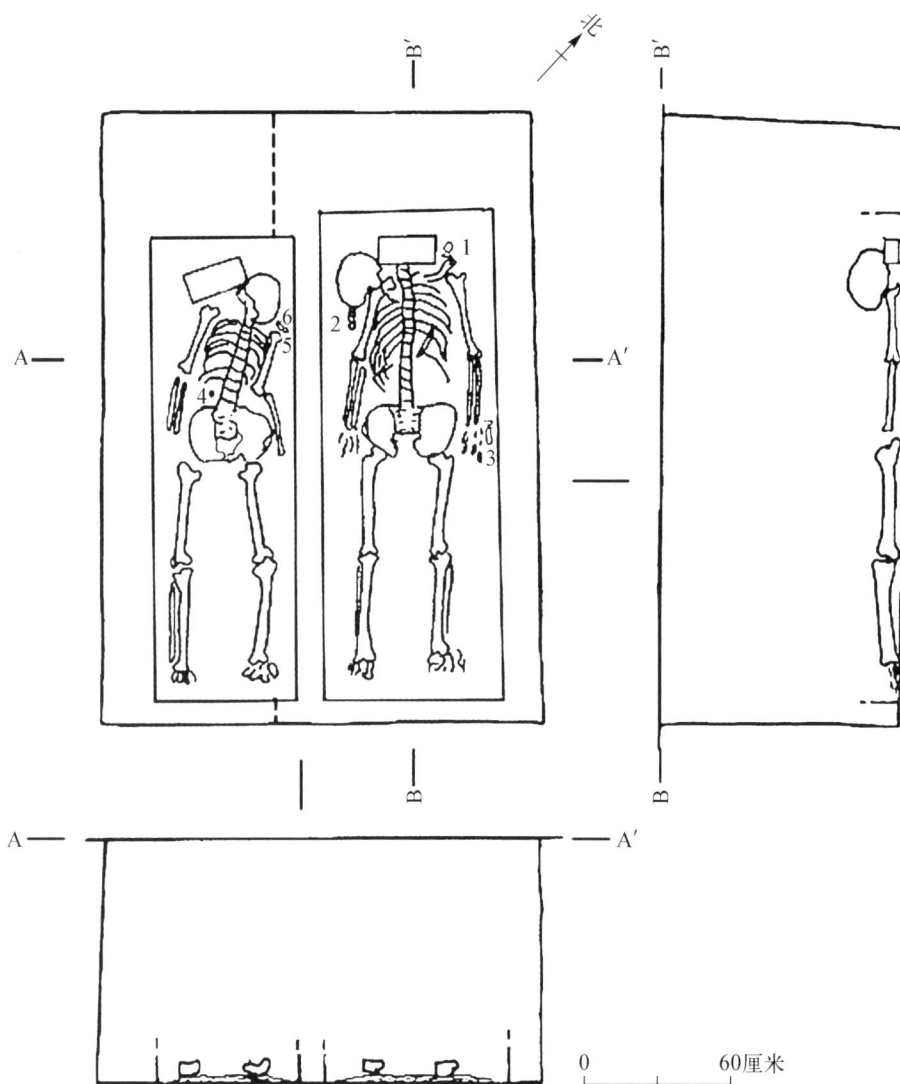

图七七　M9平、剖面图

1.铜顶戴　2、4.铜钱　3.玉烟嘴　5.铜扣　6.银耳环

　　咸丰通宝,1枚。圆形、方穿。正面有郭,铸"咸丰通宝"四字,楷书,对读;背面有郭,穿左右为满文"宝泉",纪局名。M9:7-6,直径2.24厘米、穿径0.52厘米、郭厚0.12厘米(图七九,6)。

　　同治重宝,3枚。均圆形、方穿。正面有郭,铸"同治重宝"四字,楷书,对读;背面有郭,上下为汉字"当十",左右为满文"宝源",纪局名。标本:M9:2-2,直径3.11厘米、穿径0.65厘米、郭厚0.14厘米(图七九,9)。标本:M9:4-6,直径3.1厘米、穿径0.6厘米、郭厚0.2厘米(图七九,7)。

　　道光通宝,1枚。M9:4-7,圆形、方穿。正面有郭,铸"道光通宝"四字,楷书,对读;背面有郭,穿左右为满文"宝泉",纪局名。直径2.4厘米、穿径0.5厘米、郭厚0.13厘米(图七九,5)。

　　M10　位于发掘区东南部,西邻M7。南北向。方向为350°。墓口距地表深0.3米,墓底距地表深1.4米。墓圹南北长2.6米、东西宽2米、深1.1米(图八〇;彩版四一,4)。

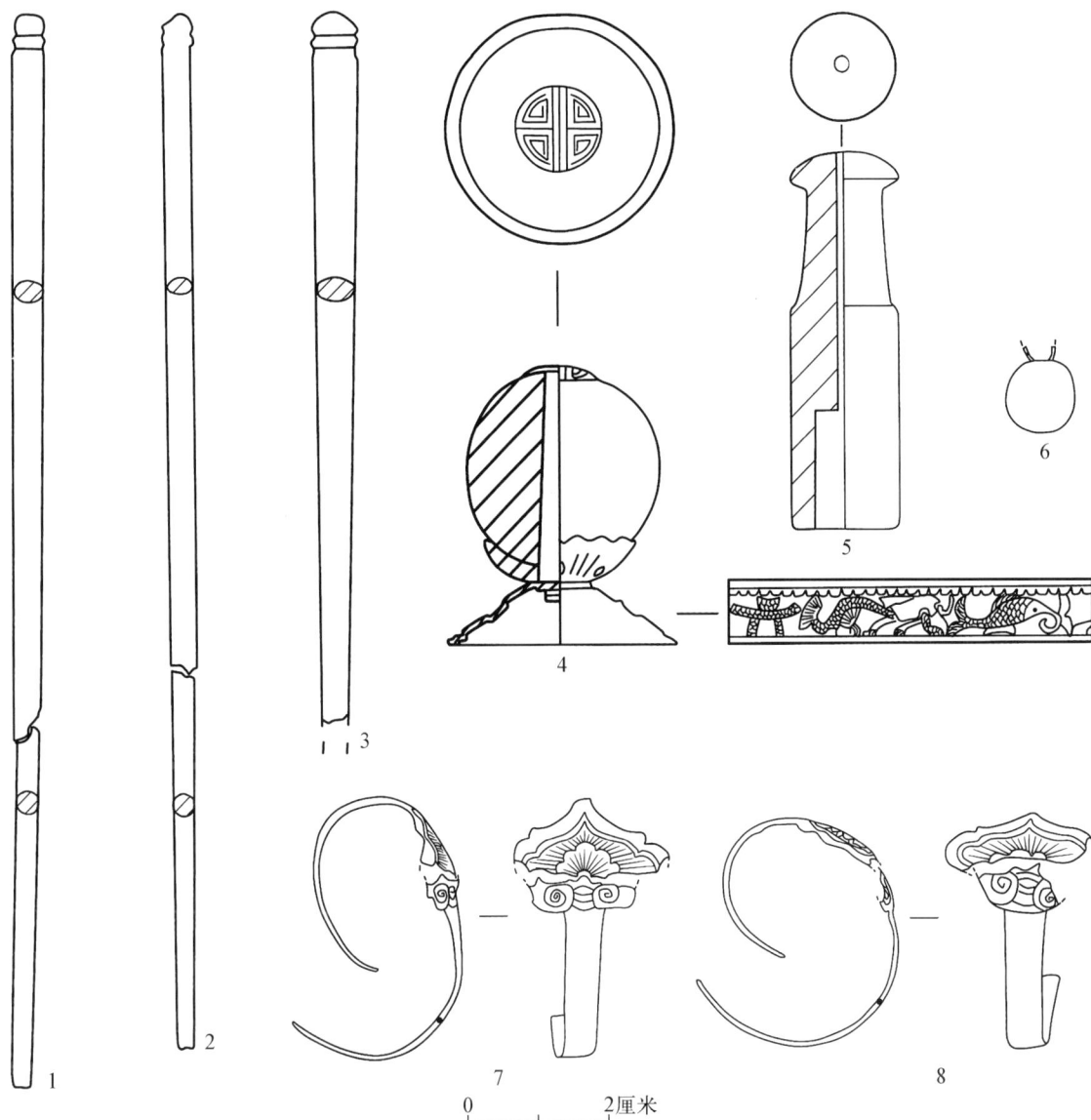

图七八　双棺A型墓葬随葬器物（一）

1～3. 骨簪（M15：9-3、M15：9-2、M15：9-1）　4. 铜顶戴（M9：1）　5. 玉烟嘴（M9：3）　6. 铜扣（M9：5）
7、8. 银耳环（M9：6-1、M9：6-2）

　　棺木已朽。东棺长2米、宽0.6～0.65米、残高0.1米。棺内骨架保存较好，为老年女性，仰身直肢葬。头向西北，面向上。西棺长1.9米、宽0.55米、残高0.1米。棺内骨架保存一般，为老年男性，仰身直肢葬。头向西北，面向西。东棺打破西棺。内填花黏土，土质较疏松。随葬品有铜钱。

　　乾隆通宝，2枚。均圆形、方穿。正面有郭，铸"乾隆通宝"四字，楷书，对读；背面有郭，穿左右为满文"宝源"，纪局名。标本：M10：1-1，直径2.25厘米、穿径0.52厘米、郭厚0.12厘米（图七九，10）。

　　咸丰重宝，1枚。M10：2-1，圆形、方穿。正面有郭，铸"咸丰重宝"四字，楷书，对读；背面有

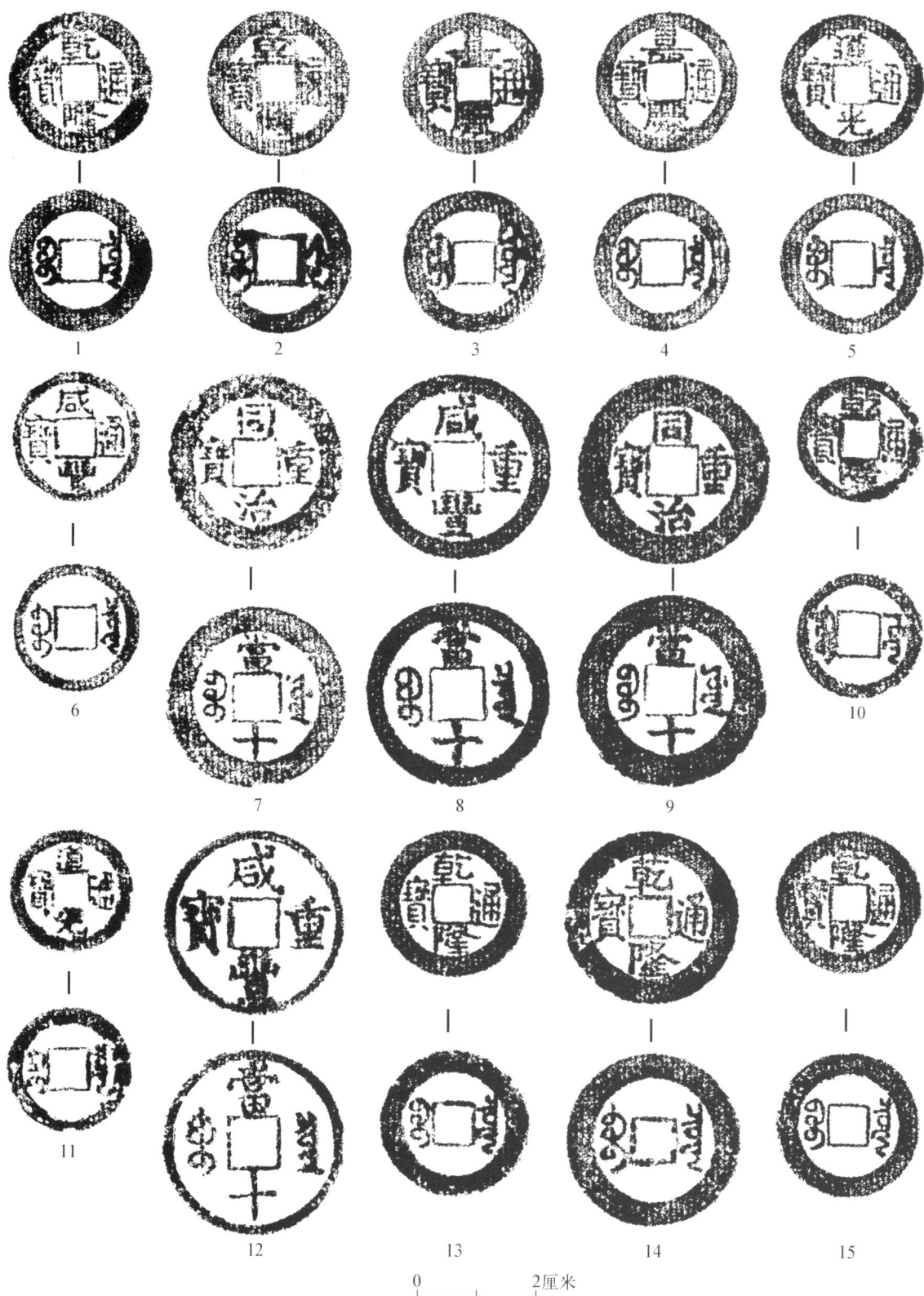

图七九　双棺A型墓葬随葬铜钱

1、2、10、13～15.乾隆通宝（M9∶4-1、M9∶4-2、M10∶1-1、M15∶5-1、M15∶5-2、M15∶8-1）　3、4.嘉庆通宝（M9∶4-3、M9∶4-4）　5、11.道
光通宝（M9∶4-7、M10∶2-2）　6.咸丰通宝（M9∶7-6）　7、9.同治重宝（M9∶4-6、M9∶2-2）　8、12.咸丰重宝（M9∶2-1、M10∶2-1）

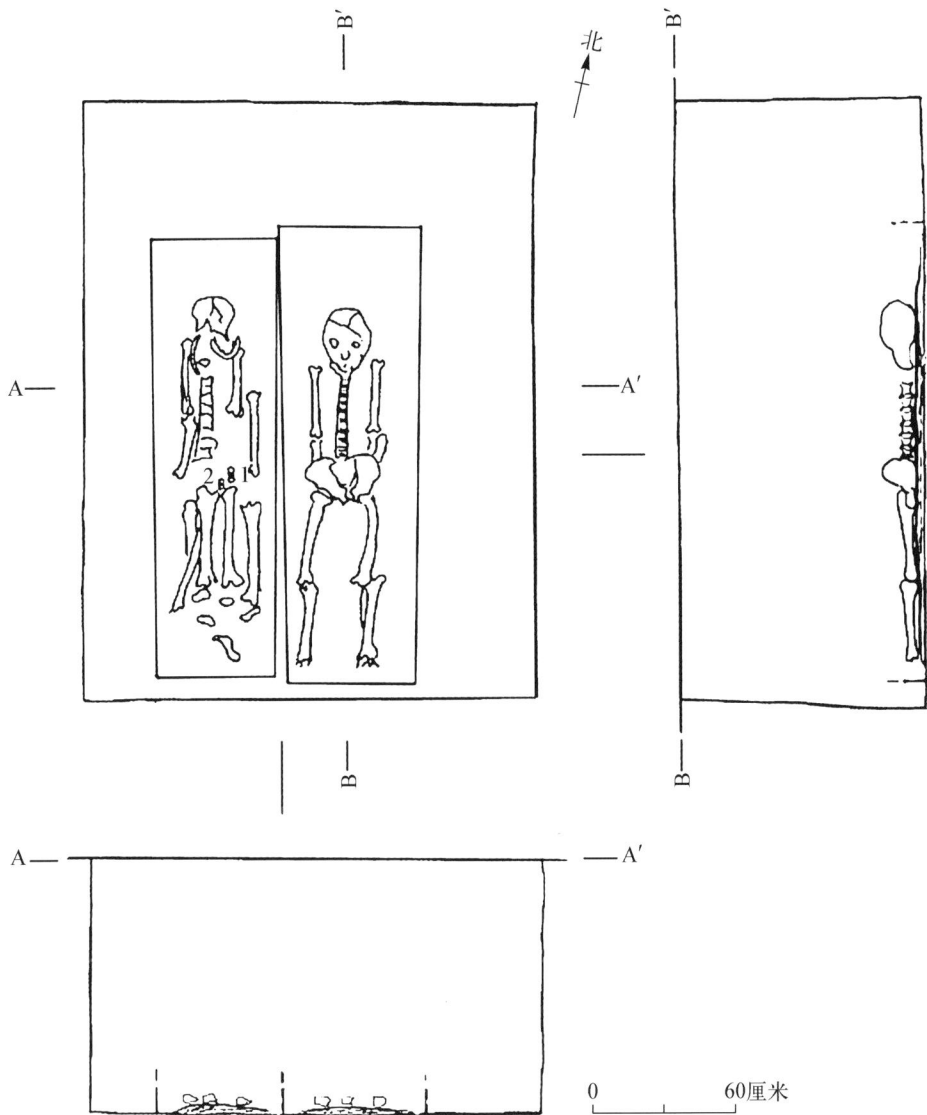

图八〇　M10平、剖面图

1、2. 铜钱

郭,上下为汉字"当十",左右为满文"宝泉",纪局名。直径3.05厘米、穿径0.6厘米、郭厚0.25厘米(图七九,12)。

道光通宝,1枚。M10∶2-2,圆形、方穿。正面有郭,铸"道光通宝"四字,楷书,对读;背面有郭,穿左右为满文"宝泉",纪局名。直径2.2厘米、穿径0.55厘米、郭厚0.15厘米(图七九,11)。

M12　位于发掘区东南部,北邻M9。南北向,方向为355°。墓口距地表深0.3米,墓底距地表深1.3米。墓圹东西长2.6米、南北宽2米、深1米(图八一;彩版四二,1)。

棺木已朽。人骨皆头向北,面向上。东棺长1.9米、宽0.55～0.65米、残高0.1米。骨架保存一般,为老年女性,仰身直肢葬。西棺长2米、宽0.65～0.7米、残高0.1米。骨架保存较好,为老年男性,仰身直肢葬。西棺打破东棺。内填花黏土,土质较疏松。未发现随葬品。

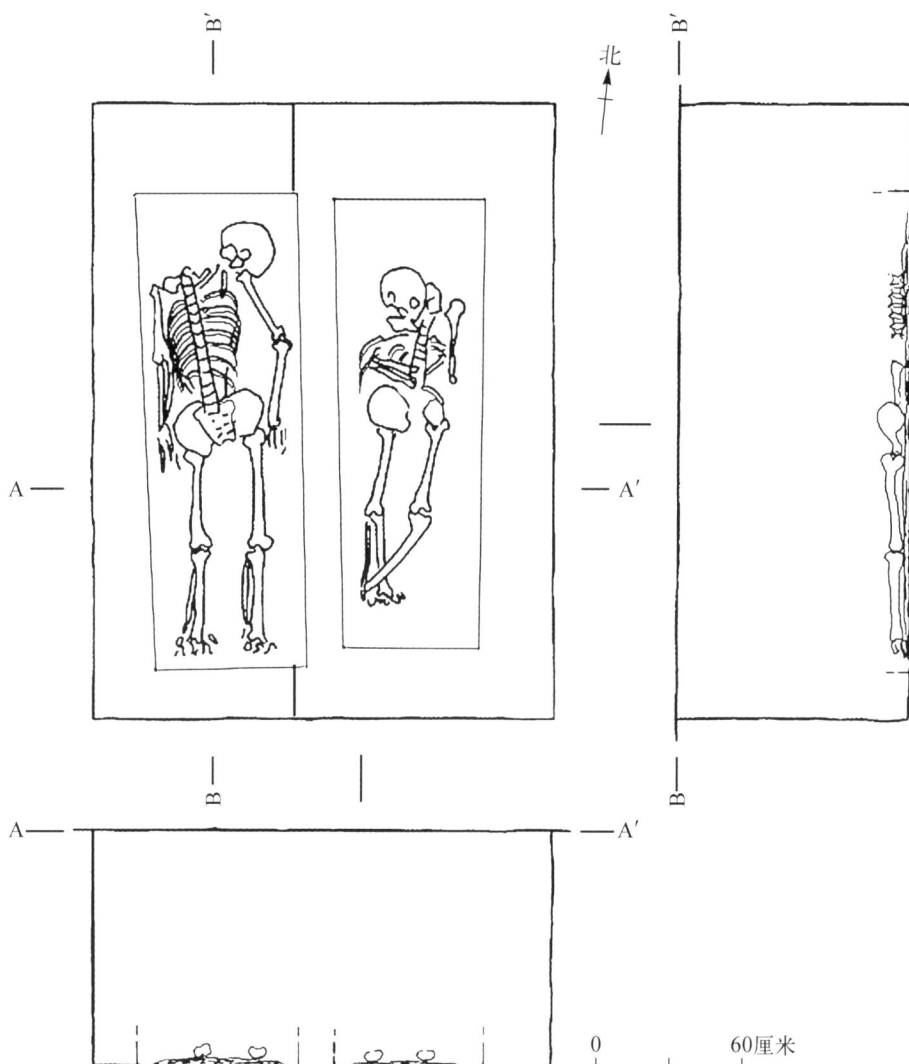

图八一　M12平、剖面图

M14　位于发掘区中南部，西北邻M13，打破M15。东、南部各有一个直径为0.73米的圆形盗洞。南北向，方向为25°。墓口距地表深0.3米，墓底距地表深1.3米。墓圹南北长1.6～2.8米、东西宽1.2～1.6米、深1米（图八二；彩版四二，2）。

棺木已朽。棺长1.9米、宽0.5～0.56米、残高0.15米。棺内骨架保存较好，为少年女性，仰身直肢葬。头向东北，面向上。内填花黏土，土质较疏松。墓室西部有瓷瓮1件，内装有木炭和碎骨。

瓷瓮，M14：1，带盖，方唇、平沿，圆鼓腹，腹部弧收，平底。外壁施黑釉。口径20厘米、腹径42厘米、底径25厘米、高40厘米（彩版四二，3）。

M15　位于发掘区南部，北邻M13，被M14打破。南北向，方向为5°。墓口距地表深0.4米，墓底距地表深1.8米。墓圹南北长2.8米、东西宽2.1～2.2米、深1.4米（图八三；彩版四二，4）。

棺木保存一般。东棺长2.1米、宽0.65～0.75米、残高0.3～0.6米、厚0.08米。棺内骨架保存一般，为老年男性，侧身屈肢葬。头向北，面向西。西棺长2.1米、宽0.45～0.6米、残高0.3米、厚

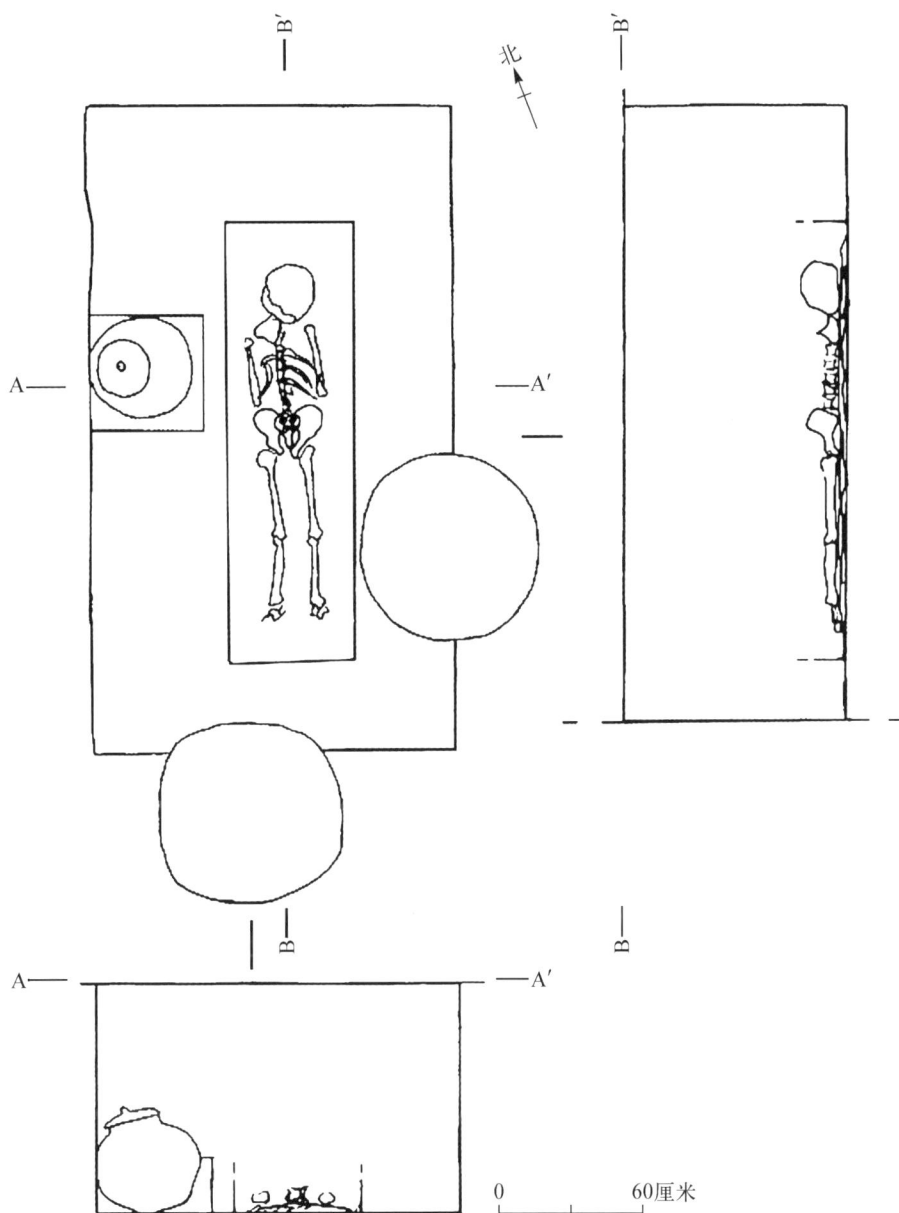

图八二　M14平、剖面图

0.08米。棺内骨架保存较好,为老年女性,仰身直肢葬。头向北,面向上。东棺打破西棺。内填花黏土,土质较疏松。随葬品有银耳环、铜烟锅、铜带扣、料珠、木扳指、骨簪、瓷罐、铜钱。

银耳环,3件。大小、形制基本相同。呈圆环状,素面。M15:1-1,厚0.16厘米、直径1.6厘米(图八四,7;彩版四八,2)。M15:1-2,厚0.16厘米、直径1.5厘米(图八四,8;彩版四八,3)。M15:1-3,厚0.16厘米、直径1.7厘米(图八四,9;彩版四八,4)。

铜烟锅,2件。由嘴、颈、杆三部分组成,嘴圆形、中空,颈内弯,杆为木制。M15:2,锅直径2.4厘米,残长9.9厘米(图八四,6;彩版四八,5)。M15:6,锅直径2.2厘米,残长8厘米(图八四,11;彩版四八,6)。

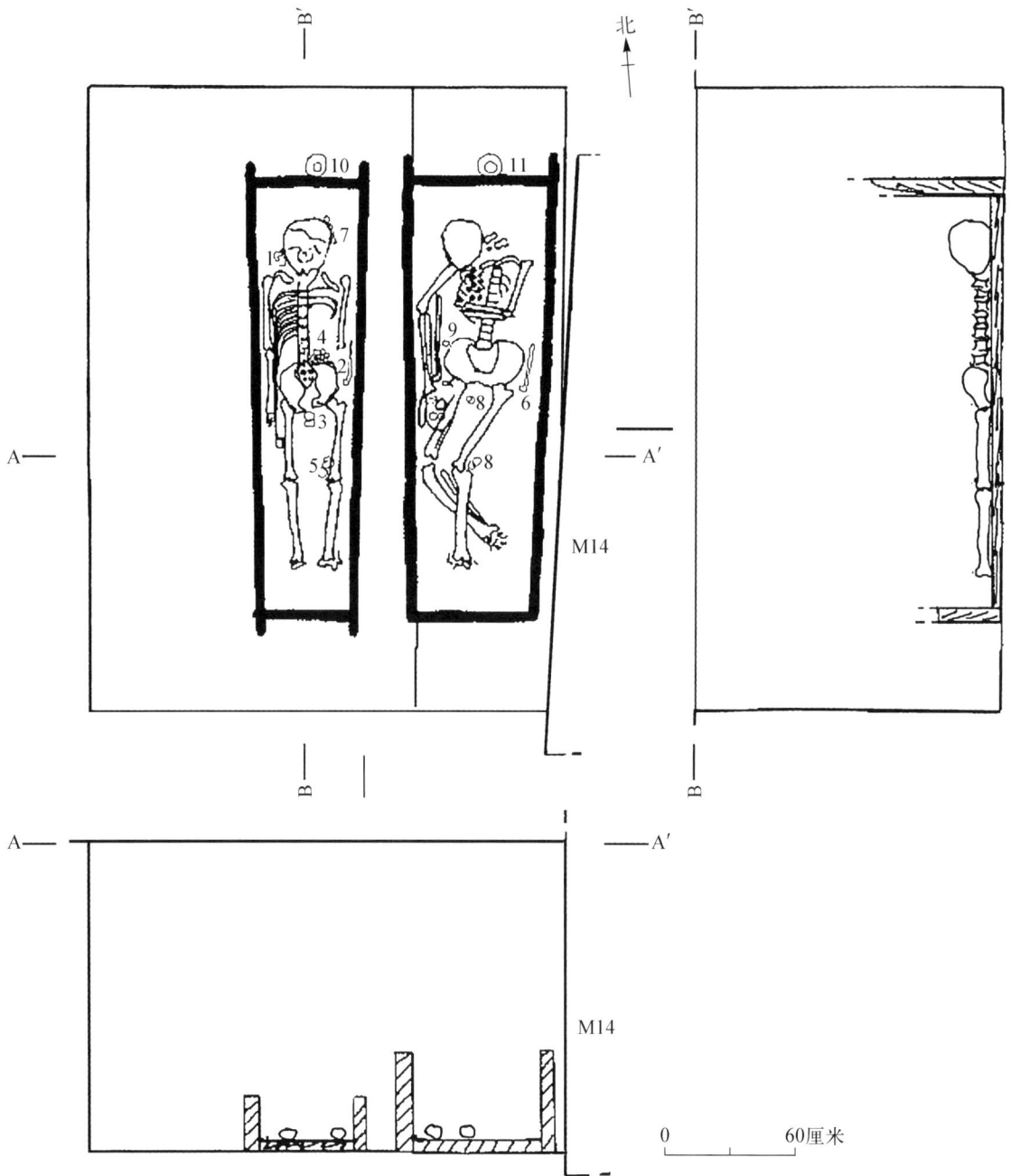

图八三　M15平、剖面图

1. 银耳环　2、6. 铜烟锅　3. 铜带扣　4. 料珠　5、8. 铜钱　7. 骨簪　9. 木扳指　10、11. 瓷罐

　　铜带扣, 1件。M15：3, 整体呈圆角长方体, 由上、下两部分组成。上部微微隆起, 呈龟壳状。四周錾刻凤尾纹, 底部平置两个"⌐ ⌐"形铆扣。内部为木制。长4厘米、宽3厘米、厚0.3～1厘米（带铆扣）。中间用一活环套置, 下部呈扁平状, 四周錾刻凤尾纹, 中空。长4.6厘米、宽3.3厘米、厚0.2厘米（图八四, 3; 彩版四九, 3）。

　　料珠, 18颗。形、质、色相同, 珠体白里透粉, 大小不一。标本：M15：4-1, 直径1.8厘米、穿孔

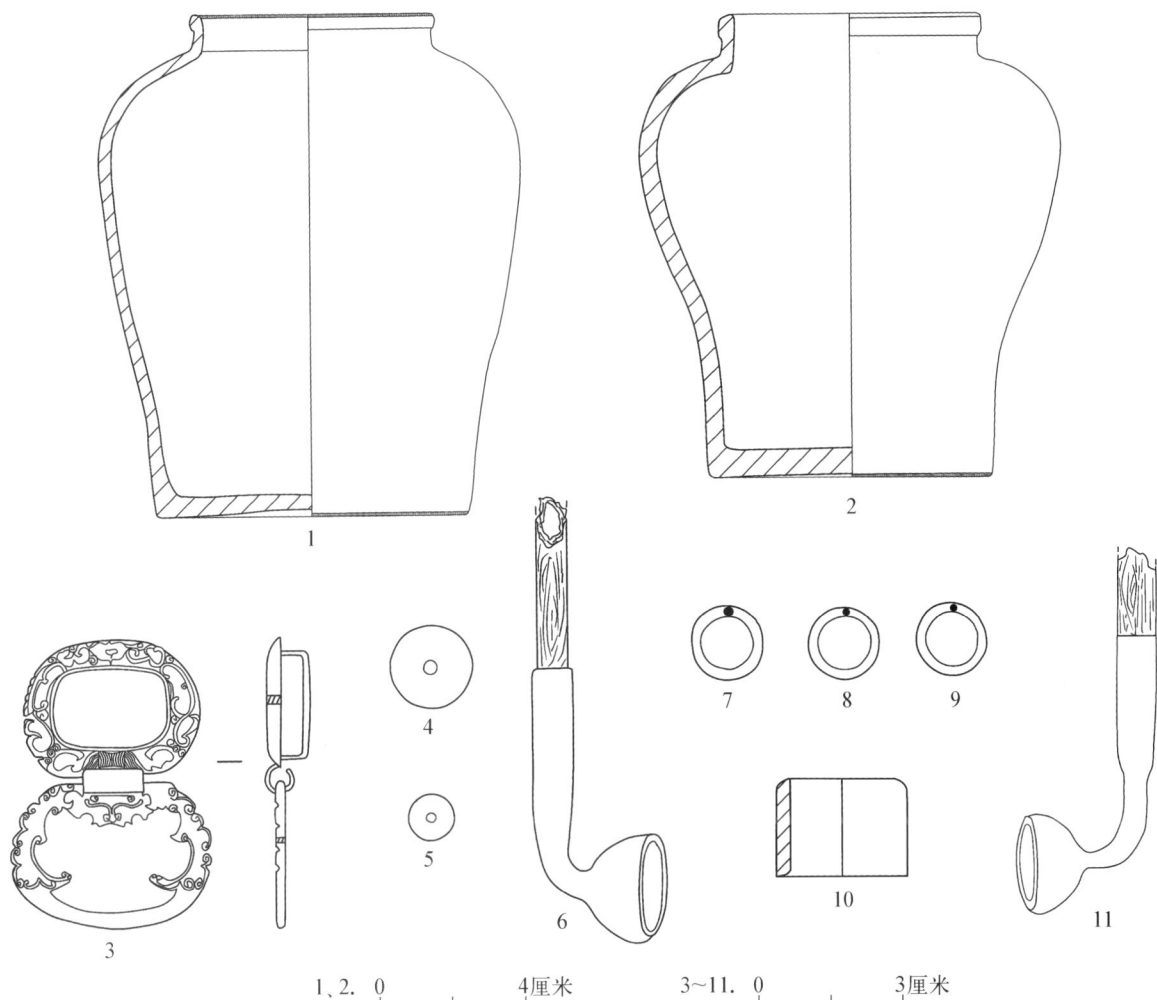

图八四　双棺 A 型墓葬随葬器物（二）

1、2. 瓷罐（M15：10，M15：11）　3. 铜带扣（M15：3）　4、5. 料珠（M15：4-1，M15：4-2）　6、11. 铜烟锅（M15：2，M15：6）
7～9. 银耳环（M15：1-1，M15：1-2，M15：1-3）　10. 木扳指（M15：7）

0.3 厘米（图八四，4；彩版四九，1，上）。标本：M15：4-2，直径 1 厘米、穿孔 0.2 厘米（图八四，5；彩版四九，2，上，左 1）。

木扳指，1 件。M15：7，呈筒状，上端圆唇外斜，下端圆唇内斜。外径 3 厘米、内径 2.4 厘米、高 2.2 厘米（图八四，10；彩版四九，4）。

骨簪，3 件。质、色相同，长短不一。M15：9-1，首作蘑菇状，下有一周凹弦纹。首高 0.5 厘米、残长 10.2 厘米、宽 0.4～0.65 厘米（图七八，3；彩版四九，5）。M15：9-2，首有一斜揪，下有一周凸弦纹。首高 0.5 厘米、残长 14.8 厘米、宽 0.3～0.45 厘米（图七八，2；彩版四九，6）。M15：9-3，首为圆柱状，下有一周凸弦纹。首高 0.5 厘米、残长 15.4 厘米、宽 0.3～0.5 厘米（图七八，1；彩版五〇，1）。

瓷罐，2 件。M15：10，方圆唇、侈口、短颈、溜肩、圆腹，下腹弧收，近底部折收，平底内凹。内壁腹部至底部有明显轮旋痕迹。唇部、足底露胎。口径 7 厘米、肩径 11.2 厘米、底径 8.8 厘米、高

14厘米（图八四,1；彩版五〇,2）。M15:11,方圆唇、直口、短束颈、溜肩、圆腹,下腹弧收,近底部折收,平底略内凹。内壁有明显轮旋痕迹。口径7.3厘米、肩径11.3厘米、底径7.7厘米、高12.5厘米（图八四,2；彩版五〇,3）。

乾隆通宝,15枚。均圆形、方穿。正面有郭,铸"乾隆通宝"四字,楷书,对读；背面有郭,穿左右为满文"宝泉",纪局名。标本：M15:5-1,直径2.35厘米、穿径0.5厘米、郭厚0.13厘米（图七九,13）。标本：M15:5-2,直径2.75厘米、穿径0.45厘米、郭厚0.13厘米（图七九,14）。标本：M15:8-1,直径2.34厘米、穿径0.5厘米、郭厚0.12厘米（图七九,15）。

B型：平面呈梯形,有M3、M8。

M3　位于发掘区北部,东邻M1和M2。东西向,方向为215°。墓口距地表深0.4米,墓底距

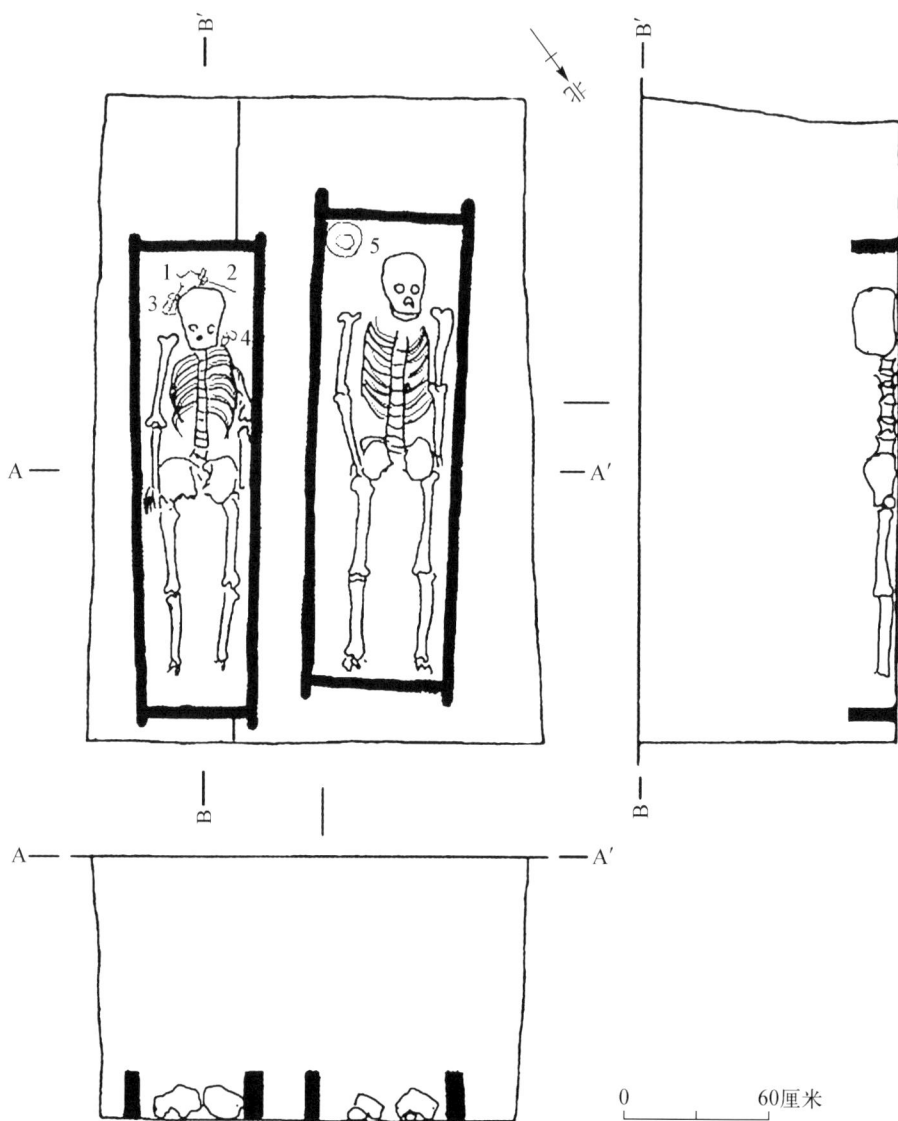

图八五　M3平、剖面图

1.银押发　2.鎏金簪　3.银梳子　4.银耳环　5.陶罐

地表深1.5米。墓圹南北长2.7米、东西宽1.8～2米、深1.1米（图八五；彩版四三，1）。

棺木保存一般。东棺长2米、宽0.6～0.7米、残高0.2米、厚0.06米。棺内骨架保存较好，为老年女性，仰身直肢葬。头向西南，面向上。西棺长2米、宽0.65～0.7米、残高0.2米、厚0.07米。棺内骨架保存较好，为老年男性，仰身直肢葬。头向西南，面向上。东棺打破西棺。内填花黏土，土质较疏松。随葬品有银押发、鎏金簪、银梳子、陶罐、银耳环。

银押发，1件。M3：1，两端圆尖，錾刻"寿"字纹。中部束腰。侧视如弓形。通长6.7厘米、宽0.4～0.8厘米（图八六，7；彩版五〇，5）。

鎏金簪，1件。M3：2，首作佛手状，手腕部饰如意纹。拇指与食指略微弯曲，相交呈"O"状，作拈花状，余三指伸直。体细直，末端圆尖。首高1.8厘米、宽1.06厘米、通长7.1厘米（图八六，6；彩版五〇，4）。

银梳子，1件。M3：3，梳头用左右两排细齿组成，体呈琵琶状。长4.7厘米、宽2.6～2.7厘米。梳柄有前后两个长方形镂孔，中间夹一扁圆形镂孔，尾端饰两个圆形小环，已残。长4.4厘米、宽0.6厘米、通长9.1厘米（图八六，2；彩版五〇，6）。

银耳环，1件。M3：4，呈圆环状。两端形态不一，一端截面呈圆形，一端呈圆锥状。素面。接口齐整。直径3.8厘米、宽0.1～0.25厘米（图八六，4；彩版五一，1）。

陶罐，1件。M3：5，尖圆唇、侈口，斜凹沿，长颈，耸肩，鼓腹，下腹弧内收，近底部折凸，平底略内凹。外壁有朱砂痕迹，施黄釉，釉面已脱落。内壁口部至底部有明显的轮旋痕迹。素面。口径9.3厘米、肩径10厘米、底径9.8厘米、高13.7厘米（图八六，1；彩版五一，2）。

M8　位于发掘区东南部，北邻M7、东邻M10、南邻M9。南北向，方向为340°。墓口距地表深0.4米，墓底距地表深1.6～2.1米。墓圹南北长2.6米、东西宽2～2.3米、深1.2～1.7米（图八七；彩版四三，2）。

东棺棺木已朽。棺长1.9米、宽0.6～0.7米、残高0.2米。棺内骨架保存一般，为老年男性，仰身直肢葬。头向西北，面向上。西棺保存一般。棺长2米、宽0.75～0.8米、残高0.6米、厚0.07米。棺内骨架保存较差，为老年女性，仰身直肢葬。头向西北，面向西。东棺打破西棺。内填花黏土，土质较疏松。随葬品有玉烟嘴、铜烟锅、铜钱。

玉烟嘴，1件。M8：1，通体白玉，中空。首作蘑菇状，下为管状。两端有孔相通。上孔呈五瓣花状，下孔呈圆形。直径为0.2～0.9厘米、通长6.6厘米（图八六，5；彩版五一，3）。

铜烟锅，1件。M8：3，由嘴、颈、杆三部分组成，嘴为圆形、中空，颈内弯，杆为木制。锅直径2厘米、残长10.4厘米（图八六，3；彩版五一，4）。

乾隆通宝，3枚。均圆形、方穿。正面有郭，铸"乾隆通宝"四字，楷书，对读；背面有郭，穿左右为满文"宝泉"，纪局名。标本：M8：2-1，直径2.4厘米、穿径0.5厘米、郭厚0.11厘米（图八六，8）。

同治重宝，1枚。M8：2-2，圆形、方穿。正面有郭，铸"同治重宝"四字，楷书，对读；背面有郭，上下为汉字"当十"，左右为满文"宝泉"，纪局名。直径2.6厘米、穿径0.75厘米、郭厚0.12厘米（图八六，9）。

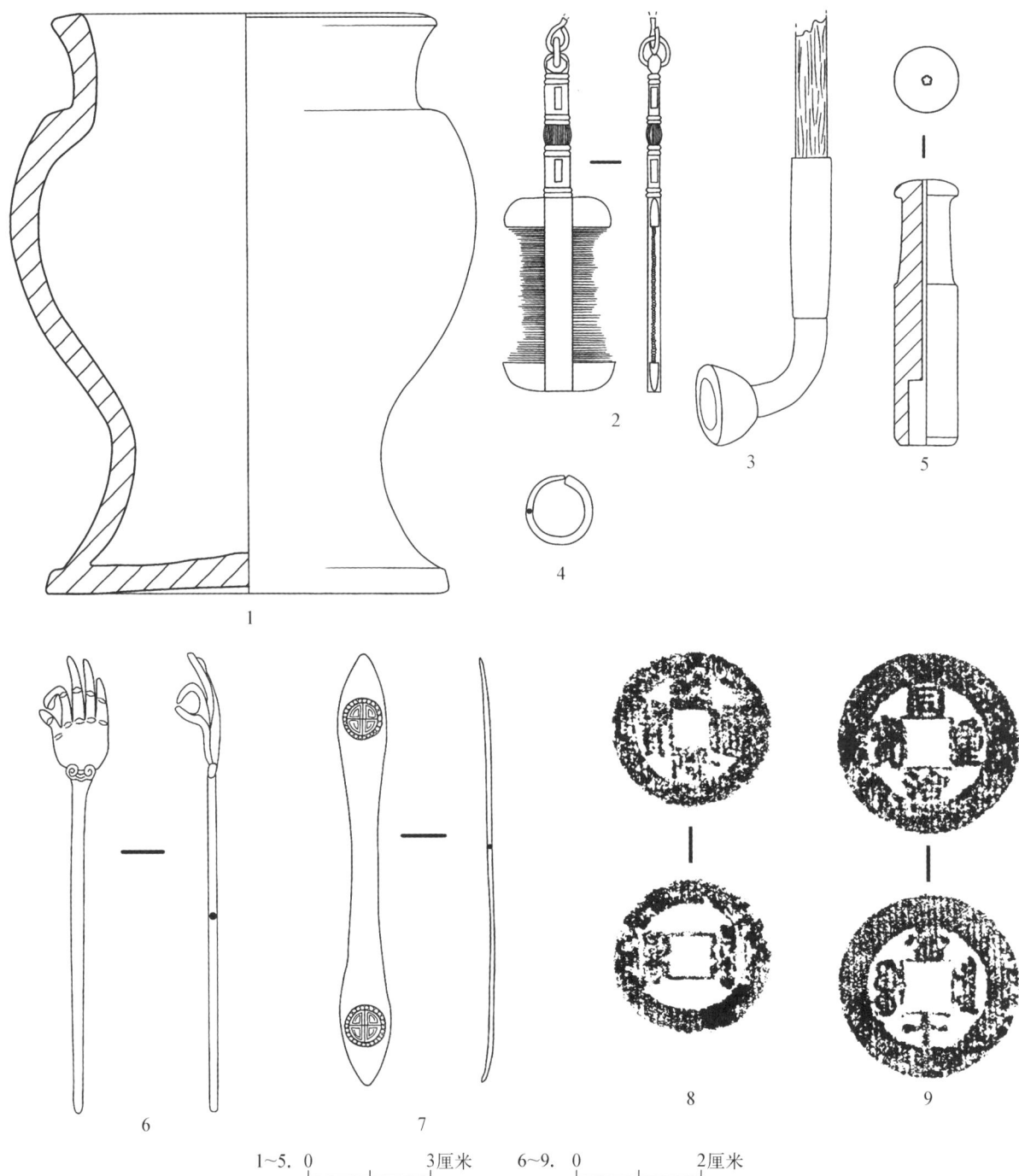

1~5. 0 _____ 3厘米　　6~9. 0 _____ 2厘米

图八六　双棺B型墓葬随葬器物

1.陶罐（M3∶5）　2.银梳子（M3∶3）　3.铜烟锅（M8∶3）　4.银耳环（M3∶4）　5.玉烟嘴（M8∶1）　6.鎏金簪（M3∶2）
7.银押发（M3∶1）　8.乾隆通宝（M8∶2-1）　9.同治重宝（M8∶2-2）

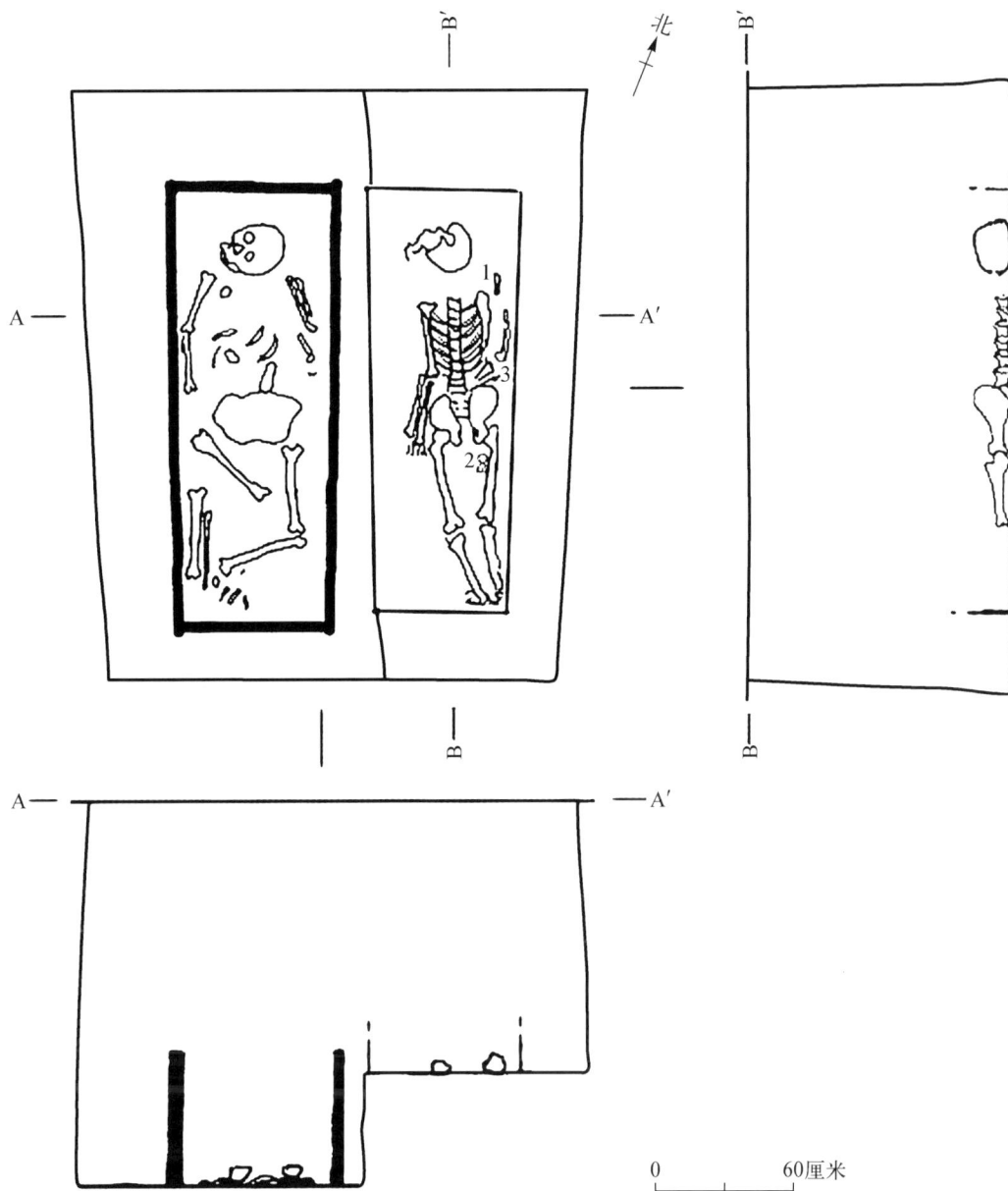

图八七　M8平、剖面图
1. 玉烟嘴　2. 铜烟锅　3. 铜钱

其余39枚,均锈蚀严重,字迹模糊不可辨认。

C型:平面呈不规则形,有M1、M2、M4、M7、M11、M13。

M1　位于发掘区北部,南邻M2、东邻M4。南北向,方向为335°。墓口距地表深0.4~0.5米,墓底距地表深1.7~1.8米。墓圹南北长2.35~2.6米、东西宽1.8米、深1.3米(图八八;彩版四四,1)。

棺木已朽。东棺长2米、宽0.65米、残高0.2米。棺内骨架保存较差,为老年男性,仰身直肢葬。头向西北,面向上。西棺长1.9米、宽0.6~0.65米、残高0.2米。棺内骨架保存较好,为老年女性,仰身直肢葬。头向西北,面向上。西棺打破东棺。内填花黏土,土质较疏松。随葬品有铜

图八八　M1平、剖面图

1、4.铜扣　2.银耳钉　3.料饰

扣、银耳钉、料饰。

铜扣，2枚。扣体呈圆形，中空，上呈圆环状，已残。M1∶1，直径0.8厘米、残高0.9厘米（图八九，10；彩版五一，5）。M1∶4，直径0.7厘米、残高0.9厘米（图八九，11；彩版五二，2）。

银耳钉，1件。M1∶2，钉面呈圆饼状，体呈"S"形。直径1.1厘米、长6.2厘米（图八九，6；彩版五一，6）。

料饰，1件。M1∶3。体呈嫣红色，圆饼状。直径1.45厘米、厚0.5厘米（图八九，4；彩版五二，1）。

M2　位于发掘区北部，北邻M1、东邻M4。南北向，方向为325°。墓口距地表深0.5米，墓底距地表深1.8～1.9米。墓圹南北长2.6～3.1米、东西宽1.65～1.86米、深1.3～1.4米（图九〇；彩

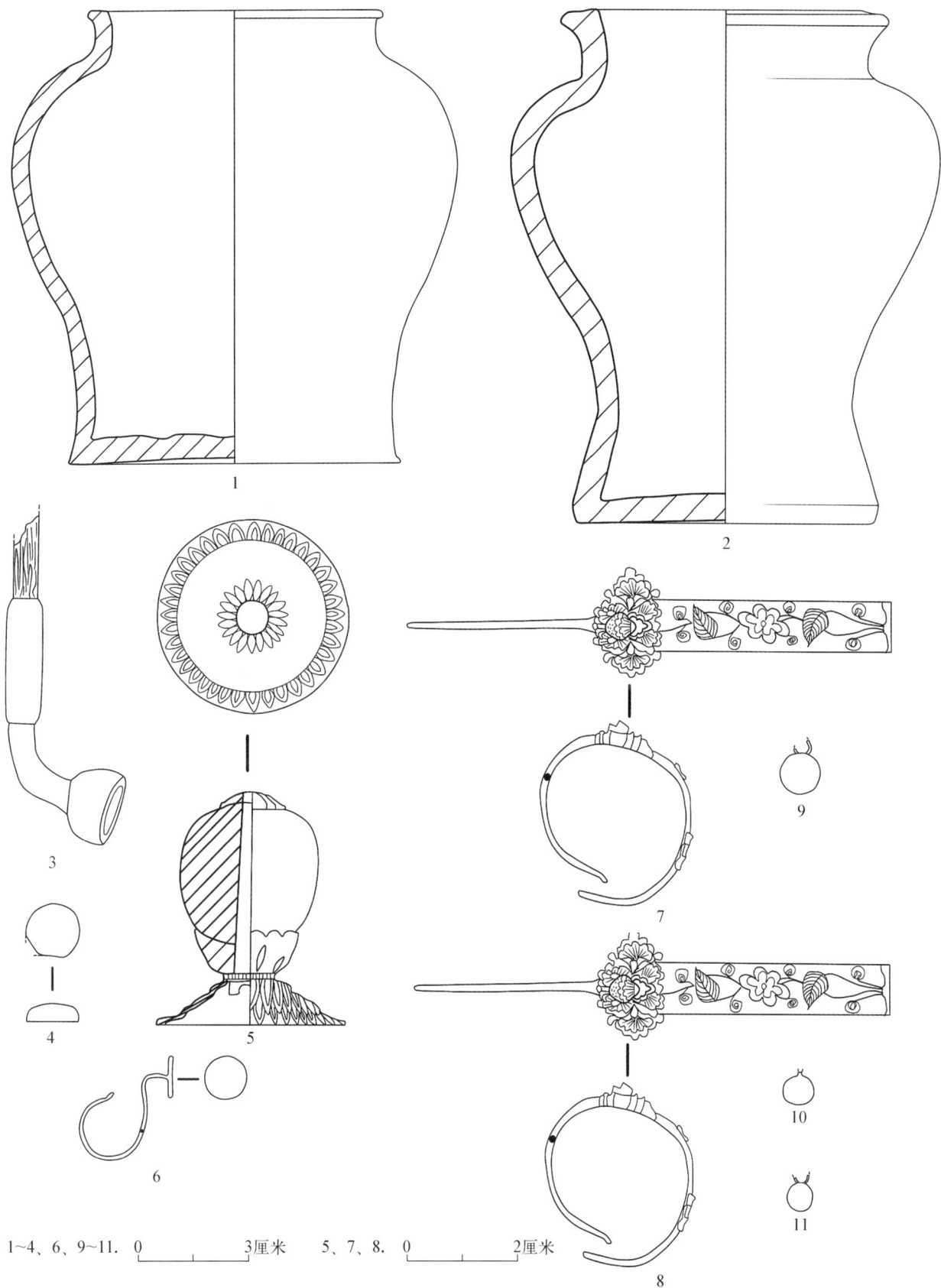

图八九　双棺C型墓葬随葬器物（一）

1、2.陶罐（M2：4、M4：1）　3.铜烟锅（M7：3）　4.料饰（M1：3）　5.铜顶戴（M7：1）　6.银耳钉（M1：2）
7、8.银耳环（M2：1-1、M2：1-2）　9～11.铜扣（M2：2、M1：1、M1：4）

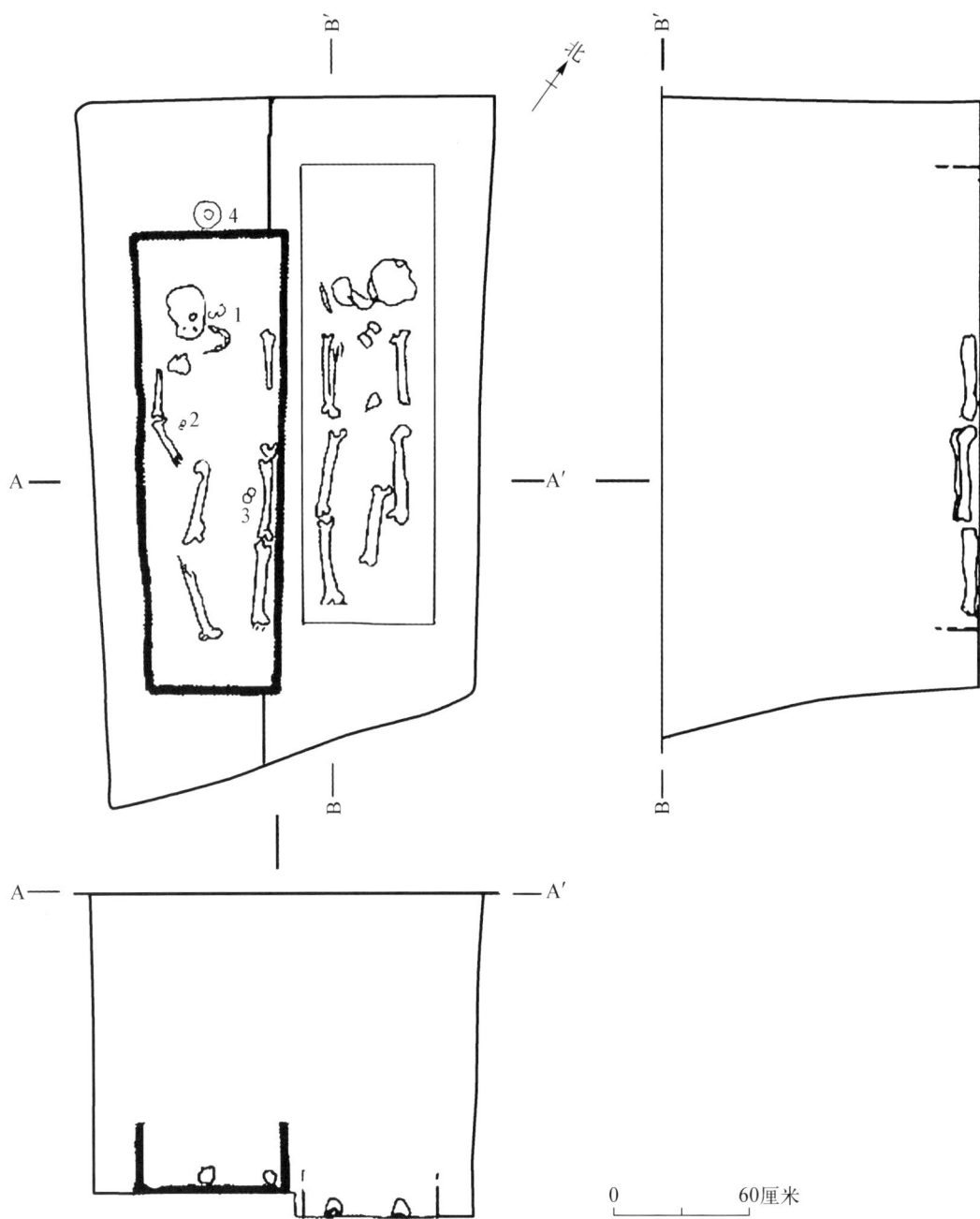

图九〇　M2平、剖面图

1.银耳环　2.铜扣　3.铜钱　4.陶罐

版四四,2)。

　　棺木已朽。东棺长2米、宽0.6米、残高0.2米。棺内骨架保存较差,为老年男性,仰身直肢葬。头向西北,面向南。西棺长2米、宽0.6~0.7米、残高0.3米、厚0.06米。棺内骨架保存较差,为老年女性,仰身直肢葬。头向西北,面向东。西棺打破东棺。内填花黏土,土质较疏松。随葬品有银耳环、铜扣、铜钱、陶罐。

银耳环，2件。形、质、大小基本相同。环体呈圆环形，展开后中部铸凸起的花瓣。一侧截面为长方形，上刻花叶纹；一侧呈圆锥状。接口不齐。M2：1-1，长9.4厘米、宽0.1～0.9厘米（图八九，7；彩版五二，3）。M2：1-2，长9.6厘米、宽0.1～0.9厘米（图八九，8；彩版五二，4）。

铜扣，1枚。M2：2，扣体呈圆形、中空，上呈圆环状，已残。直径1.1厘米、残高1.2～1.45厘米（图八九，9；彩版五二，5）。

陶罐，1件。M2：4，圆唇、侈口、平沿、短颈、溜肩、圆腹，下腹弧内收，近底部突出，平底略内凹。外壁施黄釉，釉面脱落已所剩无几。内壁口部至底部有明显的轮制痕迹。素面。口径8.2厘米、底径9.2厘米、高13.2厘米（图八九，1；彩版五二，6）。

同治重宝，2枚。均圆形、方穿。正面有郭，铸"同治重宝"四字，楷书，对读；背面有郭，上下为汉字"当十"，左右为满文"宝泉"，纪局名。M2：3-1，直径2.96厘米、穿径0.57厘米、郭厚

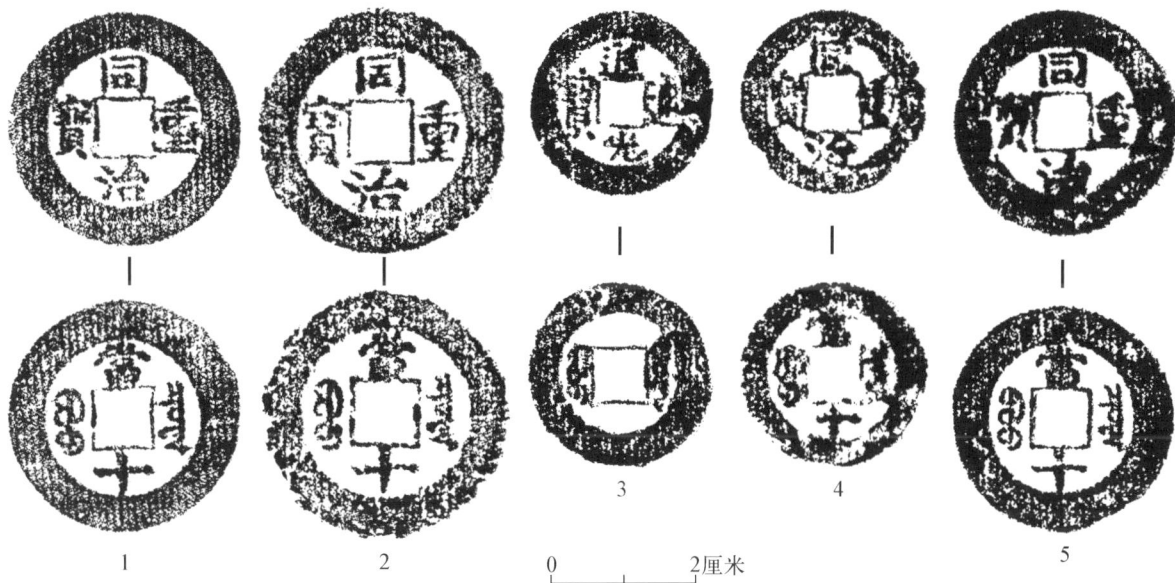

图九一　双棺C型墓葬随葬铜钱

1、2、4、5.同治重宝（M2：3-1、M2：3-2、M4：2-1、M4：2-2）　3.道光通宝（M7：7-1）

0.14厘米（图九一，1）。M2：3-2，直径3.11厘米、穿径0.61厘米、郭厚0.2厘米（图九一，2）。

M4　位于发掘区北部，西邻M1、M2。南北向，方向为335°。墓口距地表深0.5米，墓底距地表深2米。墓圹南北长2.1～2.7米、东西宽1.1～1.9米、深1.5米（图九二；彩版四五，1）。

东棺棺木保存较好。棺长2米、宽0.5～0.6米、残高0.3米、厚0.08米。棺内骨架保存一般，为老年女性，仰身直肢葬。头向西北，面向下。西棺棺木已朽。棺长2米、宽0.5～0.6米、残高0.3米。棺内骨架保存较好，为老年男性，仰身直肢葬。头向西北，面向北。东棺打破西棺。内填花黏土，土质较疏松。随葬品有陶罐、铜钱。

陶罐，1件。M4：1，斜凹沿、尖圆唇、侈口、短束颈、鼓肩、鼓腹，下腹弧内收，近底部折收，平底内凹。外壁施黄釉，釉面已脱落。内壁口部至底部有明显的轮旋痕迹。素面。口径8.9厘米、肩

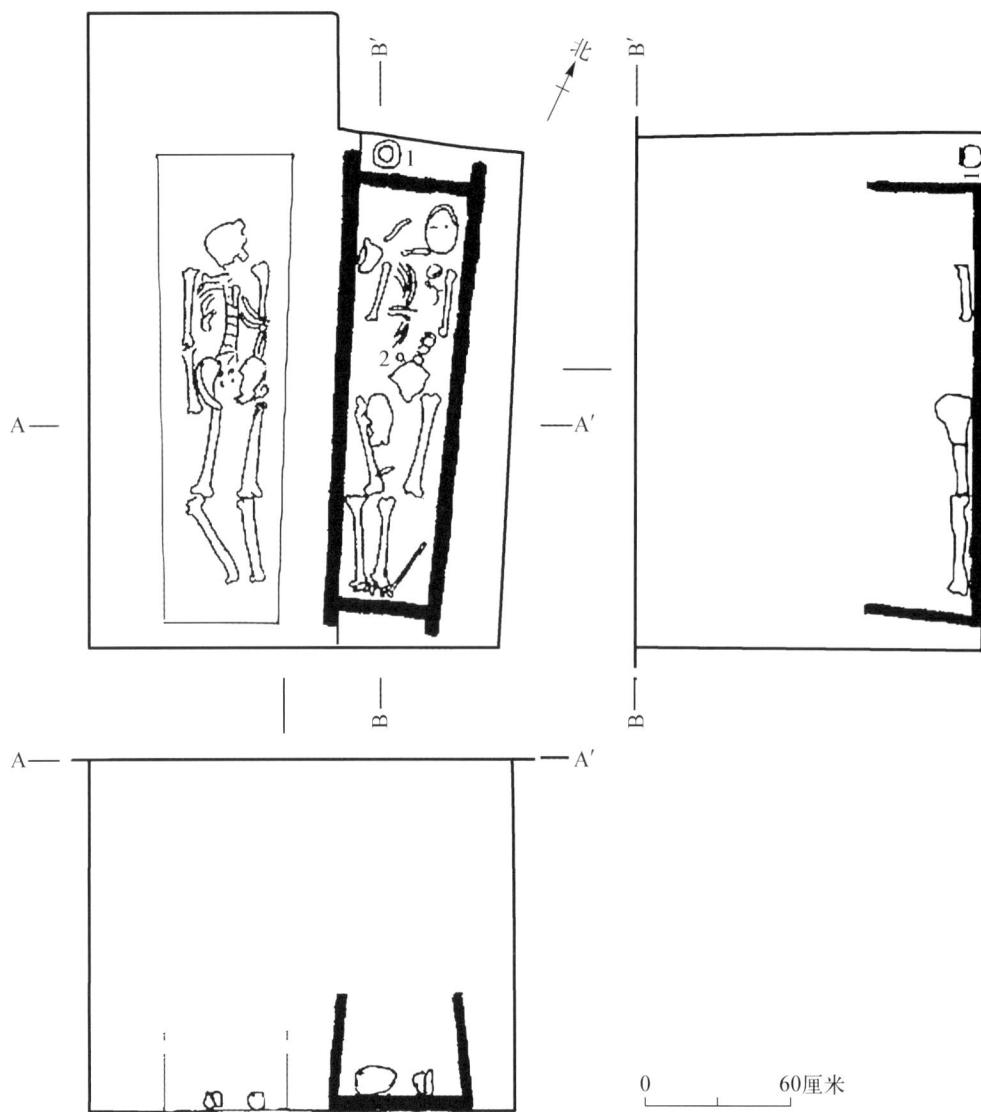

图九二　M4 平、剖面图

1. 陶罐　2. 铜钱

径 11.5 厘米、底径 8.1 厘米、高 13.5 厘米（图八九，2；彩版五三，1）。

同治重宝，2 枚。均圆形、方穿。正面有郭，铸"同治重宝"四字，楷书，对读；背面有郭，上下为汉字"当十"，左右为满文"宝泉"，纪局名。M4∶2-1，直径 2.4 厘米、穿径 0.62 厘米、郭厚 0.1 厘米（图九一，4）。M4∶2-2，直径 2.92 厘米、穿径 0.6 厘米、郭厚 0.13 厘米（图九一，5）。

M7　位于发掘区东南部，南邻 M8、东南邻 M10。南北向，方向为 10°。墓口距地表深 0.3 米，墓底距地表深 1.85 米。墓圹南北长 3～3.1 米、东西宽 2.1～2.2 米、深 1.55 米（图九三；彩版四五，2）。

棺木已朽。东棺长 1.95 米、宽 0.7～0.75 米、残高 0.3 米。棺内骨架保存较差，为老年男性，仰身直肢葬。头向西北，面向上。西棺长 1.9 米、宽 0.6～0.65 米、残高 0.1 米。棺内骨架保存较好，为老年女性，仰身直肢葬。头向、面向均不详。西棺打破东棺。内填花黏土，土质较疏松。随葬

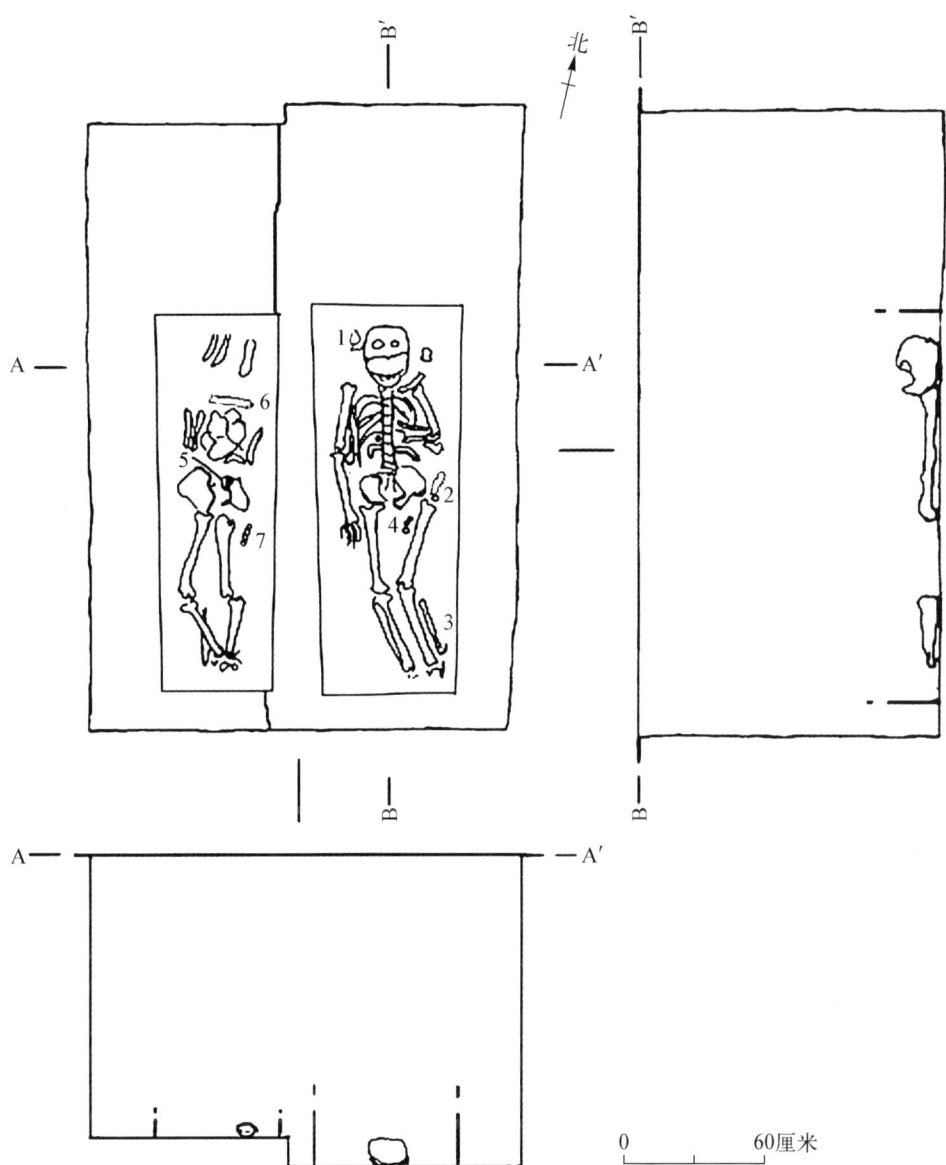

图九三　M7平、剖面图

1. 铜顶戴　2. 玉佛　3. 铜烟锅　4、7. 铜钱　5. 银簪　6. 银扁方

品有铜顶戴、玉佛、铜钱、铜烟锅、银簪、银扁方。

铜顶戴，1件。M7：1，顶部为蓝色玛瑙珠。珠顶部贴花瓣纹，中间饰圆圈纹。珠下为莲花座包珠，再下为铜镂空座。座呈帽形，一圈饰叠压式菱形花纹。底座与玛瑙珠用实心铜柱串联。直径1.2～3.5厘米、通高4.1厘米（图八九，5；彩版五三，2）。

玉佛，1件。M7：2，头顶戴船形帽，左手置于胸前，右手高举置于耳部，宽衣大袖，面带笑容，为济公像。黄棕色。厚0.86～1.39厘米、宽1.39～2.4厘米、通高6.08厘米（图九四，5；彩版五三，3）。

铜烟锅，1件。M7：3，由嘴、颈、杆三部分组成。嘴为圆形、中空，颈内弯，杆为木制。嘴直径

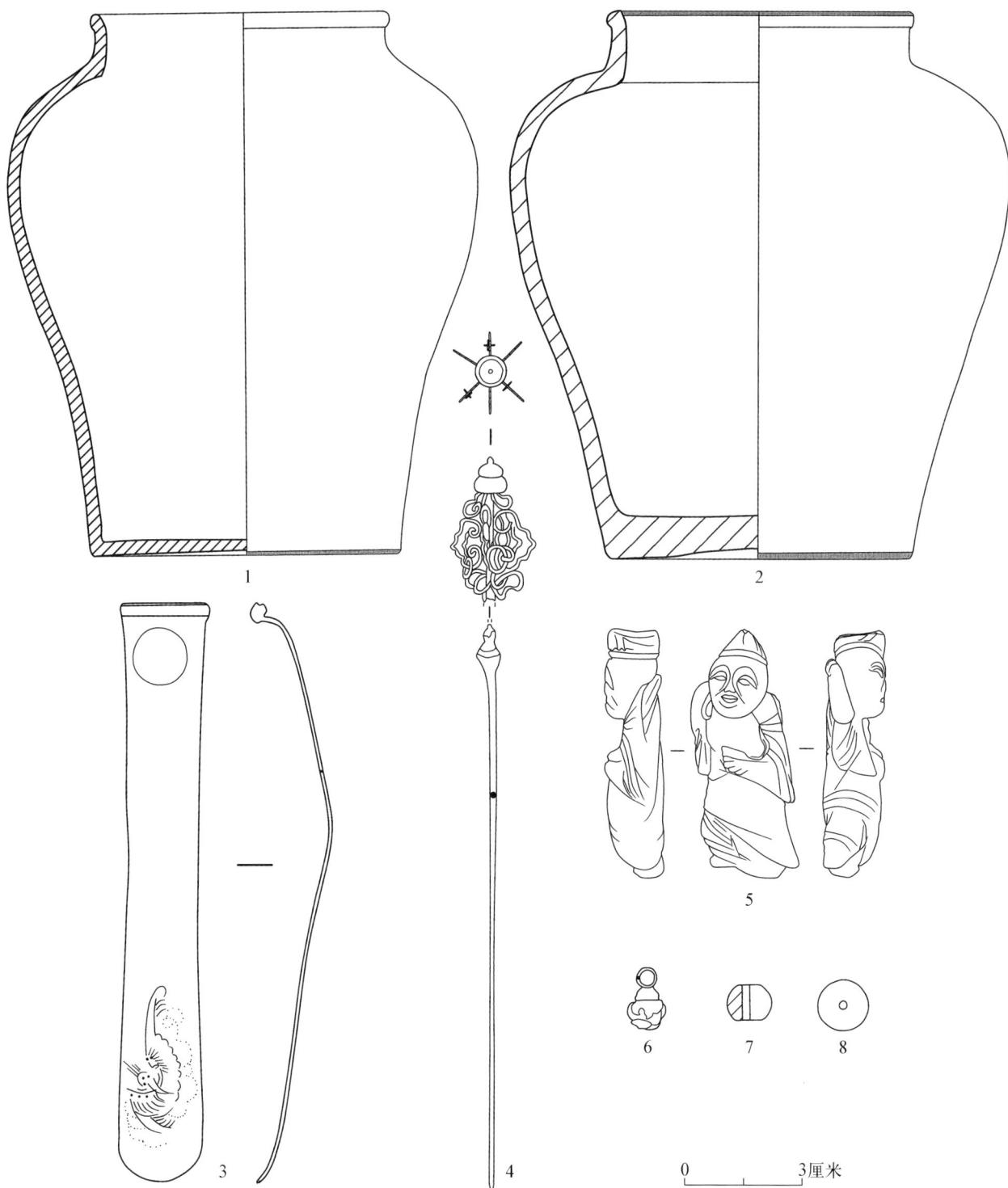

图九四　双棺C型墓葬随葬器物（二）

1、2.瓷罐（M13：2、M13：4）　3.银扁方（M7：6）　4.银簪（M7：5）　5.玉佛（M7：2）　6.铜扣（M11：1）
7、8.串珠（M13：3-1、M13：3-2）

0.7～2厘米、残长8.8厘米(图八九,3;彩版五三,4)。

银簪,1件。M7:5,首用银丝缠绕成六面形禅杖,上套数个圆环,顶作葫芦状。末端圆尖。体细直,为锥形,上端略鼓,饰一周凸弦纹。首宽2.1厘米、高3.8厘米、通长17.6厘米(图九四,4;彩版五三,5)。

银扁方,1件。M7:6,首呈长方形,侧面如梅花状。方体下刻蝙蝠纹,已磨损不可辨识。体扁平,尾呈椭圆形。长14.9厘米、宽2.1～2.3厘米(图九四,3;彩版五三,6)。

道光通宝,4枚。均圆形、方穿。正面有郭,铸"道光通宝"四字,楷书,对读;背面有郭,穿左右为满文"宝泉",纪局名。标本:M7:7-1,直径2.5厘米、穿径0.5厘米、郭厚0.12厘米(图九一,3)。

M11 位于发掘区东南部,北邻M10。南北向,方向为10°。墓口距地表深0.5米,墓底距地表深1.2米。墓圹南北长2.6～2.8米、东西宽2.2～2.5米、深0.7米(图九五;彩版四五,3)。

棺木已朽。东棺长2.2米、宽0.6～0.7米、残高0.1米。棺内骨架保存较好,为老年女性,仰身

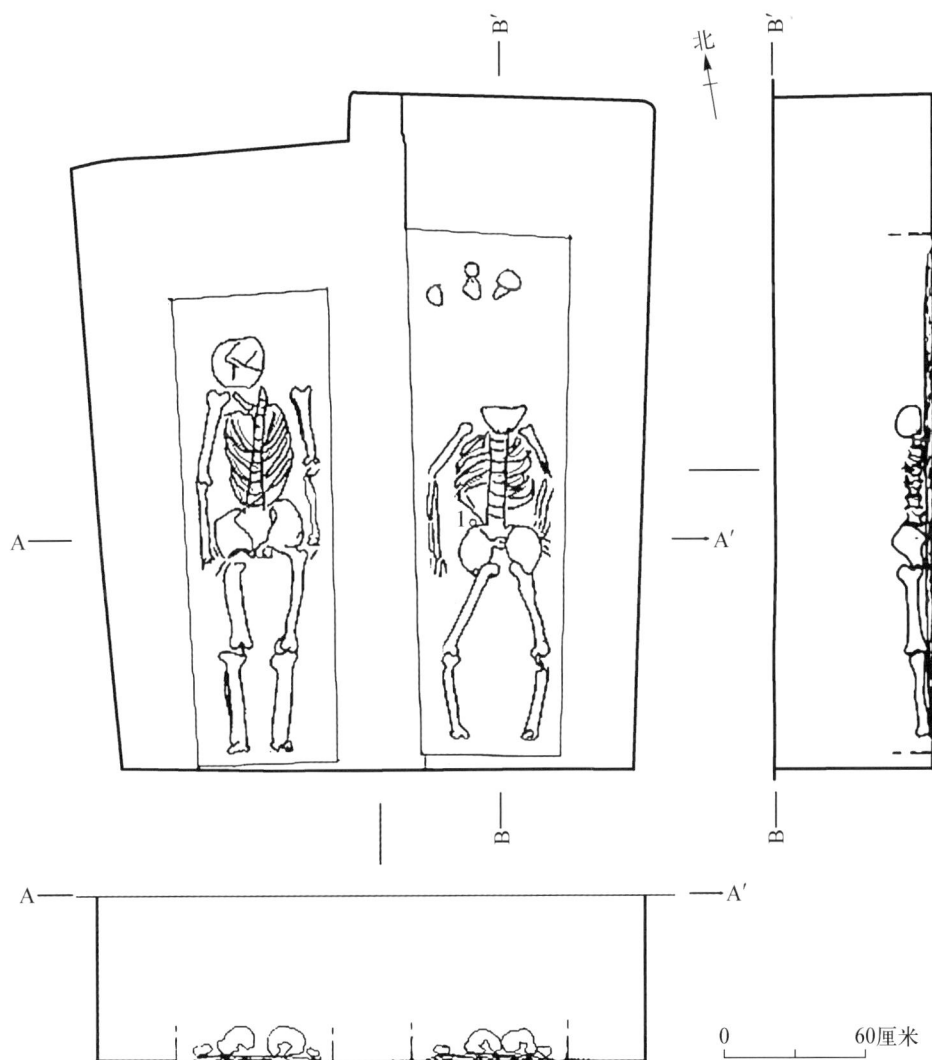

图九五　M11平、剖面图

1.铜扣

直肢葬。头向北,面向上。西棺长2米、宽0.6～0.7米、残高0.1米。棺内骨架保存较好,为老年男性,仰身直肢葬。头向北,面向上。东棺打破西棺。内填花黏土,土质较疏松。随葬品有铜扣。

铜扣,1枚。M11:1,扣体呈花朵状,中空,上饰圆环形。直径0.95厘米、高1.6厘米(图九四,6;彩版五四,1)。

M13　位于发掘区中南部,南邻M14、M15。南北向,方向为10°。墓口距地表深0.3米,墓底距地表深1.5米。墓圹南北长3.05～3.15米、东西宽2～2.5米、深1.2米。西棺顶部设置一头厢。

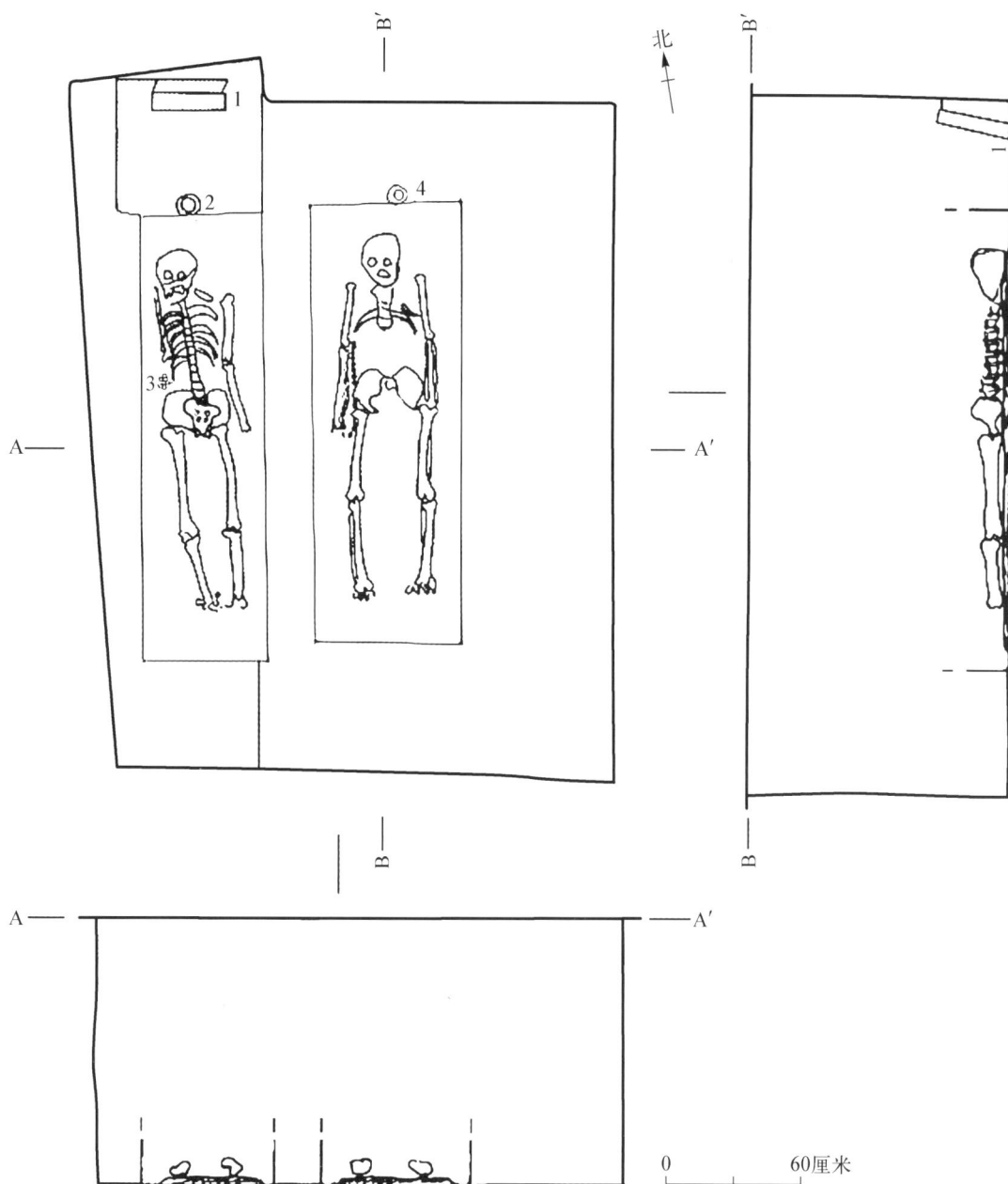

图九六　M13平、剖面图

1.买地券　2、4.瓷罐　3.串珠

头厢长0.7米、宽0.6米、深0.2米（图九六；彩版四五，4）。

棺木已朽。东棺长1.9米、宽0.65～0.7米、残高0.2米。棺内骨架保存较差，为老年男性，仰身直肢葬。头向北，面向上。西棺长2.1米、宽0.6～0.65米、残高0.2米。棺内骨架保存一般，为老年女性，仰身直肢葬。头向北，面向上。西棺打破东棺。内填花黏土，土质较疏松。随葬品有买地券、瓷罐、串珠。

买地券，1块。M13：1，石质，表面磨光，圆角。上面有朱砂字迹，用楷书依次自上而下、从左往右书写。共有26列，最多的一列为36个字，最少的一列为28个字。字迹大部分模糊不清，只残留"黄泉""为信契□地""永无""内方勾陈"等明显字迹。宽35厘米、厚4.8厘米、高35厘米（图九七；彩版五四，6；彩版五五）。

瓷罐，2件。M13：2，方圆唇、敛口、短束颈，溜肩，圆腹，下腹弧收，近底部折收，平底内凹。通体施青釉。内壁腹部至底部有明显轮旋痕迹。素面。口径7.7厘米、肩径11.8厘米、底径8厘米、高13.6厘米（图九四，1；彩版五四，2）。M13：4，圆唇、直口，短颈，鼓肩，圆腹，下腹弧收，近底部折收，平底内凹。通体施青釉。内壁腹部至底部有明显轮旋痕迹。素面。口径7.9厘米、肩径12.2厘米、底径7.7厘米、高13.8厘米（图九四，2；彩版五四，3）。

串珠，共90颗。M13：3，体呈圆球形，中为串孔。一种呈橙黄色，面呈磨砂状，内似冰裂纹（彩版五四，4）。标本：M13：3-1，穿径0.15厘米、直径1.3厘米（图九四，7）。另一种呈白色，木质。标本：M13：3-2，穿径0.4厘米、直径1.2厘米（图九四，8；彩版五四，5，上，左1）。

（三）搬迁墓

1座。平面呈长方形。

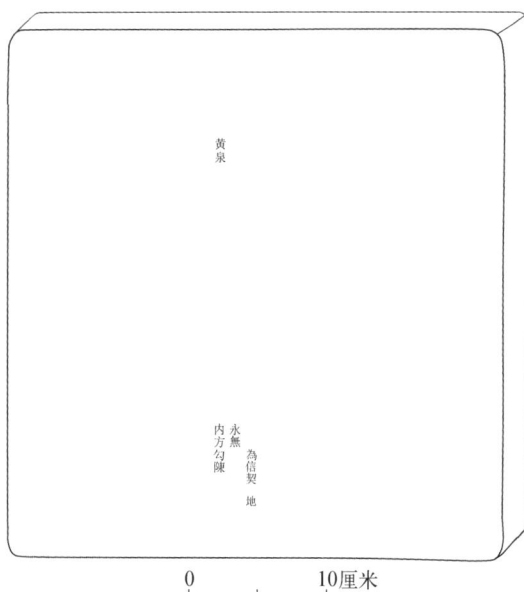

图九七　M13：1买地券

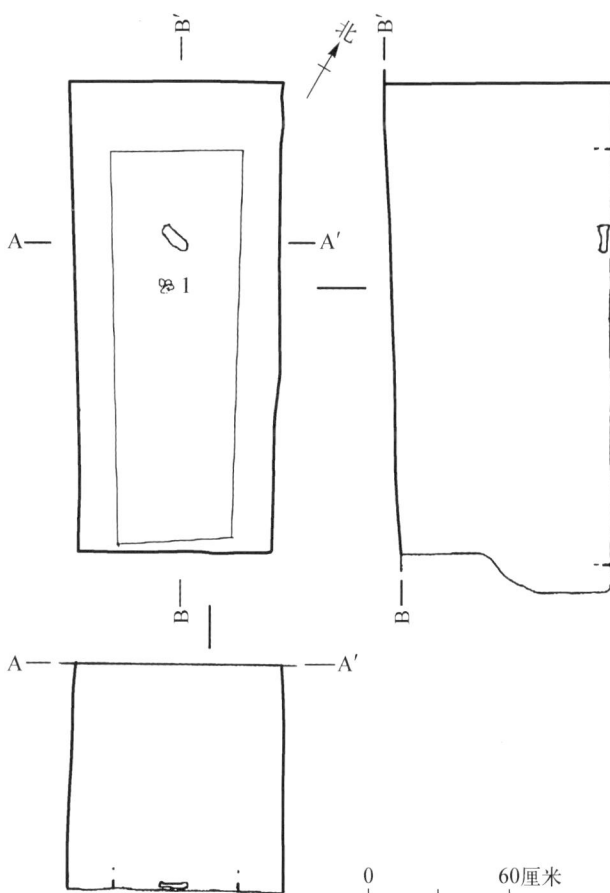

图九八　M5平、剖面图

1.铜钱

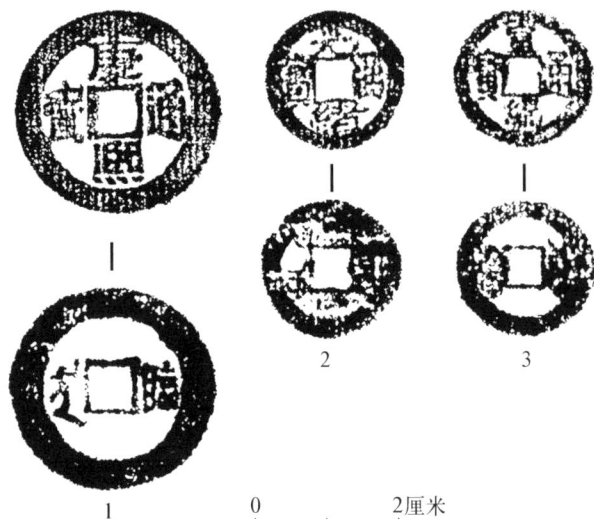

图九九　搬迁墓葬随葬铜钱
1. 康熙通宝（M5：1-1）　2. 光绪通宝（M5：1-2）
3. 宣统通宝（M5：1-3）

M5　位于发掘区中北部，南邻 M6。南北向，方向为330°。墓口距地表深0.5米，墓底距地表深1.1～1.2米。墓圹南北长2.7米、东西宽1.8～2米、深0.6～0.7米（图九八；彩版四六）。

棺木已朽。棺长2.1米、宽0.6～0.7米、残高0.1米。内填花黏土，土质较疏松。棺内仅余1根上肢骨。随葬品有铜钱。

康熙通宝，1枚。圆形、方穿。正面有郭，铸"康熙通宝"四字，楷书，对读；背面有郭，穿左为满文，右为汉字"临"，纪局名。M5：1-1，直径2.72厘米、穿径0.51厘米、郭厚0.1厘米（图九九，1）。

光绪通宝，1枚。圆形、方穿。正面有郭，铸"光绪通宝"四字，楷书，对读；背面有郭，穿左右为满文"宝泉"，纪局名。M5：1-2，直径1.86厘米、穿径0.45厘米、郭厚0.09厘米（图九九，2）。

宣统通宝，1枚。圆形、方穿。正面有郭，铸"宣统通宝"四字，楷书，对读；背面有郭，穿左右为满文"宝泉"，纪局名。M5：1-3，直径1.85厘米、穿径0.4厘米、郭厚0.1厘米（图九九，3）。

其余1枚，因锈蚀严重，字迹模糊不可辨认。

四、小结

此次发掘的15座墓葬分别集中于发掘区北部、西南及东南部。

这15座墓葬均为竖穴土坑墓，葬式为仰身直肢葬。墓葬规模较小，大部分骨架保存较好。其中单棺墓1座，M6，占6.7%；搬迁墓葬1座，M5，占6.7%；剩余均为双棺墓葬，13座，占86.7%，合葬形式为同穴异棺。墓葬以双棺墓为主。

随葬器物类别有铜、玉、银、鎏金、料器5种。铜钱均为清代，早期有康熙通宝，晚期有宣统通宝，M6已出现铜板。

结合墓葬结构、形制和随葬器物判断，此次发掘的15座墓葬，大部分为清代中晚期墓葬，M6的年代已进入民国。

常营乡剩余建设用地土地储备项目1号地块考古发掘报告

一、概述

朝阳区常营乡剩余建设用地土地储备项目分为1号和2号地块。1号地块位于常营乡西部，紧邻平房乡的黄渠村，即朝阳北路与黄渠东路交叉口处。中心区域GPS数据：北纬39°55′49″，东经116°34′19″，高21米。2号地块位于常营乡偏北部的东十里堡村，朝阳南路与规划草房西路交叉处。中心区域GPS数据：北纬39°55′1776″，东经116°36′6079″，高17米（图一〇〇）。

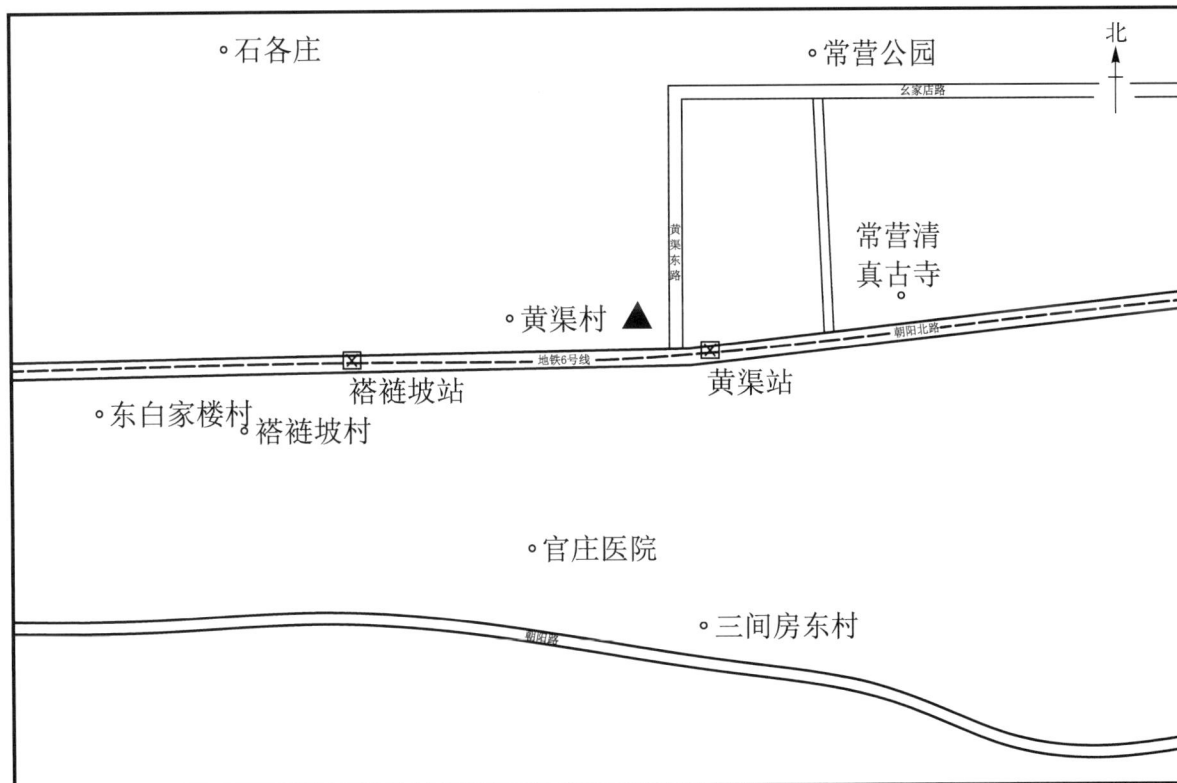

图一〇〇　发掘地点位置示意图

为配合1号地块土储项目的顺利进行,北京市文物研究所于2015年4月1日至4月8日对该地块进行了考古勘探。2015年7月28日至8月3日,对已探明的4座明代墓葬(附表一一)进行了考古发掘(彩版五六),发掘面积为134平方米,出土各类文物14件(不含铜钱)。考古发掘证照为考执字(2015)第(549)号。

常营为回族乡,历史悠久。明初回族大将常遇春北攻元大都时曾在乡域内屯兵扎营,成村后名常营,为回族聚居地。乡政府驻常营村,故名。修建于明朝正德年间的清真古寺,距今已有500多年历史,是穆斯林群众进行宗教活动的场所,每年都有来自伊朗、伊拉克、沙特阿拉伯等国家的国际友人到清真寺进行参观和礼拜,是对外进行文化交流的窗口。

二、地层堆积

1号地块发掘区内的地表堆积有较厚的建筑垃圾,地势较平坦,地层堆积简单。大致可分为五层,各层深厚不一。以M1所在的探方西壁剖面为例(图一〇一)。

第①层:渣土层。厚约0.8～1.2米,褐灰色花杂土,土质较疏松,含有大量的建筑垃圾及塑料等。

第②层:灰褐色土层。深1.1～1.5米、厚0.3～0.4米,较致密,含有植物根系及少许石粒。

第③层:黄褐色沙土层。深1.2～1.8米、厚0.3～0.5米,土质较疏松,含有较多沙粒。

第④层:黄沙层。深1.5～2米、厚0.5～0.6米,土质疏松,土色黄褐,较纯净。

第⑤层:黄褐色土层。深2.4～2.6米、厚0.4～0.5米,土质较致密,含少量灰白斑点、礓石小块,较纯净。

以下为生土层。

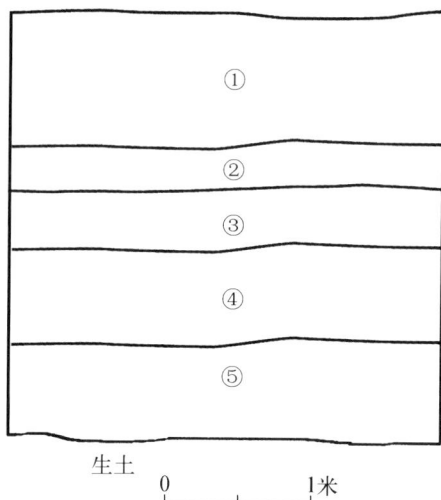

图一〇一　地层堆积示意图

三、墓葬和遗物

4座墓葬分布在地块的中部(图一〇二)。

皆开口于②层下,由建墓材质可分为土坑墓、砖室墓两类。

(一)土坑墓

共2座:M2、M4。

M2　位于地块中部,南距M3约5米。地理坐标:北纬39°55′50″,东经116°34′18″,高21米。该墓葬为竖穴土圹结构,平面呈梯形,剖面近长方形,直壁。南北向,方向为5°。墓口距地表深0.96米,墓底距地表深3.2米。墓圹南北长3.9米、东西宽2.45～2.6米、深2.24米(图一〇三;彩版五七,1、2)。

规划常营北路

代　征　路

北

市政管道

市政管道

M2□

M3□

M4□

M1▨

黄渠东路

代　征　路

0　　　40米

朝　阳　北　路

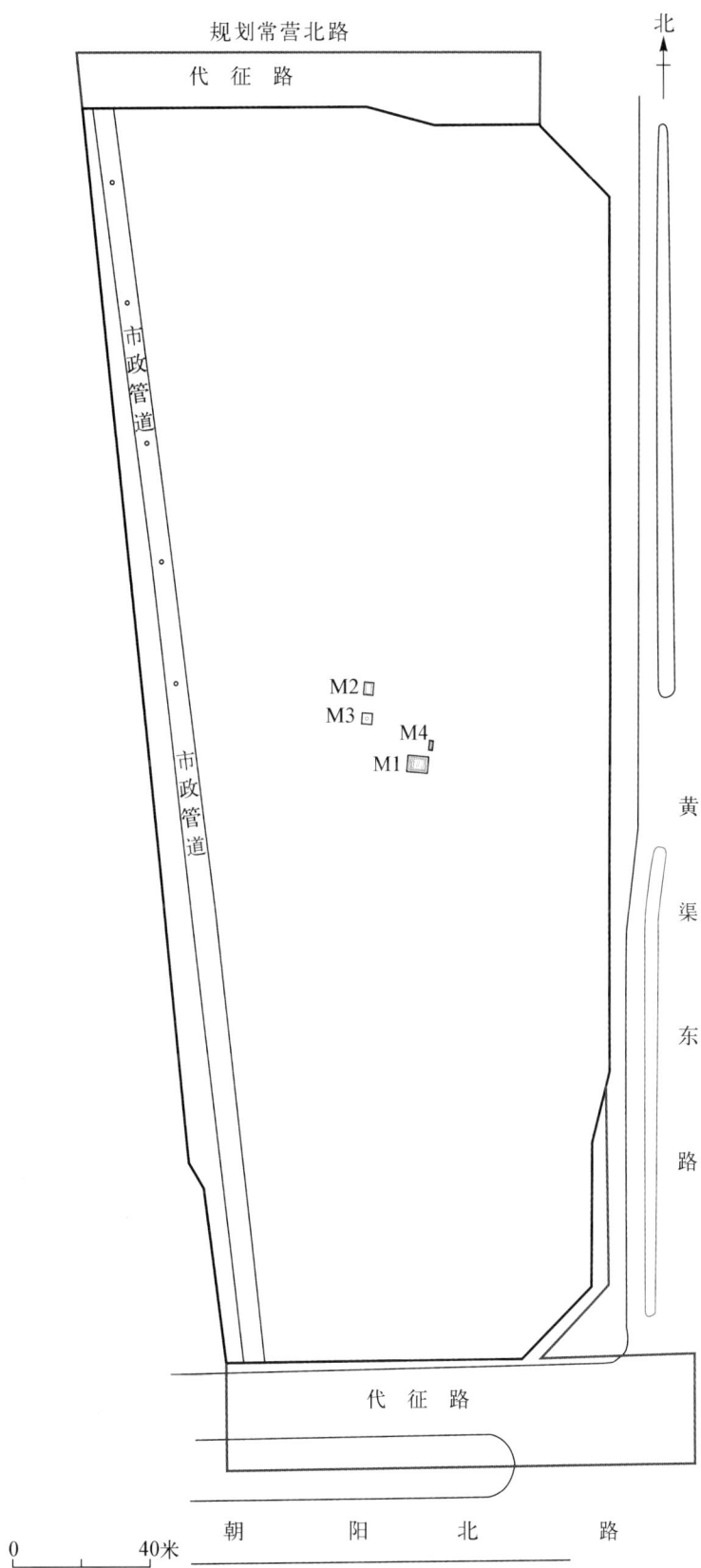

图一〇二　总平面图

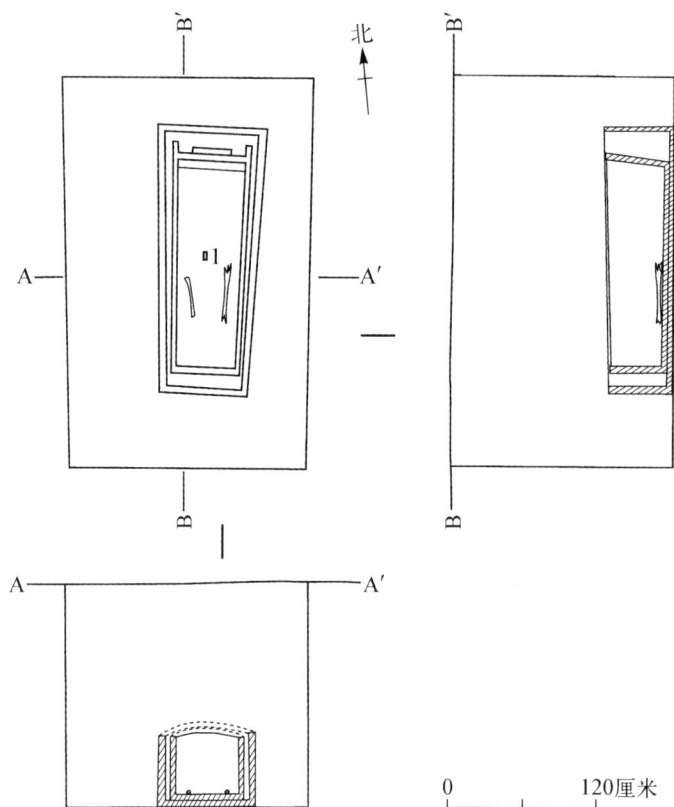

图一〇三　M2平、剖面图
1. 玉饰

内葬一椁一棺，均为木质，保存较好。木椁南北长2.7米、东西宽0.91～1.14米、残高0.72米、厚0.06米。木棺位于椁内，南北长2.23米、东西宽0.71～0.86米、残高0.7米、厚0.05米。棺内仅存两根腿骨。随葬器物有玉饰。

玉饰，1件。M2：1，白色，长方形。正面有四个圆孔未穿透，背面磨平。长5.8厘米、宽1.8厘米、厚0.8厘米，重22.4克（图一〇四；彩版六〇）。

M4　位于地块中部，西北距M2约16米，南距M1约1米。地理坐标：北纬39°55′493″，东经116°34′196″，高21米。该墓为竖穴土圹结构，平面呈长方形，直壁。南北向，方向为10°。墓口距地表深1米，墓底距地表深2.29米。墓圹南北长2.51米、东西宽1.3米、深1.29米（图一〇五；彩版五七，3）。

棺木已朽。棺痕南北长2米，东西宽0.7～0.75米。棺内仅存两根肢骨，未发现随葬器物。

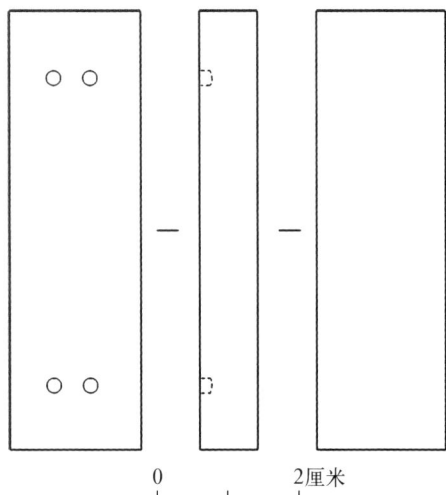

图一〇四　M2随葬玉饰（M2：1）

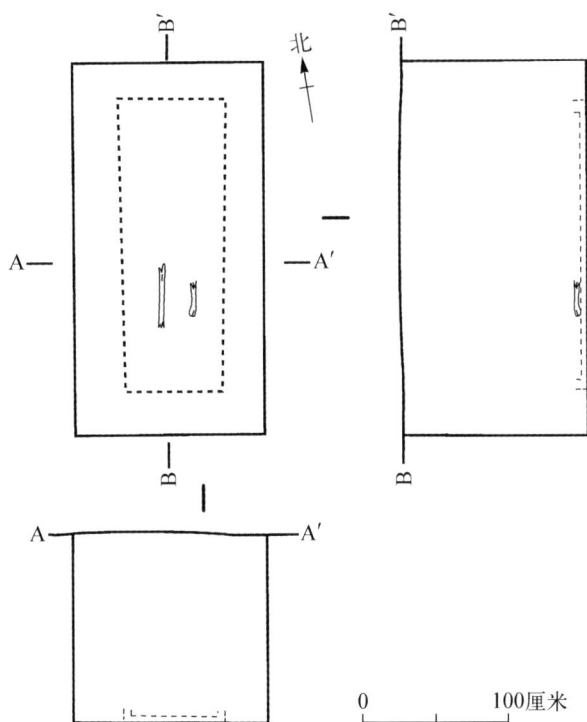

图一〇五　M4平、剖面图

（二）砖室墓

共2座：M1、M3。

M1　位于地块中部，北距M4约1米。地理坐标：北纬39°55′49″，东经116°34′19″，高21米。南北向，方向为13°。该墓葬为竖穴土圹砖椁墓，平面近长方形。墓口距地表深0.9米、墓底距地表深1.95米。墓圹南北长5.5米、东西宽6.16～6.4米、深1.05米（图一〇六；彩版五八）。

由竖穴土圹和砖椁室组成。墓室外围为砖砌，中部有长方形砖砌椁室，南北长3.06米、东西宽4.3米、残高1米。椁室残缺不完整，为单砖错缝平砌。砖椁与墓室间有一周回廊，回廊宽0.42～0.78米。整个墓底用平砖错缝铺底。

椁室内葬三棺，棺木保存一般。南北向，盗扰严重，仅存极少人骨。三棺分别放置于棺床上，棺床为单层砖错缝平铺，南北长2.2～2.24米、东西宽0.8～0.83米。从东向西编为东1棺、东2棺、东3棺。东1棺长2.2米、宽0.8米、残高0.13米、厚0.06米。东2棺长2.2米、宽0.83米、残高0.13米、厚0.05米。东3棺长2.2米、宽0.9米、残高0.14米、厚0.05米。棺与棺之间间隔0.53米。出土随葬器物有铜钱、玉簪、石圭、瓷碗、铁器。

玉簪，1件。M1：2，上端浅黄色，下端渐青。首正面刻五瓣梅花及三脉叶子纹饰，背面刻花蕊及三脉叶子纹饰。顶为椭圆形，内凹。体上宽下窄，为锥形。首宽1.2厘米、体宽0.8厘米、通长13.2厘米、重18.9克（图一〇七，1；彩版六一，1、2）。

石圭，1件。M1：3，青色页岩，近三角形，齐锋，斜刃。长27.5厘米、最宽12.3厘米、厚1.4厘米

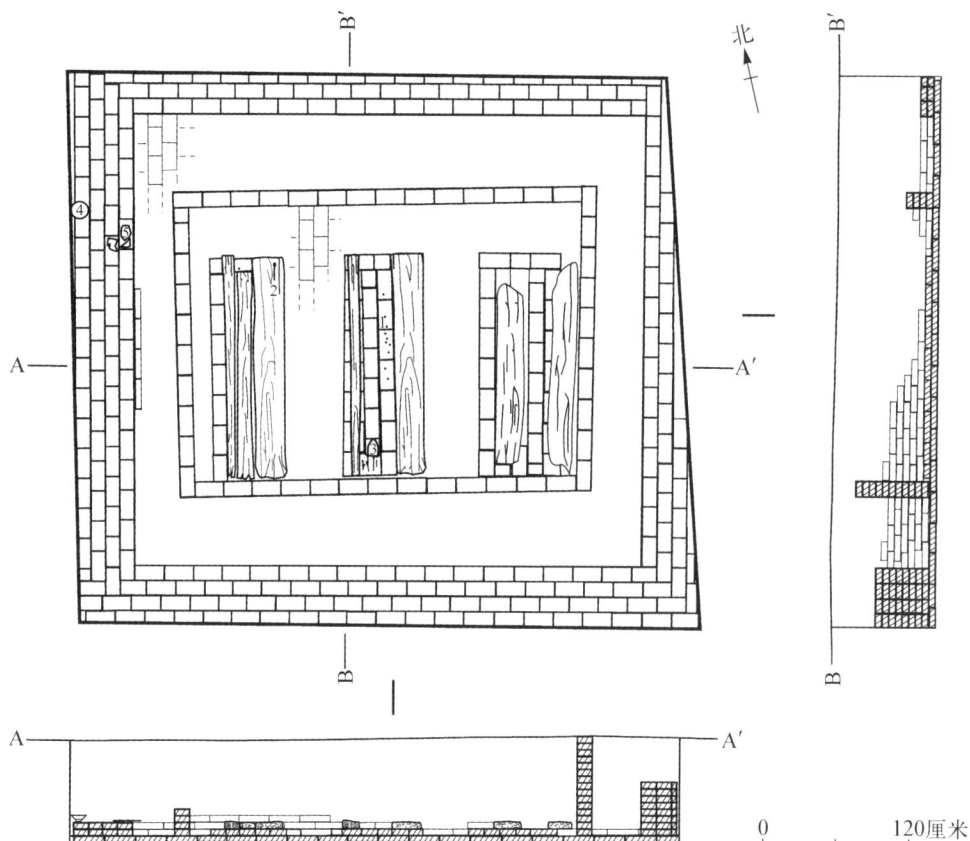

图一〇六　M1平、剖面图

1. 铜钱　2. 玉簪　3. 石圭　4. 瓷碗　5. 铁器

（图一〇七,2;彩版六一,3、4）。

瓷碗,1件。M1:4,圆唇、敞口、弧腹、矮圈足内凹。米黄色粗胎,白釉泛黄,内底刮釉形成涩圈,底部有窑裂,内外壁均施釉,外壁下腹部及圈足无釉,露胎处呈"元宝痕"。内、外口部各饰两周褐彩弦纹,内底及外壁釉上施有褐色彩绘,内底书写一褐色草叶纹,外壁上腹饰有四组草叶纹,极草率。口径17.2厘米、底径6.4厘米、高6厘米（图一〇七,3;彩版六二,1～3）。

铁器,2件。M1:5-1,不规则形,锈蚀较甚。残高22.4厘米、宽16厘米、厚0.5厘米（图一〇七,4;彩版六二,4）。M1:5-2,近长方形,锈蚀较甚。残高17厘米、宽4.6厘米、厚0.5厘米（图一〇七,5;彩版六二,5）。

铜钱,16枚。五铢钱,1枚。M1:1-1,圆形、方穿,穿背面有郭。正面穿上无横郭,穿左右两侧有篆文"五铢"二字,"五"字交叉,两笔缓曲,"金"头三角形,四竖点,"朱"字上笔方折,下笔圆折。直径2.5厘米、穿径0.96厘米、郭厚0.13厘米（图一〇八,1）。

开元通宝,1枚。M1:1-2,圆形、方穿。正面郭缘较窄,铸"开元通宝"四字,楷书,对读;背面无字。直径2.47厘米、穿径0.66厘米、郭厚0.13厘米（图一〇八,2）。

乾元重宝,1枚。M1:1-3,圆形、方穿。正面郭缘较窄,铸"乾元重宝"四字,楷书,对读;背

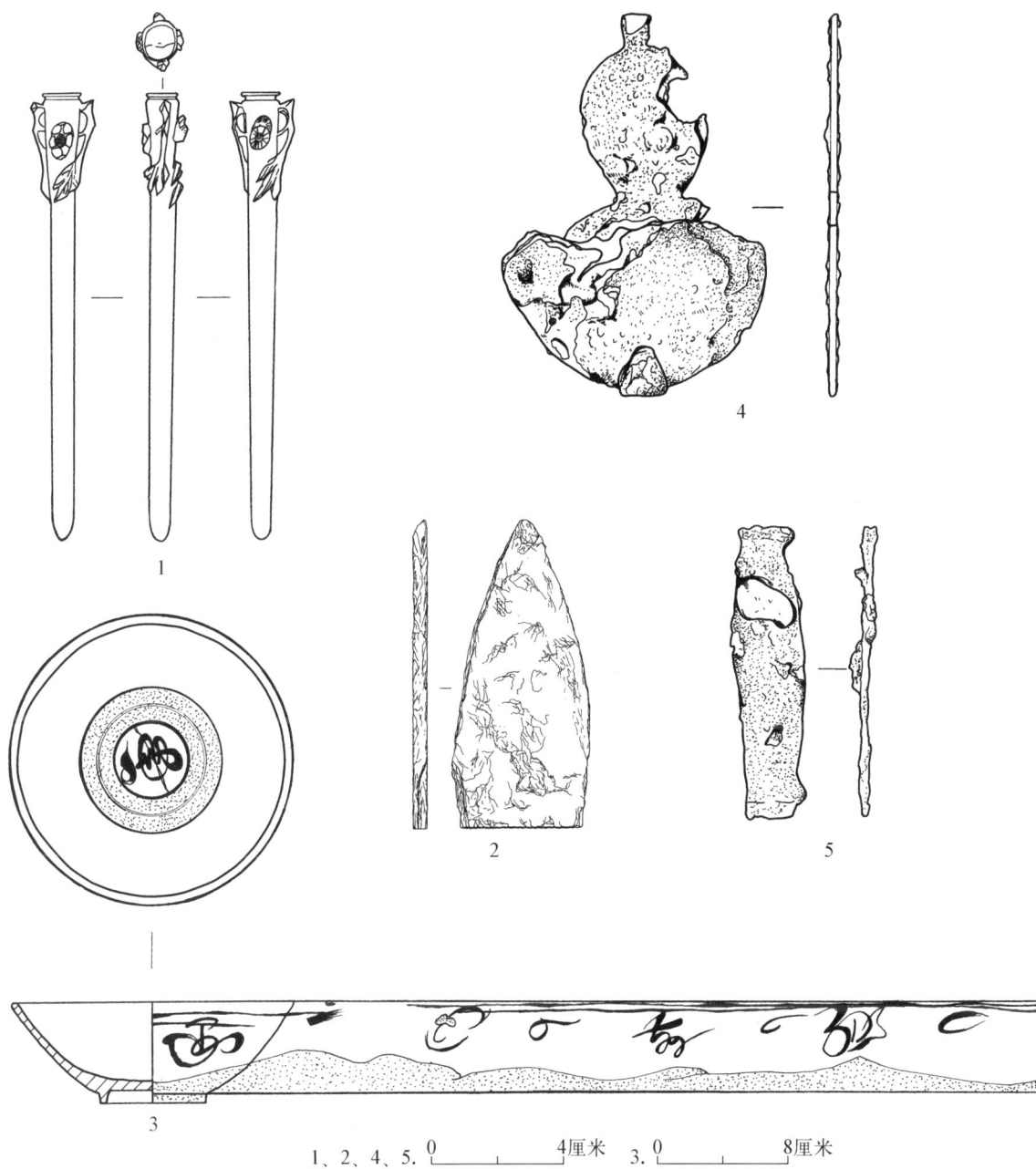

图一〇七　M1随葬器物

1. 玉簪（M1:2）　2. 石圭（M1:3）　3. 瓷碗（M1:4）　4、5. 铁器（M1:5-1、M1:5-2）

面无字。直径2.37厘米、穿径0.62厘米、郭厚0.11厘米（图一〇八,3）。

天圣元宝,1枚。M1:1-4,圆形、方穿。正面郭缘较窄,铸"天圣元宝"四字,旋读;背面无字。直径2.5厘米、穿径0.73厘米、郭厚0.12厘米（图一〇八,4）。

熙宁元宝,1枚。M1:1-5,圆形、方穿。正面郭缘较窄,铸"熙宁元宝"四字,篆书,旋读。直径2.51厘米、穿径0.68厘米、郭厚0.09厘米（图一〇八,5）。

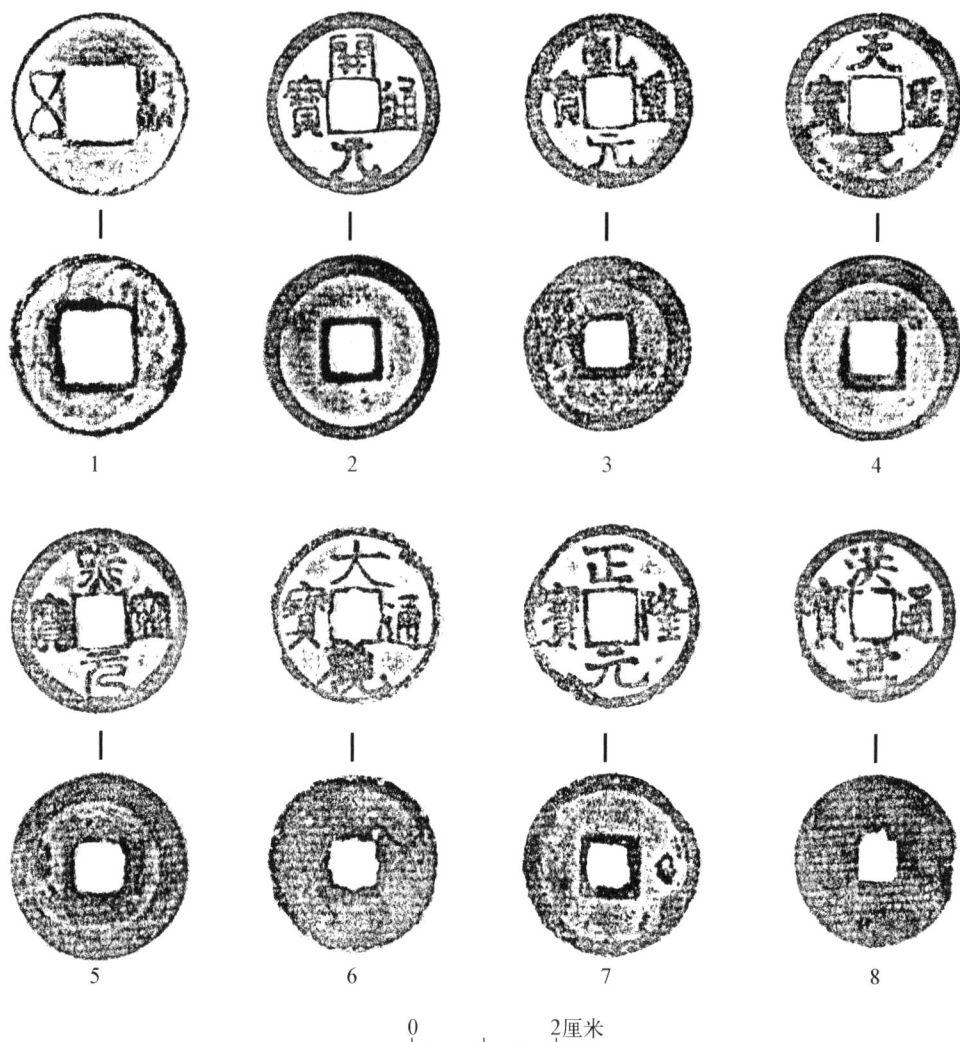

图一〇八　M1随葬铜钱

1. 五铢钱（M1：1-1）　2. 开元通宝（M1：1-2）　3. 乾元重宝（M1：1-3）　4. 天圣元宝（M1：1-4）　5. 熙宁元宝（M1：1-5）
6. 大观通宝（M1：1-6）　7. 正隆元宝（M1：1-7）　8. 洪武通宝（M1：1-8）

大观通宝，1枚。M1：1-6，圆形、方穿。正面郭缘较窄，铸"大观通宝"四字，楷书，对读；背面无字。直径2.4厘米、穿径0.68厘米、郭厚0.1厘米（图一〇八，6）。

正隆元宝，1枚。M1：1-7，圆形、方穿。正面郭缘较窄，铸"正隆元宝"四字，楷书，旋读；背面郭缘较宽，无字。直径2.48厘米、穿径0.57厘米、郭厚0.11厘米（图一〇八，7）。

洪武通宝，1枚。M1：1-8，圆形、方穿。正面郭缘较窄，铸"洪武通宝"四字，楷书，对读；背面无字。直径2.27厘米、穿径0.55厘米、郭厚0.09厘米（图一〇八，8）。

其余皆锈蚀较甚，字迹模糊不清。

M3　位于地块中部，北距M2约5米。地理坐标：北纬39°55′499″，东经116°34′185″，高20米。南北向，方向为5°。该墓葬为竖穴土圹砖室墓，平面近方形。墓圹中部为砖砌七边形墓室，

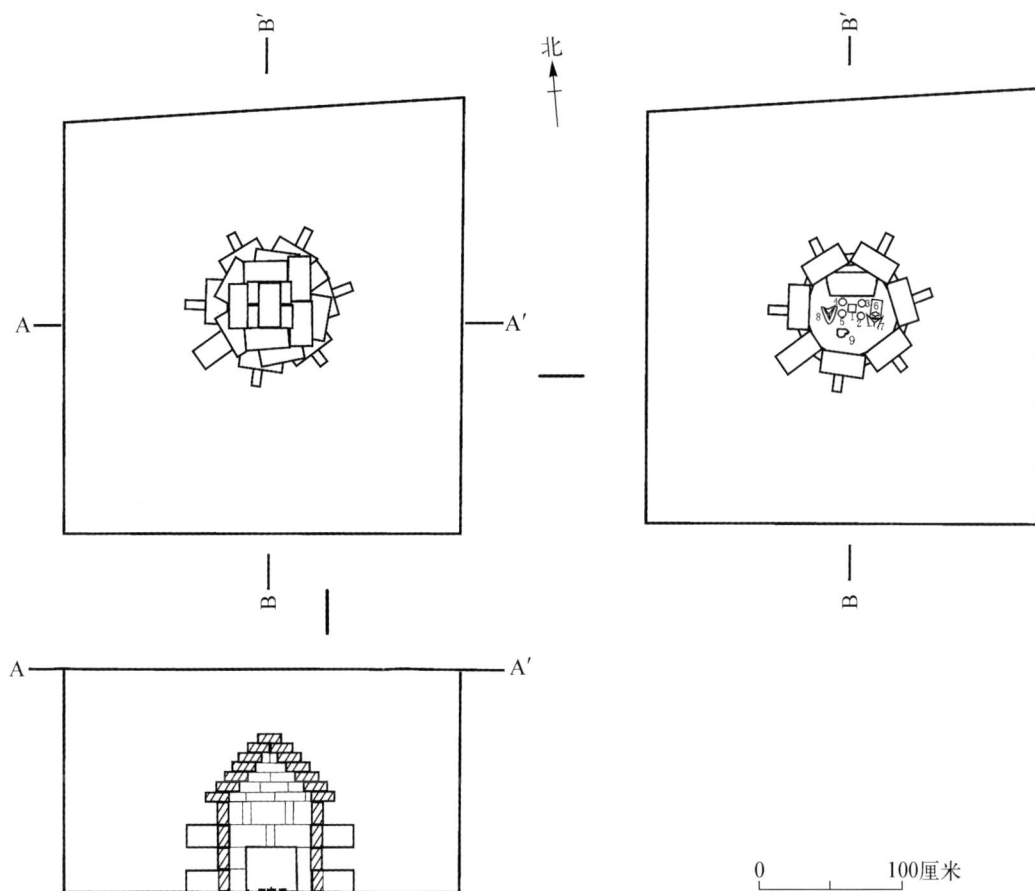

图一〇九　M3平、剖面图

1~5.铜镜　6.石砚　7、8.铁犁铧　9.铅器

攒尖顶,平底无砖。墓口距地表深1.5米、墓底距地表深3米。墓圹南北长2.75~2.94米、东西宽2.71米、深1.5米(图一〇九;彩版五九)。

墓室砌平砖八层,逐层加宽,最下层为平砖六块,一侧放置竖向平砖,以象征龟首,在六块平砖外再置一立砖,以象征龟足。砖室内宽0.63米、高0.6米、顶高0.45米,直壁。内有骨殖,为火葬。墓室内东西两侧为铁犁铧2件,西侧放置石砚1件,中间为铜镜5件和铅器1件。

铜镜,5件。据形状分为两型。

A型:方形。M3:1,正面锈蚀,抛光较差。背面高沿凹背。中间形似扇形钮座,中空。由凸弦纹分为内外两区。外区素面。内区为浮雕纹饰,左右各有一人双手托举手持物,上为云、月、宝瓶,下为花卉纹饰,平均分布于镜面。宽6.7厘米、高0.5厘米,重90.9克(图一一〇,1;图一一一,1;彩版六三,1)。

B型:圆形。M3:2,正面锈蚀,抛光较差。背面高沿凹背。中间形似扇形钮座,中空。边缘饰一周凸弦纹,分为内外两区。外区素面。内为浮雕纹饰,一对相同的花瓶分饰左右,内插花,上下各饰有飞鸟和鱼纹,平均分布。直径6.5厘米、厚0.5厘米,重52.5克(图一一〇,2;图一一一,

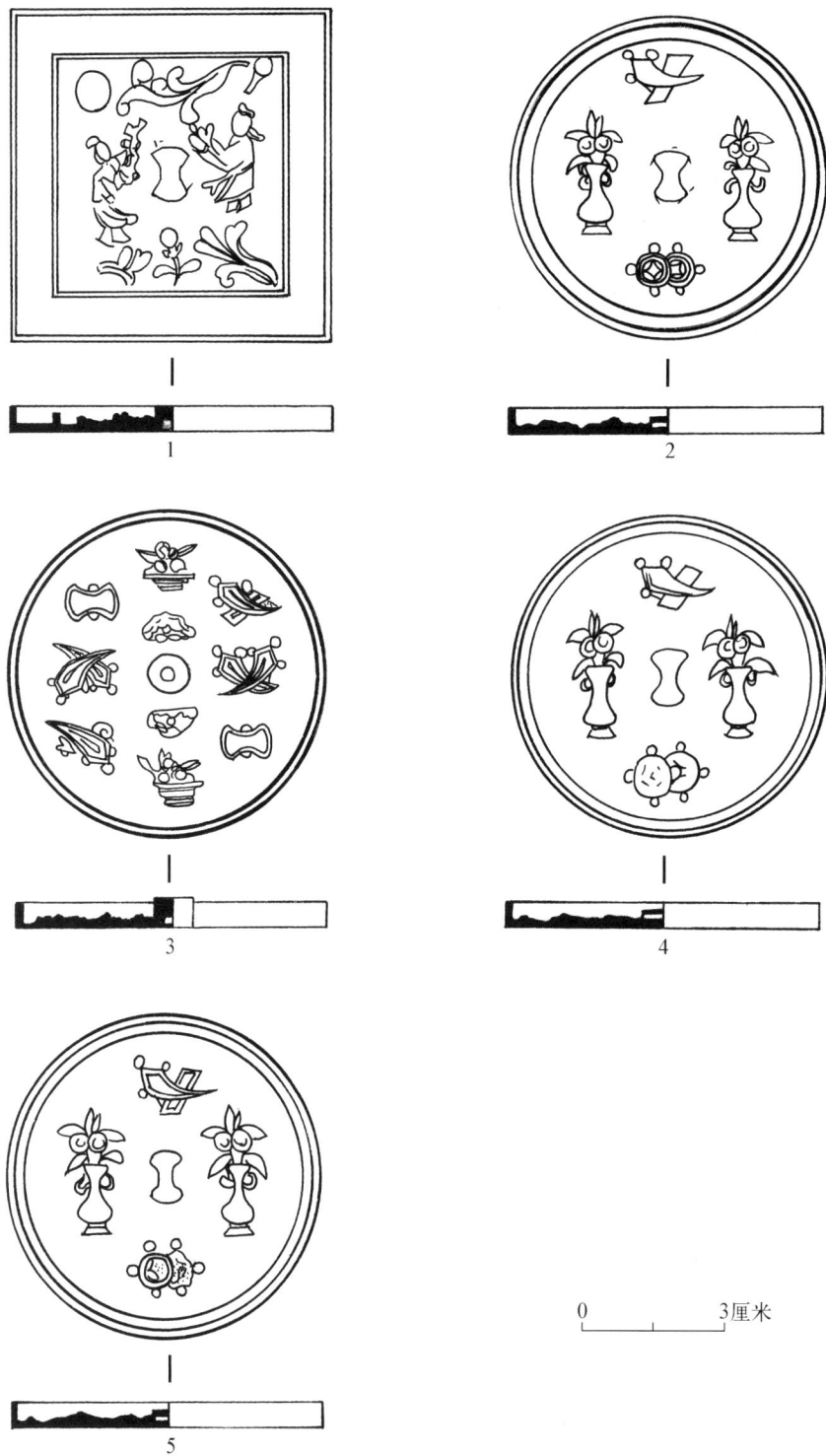

图一一〇 M3随葬铜镜

1. M3：1 2. M3：2 3. M3：3 4. M3：4 5. M3：5

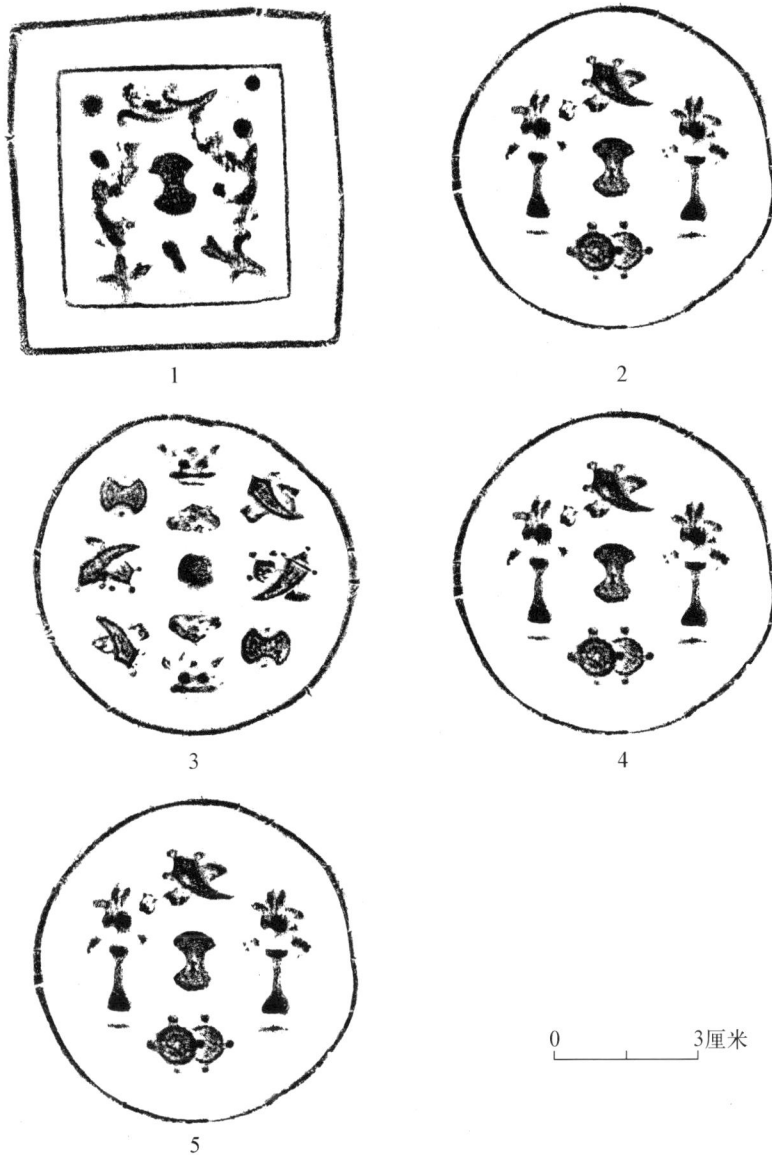

图一一一　M3铜镜拓片

1. M3：1　2. M3：2　3. M3：3　4. M3：4　5. M3：5

2；彩版六三，2）。M3：4，直径6.5厘米、高0.5厘米，重51.22克（图一一〇，4；图一一一，4；彩版六三，4）。M3：5，直径6.5厘米、高0.5厘米，重48.05克（图一一〇，5；图一一一，5；彩版六三，5）。M3：3，正面锈蚀，抛光较差。背面高沿凹背。圆形钮座，中空。由凸弦纹分为内外两区。外区素面。内区为浮雕纹饰，左右上下各饰有花篮、元宝、假山等图案，纹饰平均分布于镜面。直径6.5厘米、高0.6厘米，重58克（图一一〇，3；图一一一，3；彩版六三，3）。

石砚，1件。M3：6，平面呈长方形，灰色，周边饰两道凹弦纹，石质坚硬、质密。正面一端为花瓣状椭圆形墨池，池深0.6厘米，长方形砚堂与墨池相邻，背面光素无纹。长15.1厘米、宽9.3厘米、厚1.6厘米（图一一二，1；彩版六四，1、2）。

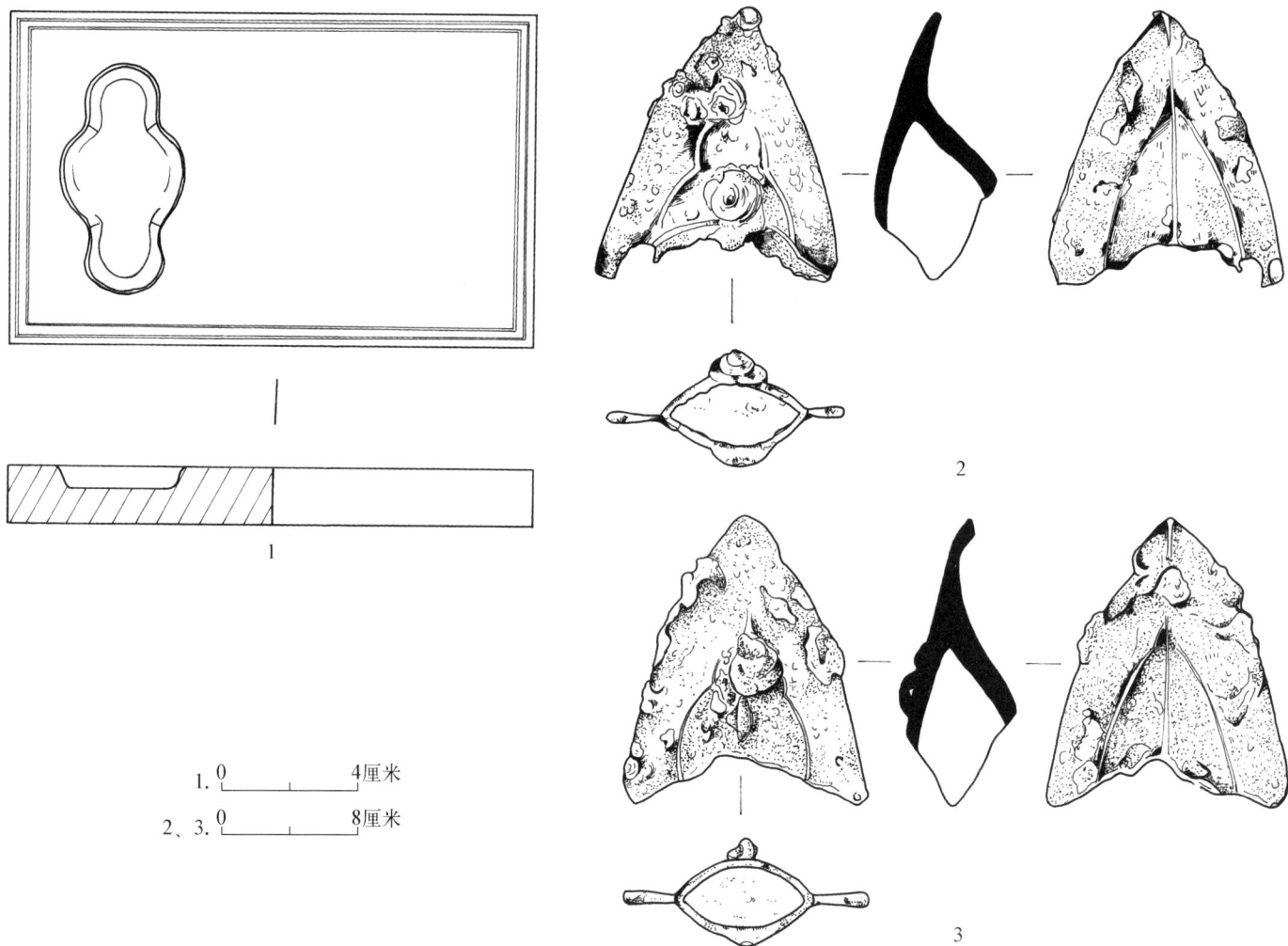

图一一二　M3随葬器物

1. 石砚（M3：6）　2、3. 铁犁铧（M3：7、M3：8）

铁犁铧，2件。系生铁铸造，锈蚀，正视呈三角状。三面有棱，中空，底尖。M3：7，高15.2厘米、宽13.8厘米、口径7厘米（图一一二，2；彩版六四，3）。M3：8，高16厘米、宽14厘米、口径6厘米（图一一二，3；彩版六四，4）。

铅器，1件。M1：9，破碎严重，器形无法辨认。

四、小结

1号地块发掘区地势相对平坦，所发现的4座墓葬均开口于②层下，南北向。M2、M4为长方形竖穴土坑墓。M1为长方形砖椁室三棺墓。M3为砖砌龟镇墓，为火葬，与北京其他地区的明清龟镇墓形制相近。M1出有汉、唐、宋、明代铜钱。根据出土文物和墓葬形制与结构，推断4座墓葬的时代均为明代。

北京鲜活农产品流通中心项目考古发掘报告

一、概况

为配合北京鲜活农产品流通中心项目的顺利进行,北京市文物研究所于2015年6月7日至6月18日对该项目所占地块进行了考古勘探,并对发现的清代墓葬进行了考古发掘(彩版六五)。

该地块位于朝阳区黑庄户乡南部,北邻黑庄户村(图一一三)。中心区域GPS数据:北纬39°50′41.5″,东经116°35′26.3″,高16米。

共发掘清代墓葬25座(图一一四;附表一三),出土各类文物22件(不含铜钱),发掘面积共计204平方米。

图一一三　发掘区位置示意图

北

M24 ⌂ M25

M9
M11
M12
M13
M14
M10 M16
M18 M15 M17
M19
M20 M23
M21 M22

M5 M6
M7
M8

M1
M2 M3
M4

水　　　渠

0　　　60米

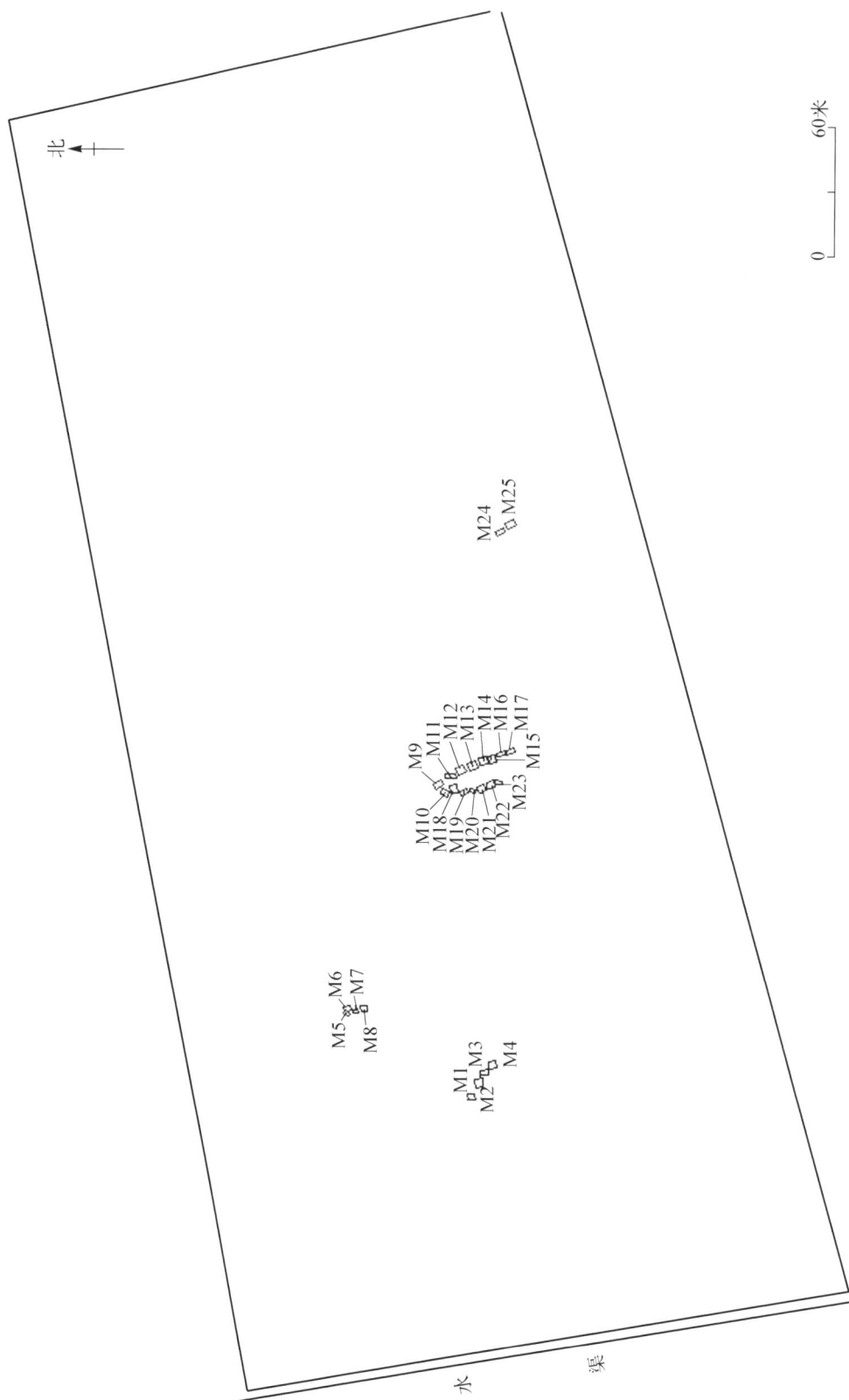

图一一四　总平面图

二、地层

发掘区的地层堆积自上而下可分为三层（图一一五）。

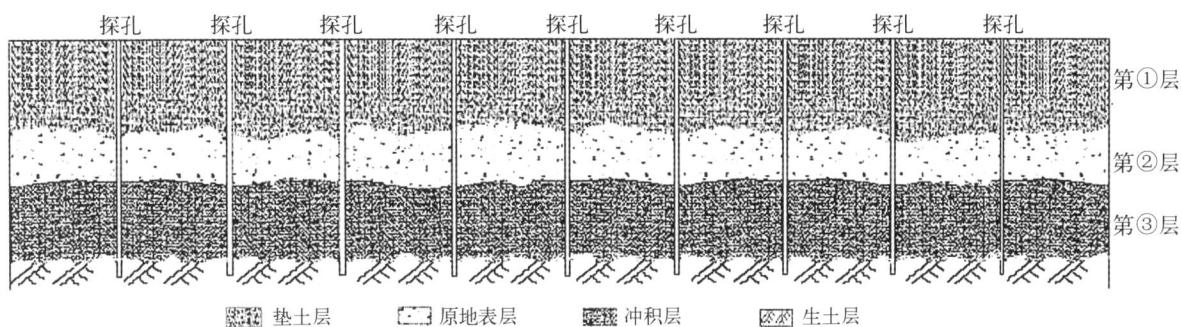

图一一五 地层剖面示意图

第①层：垫土层。深1.1～3米，土质疏松。内含大量现代建筑垃圾、植物根茎等。

第②层：表土层。深1.2～3.2米，厚0.3～0.5米，呈黄褐色，土质较致密，含细沙、礓石等。

第③层：冲积层。深3.5～4.5米，厚0.7～1.6米，呈浅黄色，土质较致密，较纯净。

以下为生土层。

三、墓葬及遗物

墓葬均为南北向竖穴土坑墓，四壁较规整，均开口于②层下。可分为单棺墓、双棺墓、三棺墓、四棺墓、搬迁墓五种类型（表六）。

表六 墓葬分类表

分 类	单 棺 墓		双 棺 墓		三棺墓	四棺墓	搬迁墓
	A型	B型	A型	B型			
数量（座）	3	2	2	9	6	2	1

（一）单棺墓

共5座：M5～M7、M11、M23。从平面形制上分为两型。

A型：平面呈长方形，有M6、M11、M23。

M6 位于发掘区西北部，打破M5。方向为5°。墓口距地表深1.6米，墓底距地表深2.3米。墓圹南北长2.4米、东西宽0.92～1米、深0.7米（图一一六；彩版六六，1）。

棺木已朽。棺长1.94米、宽0.43～0.64米、残高0.3米。棺内骨架保存较好，头向北，面向不详。墓主人为老年男性，仰身直肢葬。内填花黏土，土质较疏松。随葬品有铜钱。

顺治通宝，1枚。M6：1，模制、完整、圆形、方穿。正面有郭，铸"顺治通宝"四字，楷书，对

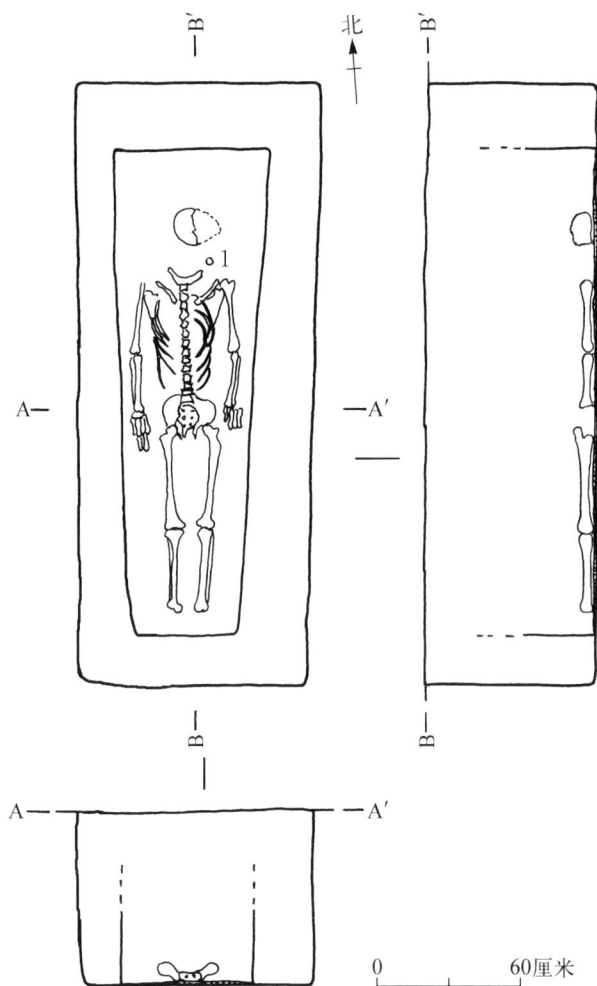

图一一六　M6平、剖面图

1. 铜钱

读；背面有郭，穿右侧为汉字"工"，纪局名。直径2.64厘米、穿径0.59厘米、郭厚0.12厘米（图一一七，3）。

M11　位于发掘区中南部，北邻M9、南邻M12。方向为357°。墓口距地表深1.7米，墓底距地表深2.45米。墓圹南北长2.45米、东西宽0.88米、深0.75米（图一一八；彩版六六，2）。

棺木已朽。棺长2米、宽0.73～0.82米、残高0.3米。棺内骨架保存较好，头向北，面向西。墓主人为老年男性，仰身直肢葬。内填花黏土，土质较疏松。随葬品有半釉罐、铜钱。

半釉罐，1件。M11：2，圆唇、侈口、短颈、溜肩、斜弧腹、平底略内凹。胎质较粗糙。口沿及肩部施酱黄釉，其余部位露灰胎。素面。口径10.9厘米、肩径13.2厘米、底径8.9厘米、高12.7厘米（图一一九，2；彩版七七，1）。

顺治通宝，1枚。M11：1-1，模制、完整、圆形、方穿。正面有郭，铸"顺治通宝"四字，楷书，对读；背面有郭，穿右侧为汉字"户"，纪局名。直径2.61厘米、穿径0.48厘米、郭厚0.14厘米（图一一七，5）。

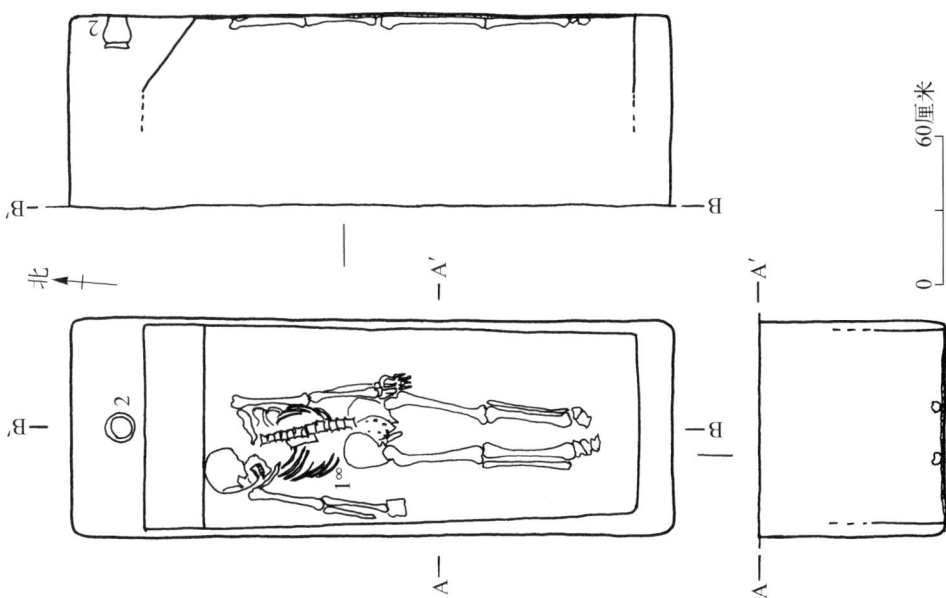

图一一八　M11平、剖面图

1. 铜钱　2. 半釉罐

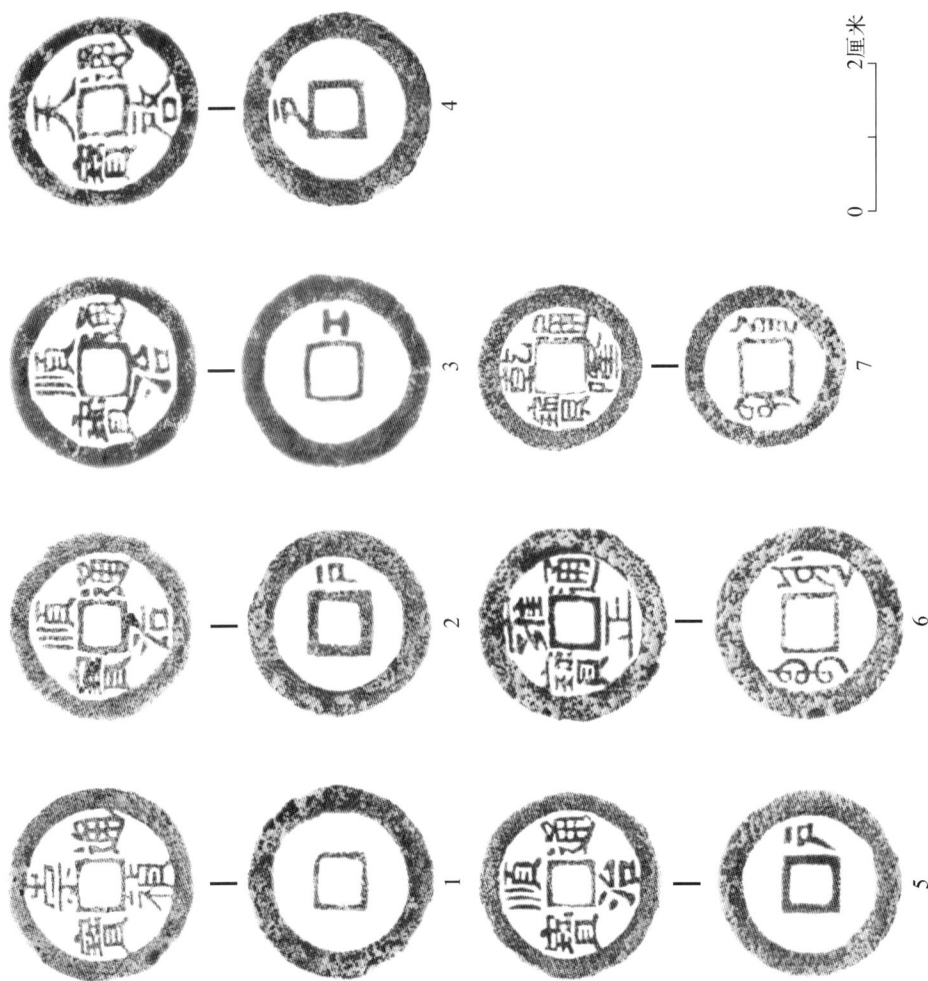

图一一七　单棺墓葬随葬铜钱

1. 崇祯通宝（M5：1-1）　2.3.5. 顺治通宝（M5：1-2、M6：1、M11：1-1）　4. 天启通宝（M7：1）
6. 雍正通宝（M11：1-2）　7. 乾隆通宝（M23：1-1）

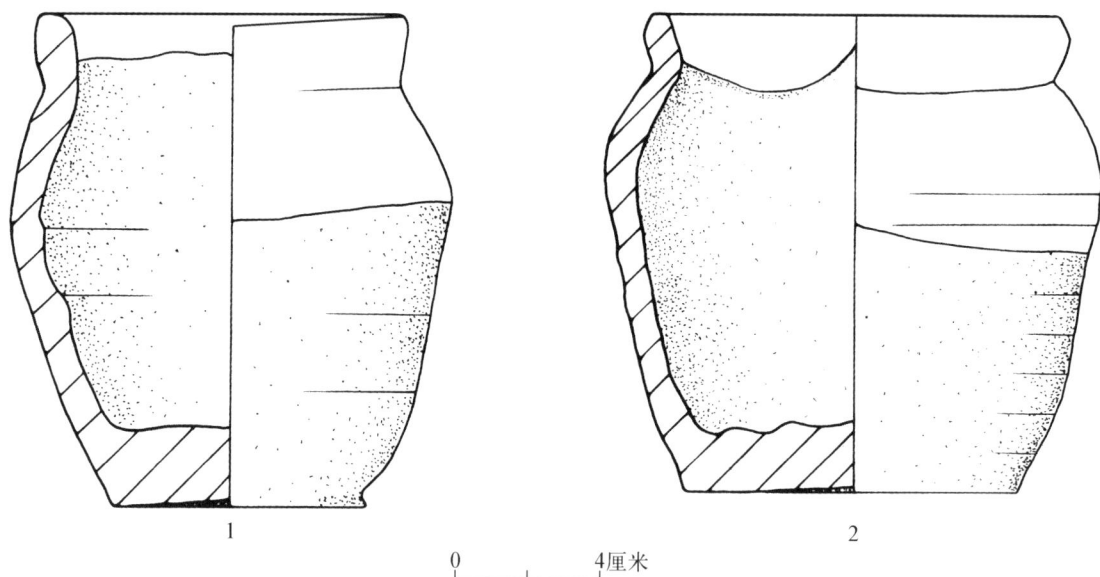

0 ———————— 4厘米

图一一九　M7、M11随葬半釉罐

1、2. 半釉罐（M7：2、M11：2）

　　雍正通宝，1枚。M11：1-2，模制、完整、圆形、方穿。正面有郭，铸"雍正通宝"四字，楷书，对读；背面有郭，穿左右为满文"宝源"，纪局名。直径2.71厘米、穿径0.55厘米、郭厚0.15厘米（图一一七，6）。

　　M23　位于发掘区中南部，北邻M22。方向为355°。墓口距地表深1.5米，墓底距地表深2.6米。墓圹南北长2.46米、东西宽0.96米、深1.1米（图一二〇；彩版六六，3）。

　　棺木已朽。棺长2米、宽0.5～0.56米、残高0.3米。棺内骨架保存较好，头向北，面向上。墓主人为老年男性，仰身直肢葬。内填花黏土，土质较疏松。随葬品有铜钱。

　　乾隆通宝，5枚。均模制、完整、圆形、方穿。正面有郭，铸"乾隆通宝"四字，楷书，对读；背面有郭，穿左右为满文"宝泉"，纪局名。标本：M23：1-1，直径2.29厘米、穿径0.55厘米、郭厚0.16厘米（图一一七，7）。

　　B型：平面呈梯形，有M5、M7。

　　M5　位于发掘区西北部，被M6打破。方向为340°。墓口距地表深1.7米，墓底距地表深1.97米。墓圹南北长2.2米、东西宽0.78～1.06米、深0.27米（图一二一；彩版六七，1）。

　　棺木已朽。棺长1.86米、宽0.54～0.65米、残高0.1米。棺内骨架保存较差，头向西北，面向不详。墓主人为老年女性，仰身直肢葬。内填花黏土，土质较疏松。随葬品有铜钱。

　　崇祯通宝，2枚。模制、完整、圆形、方穿。正面有郭，铸"崇祯通宝"四字，楷书，对读；背面有郭，无字。标本：M5：1-1，直径2.69厘米、穿径0.54厘米、郭厚0.13厘米（图一一七，1）。

　　顺治通宝，3枚。模制、完整、圆形、方穿。正面有郭，铸"顺治通宝"四字，楷书，对读；背面有郭，穿右侧为汉字"户"，纪局名。标本：M5：1-2，直径2.59厘米、穿径0.49厘米、郭厚0.12厘米（图一一七，2）。

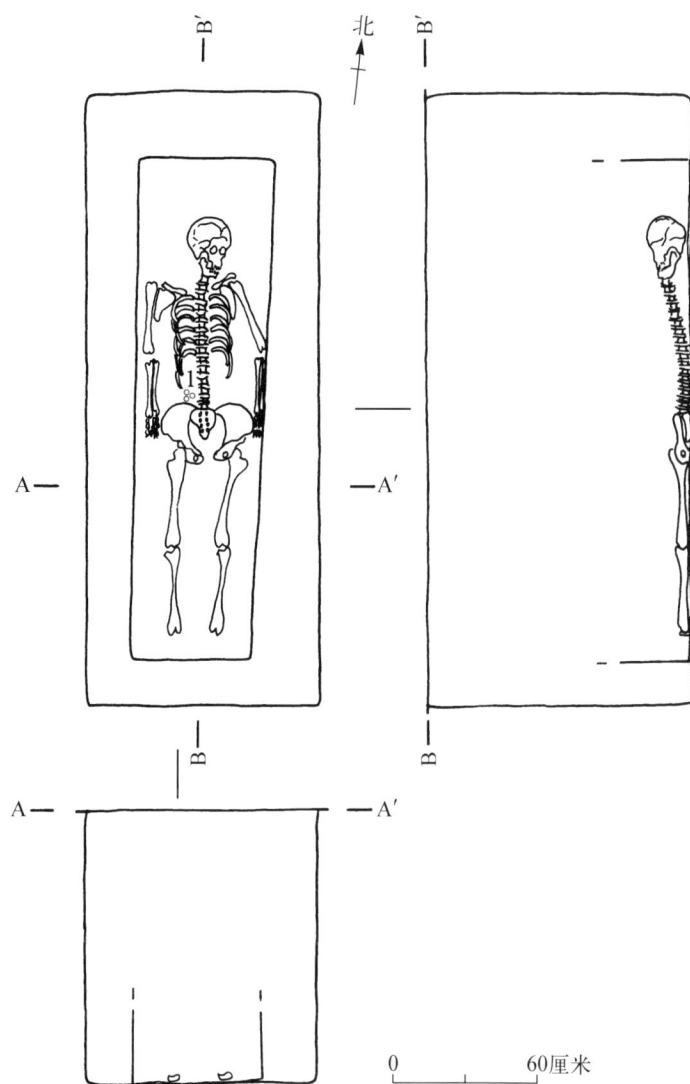

图一二〇　M23平、剖面图

1.乾隆通宝

其余3枚,均锈蚀严重,字迹模糊不可辨认。

M7　位于发掘区西北部,南邻M8。方向为10°。墓口距地表深1.5米,墓底距地表深1.8米。墓圹南北长2.3米、东西宽0.96～1.16米、深0.3米(图一二二;彩版六七,2)。

棺木已朽。棺长1.8米、宽0.46～0.58米、残高0.12米。棺内骨架保存较好,头向北,面向上。墓主人为老年男性,仰身直肢葬。内填花黏土,土质较疏松。随葬品有半釉罐、铜钱。

半釉罐,1件。M7:2,尖圆唇、敞口、短颈、溜肩、斜弧腹、平底略内凹。胎质较粗糙。口部至肩部施绿釉,釉面已脱落,其余部位露灰胎。素面。口径10厘米、底径6.9厘米、高12.9～13.2厘米(图一一九,1;彩版七七,2)。

天启通宝,1枚。M7:1,模制、完整、圆形、方穿。正面有郭,铸"天启通宝"四字,楷书,对

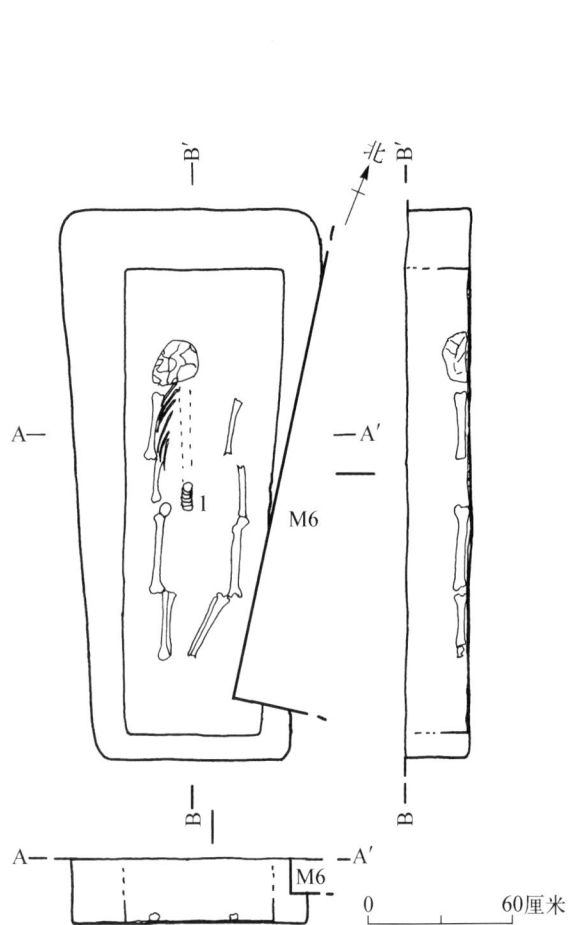

图一二一　M5平、剖面图
1.铜钱

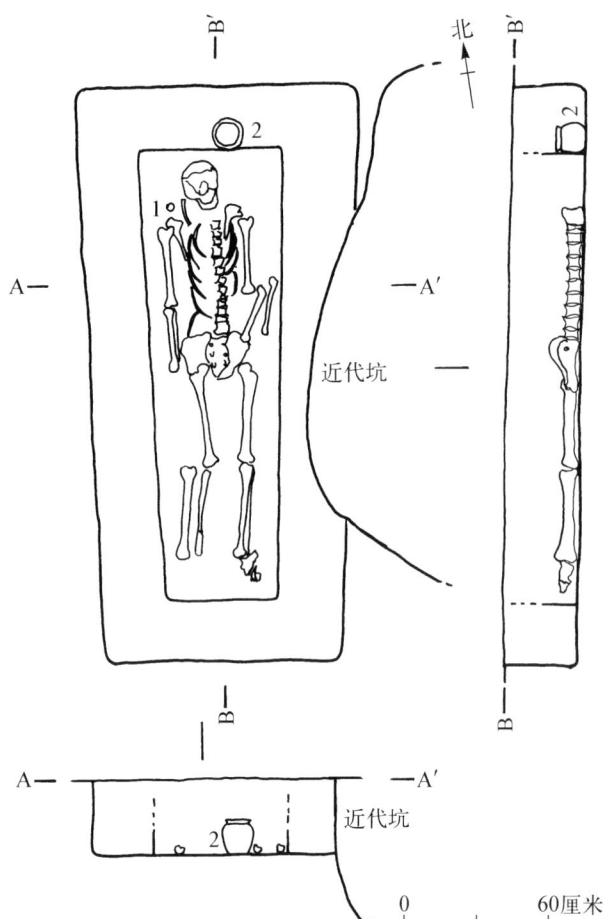

图一二二　M7平、剖面图
1.铜钱　2.半釉罐

读；背面有郭，穿上侧为汉字"户"，纪局名。直径2.59厘米、穿径0.51厘米、郭厚0.12厘米（图一一七,4）。

（二）双棺墓

共11座：M1、M3、M8～M10、M15～M17、M19、M20、M22。从平面形制上分为两型。

A型：平面呈梯形，有M1、M15。

M1　位于发掘区中西部,东邻M2。方向为355°。墓口距地表深1.3米,墓底距地表深1.79～1.94米。墓圹南北长2.54米、东西宽1.7～1.9米、深0.49～0.64米（图一二三；彩版六八,1）。

棺木已朽。西棺长1.84米、宽0.65～0.7米、残高0.1米。棺内骨架保存较差,头向北。面向、葬式均不详,为老年女性。东棺长1.75米、宽0.55～0.78米、残高0.14米。棺内骨架保存较好,头向北,面向上,为老年男性,仰身直肢葬。西棺打破东棺。内填花黏土,土质较疏松。随葬品有铜钱。

康熙通宝,1枚。M1: 1-1,模制、完整,圆形、方穿。正面有郭,铸"康熙通宝"四字,楷书,对

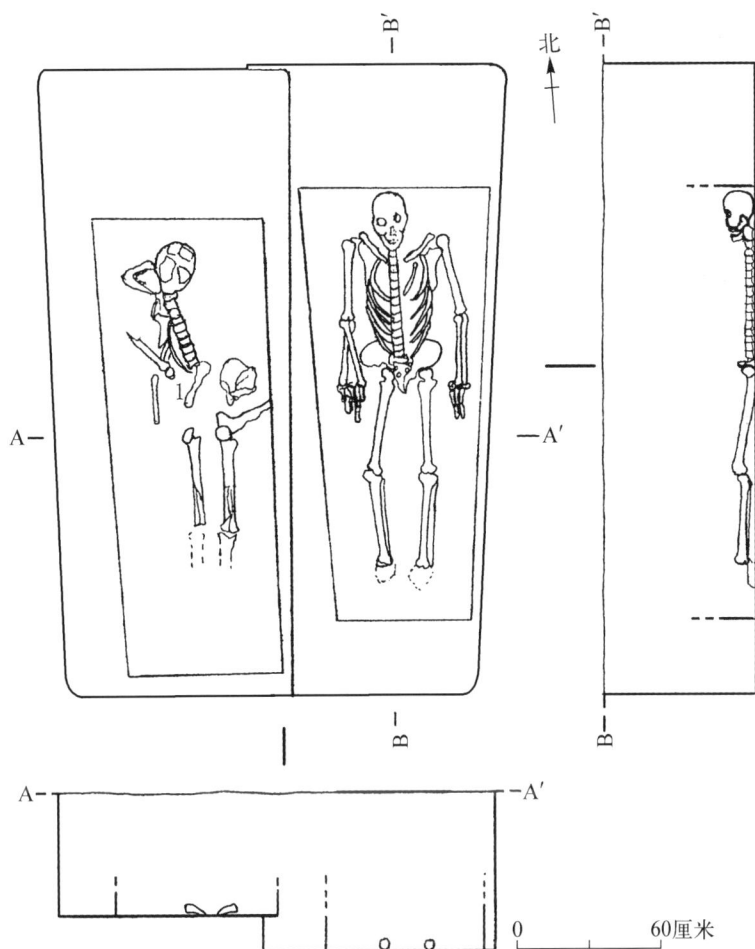

图一二三　M1平、剖面图

1. 铜钱

读；背面有郭，穿左右为满文"宝泉"，纪局名。直径2.38厘米、穿径0.58厘米、郭厚0.12厘米（图一二四，1）。

雍正通宝，1枚。M1：1-2，模制、完整、圆形、方穿。正面有郭，铸"雍正通宝"四字，楷书，对读；背面有郭，字迹模糊，纪局名。直径2.58厘米、穿径0.58厘米、郭厚0.15厘米（图一二四，2）。

M15　位于发掘区中南部，北邻M14。方向为352°。墓口距地表深1.5米，墓底距地表深2.4米。墓圹南北长2.4～2.45米、东西宽1.93～2.1米、深0.9米（图一二五；彩版六八，2）。

棺木已朽。东棺长1.9米、宽0.57～0.69米、残高0.2米。棺内骨架保存较好，头向北，面向下，为老年男性，仰身直肢葬。西棺长2米、宽0.42～0.54米、残高0.2米。棺内骨架保存较好，头向西北，面向东，为老年女性，仰身直肢葬。东棺打破西棺。内填花黏土，土质较疏松。随葬品有铜钱。

康熙通宝，2枚。均模制、完整、圆形、方穿。正面有郭，铸"康熙通宝"四字，楷书，对读；背面有郭，穿左右为满文"宝泉"，纪局名。标本：M15：1-1，直径2.64厘米、穿径0.59厘米、郭厚

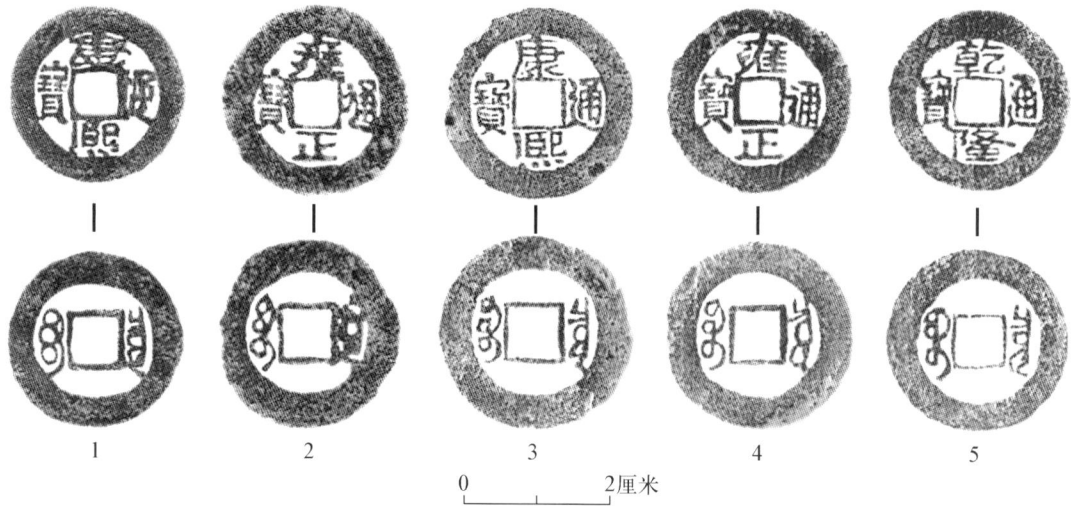

图一二四 双棺A型墓葬随葬铜钱

1、3. 康熙通宝（M1：1-1、M15：1-1） 2、4. 雍正通宝（M1：1-2、M15：1-2） 5. 乾隆通宝（M15：1-3）

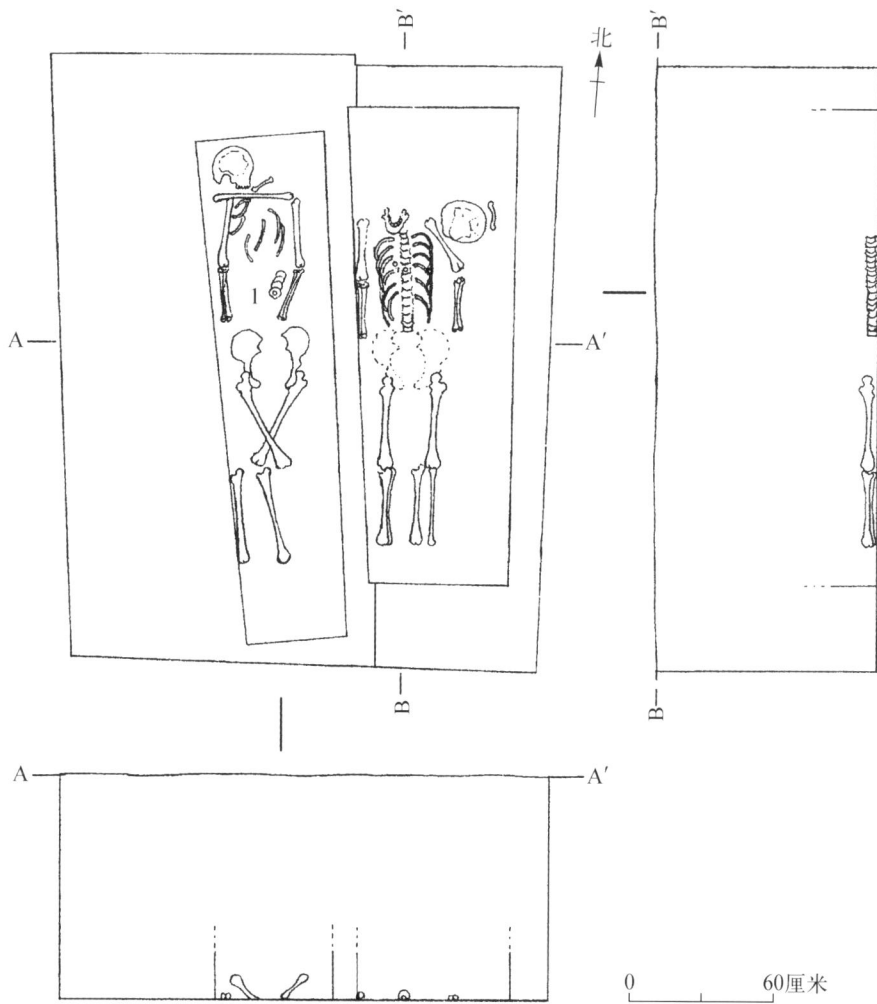

图一二五 M15平、剖面图

1. 铜钱

0.12厘米(图一二四,3)。

雍正通宝,1枚。M15:1-2,模制、完整,圆形、方穿。正面有郭,铸"雍正通宝"四字,楷书,对读;背面有郭,穿左右为满文"宝泉",纪局名。直径2.61厘米、穿径0.51厘米、郭厚0.12厘米(图一二四,4)。

乾隆通宝,2枚。均模制、完整,圆形、方穿。正面有郭,铸"乾隆通宝"四字,楷书,对读;背面有郭,穿左右为满文"宝泉",纪局名。标本:M15:1-3,直径2.5厘米、穿径0.55厘米、郭厚0.11厘米(图一二四,5)。

B型:平面呈不规则形,有M3、M8~M10、M16、M17、M19、M20、M22。

M3 位于发掘区中西部,东南邻M4、西北邻M2。方向为0°。墓口距地表深1.5米,墓底距地表深1.9米。墓圹南北长2.52~2.7米、东西宽1.64~1.84米、深0.4米(图一二六;彩版六九,1)。

棺木已朽。西棺长1.72米、宽0.61~0.8米、残高0.2米。棺内仅残留零碎头骨及右侧上肢

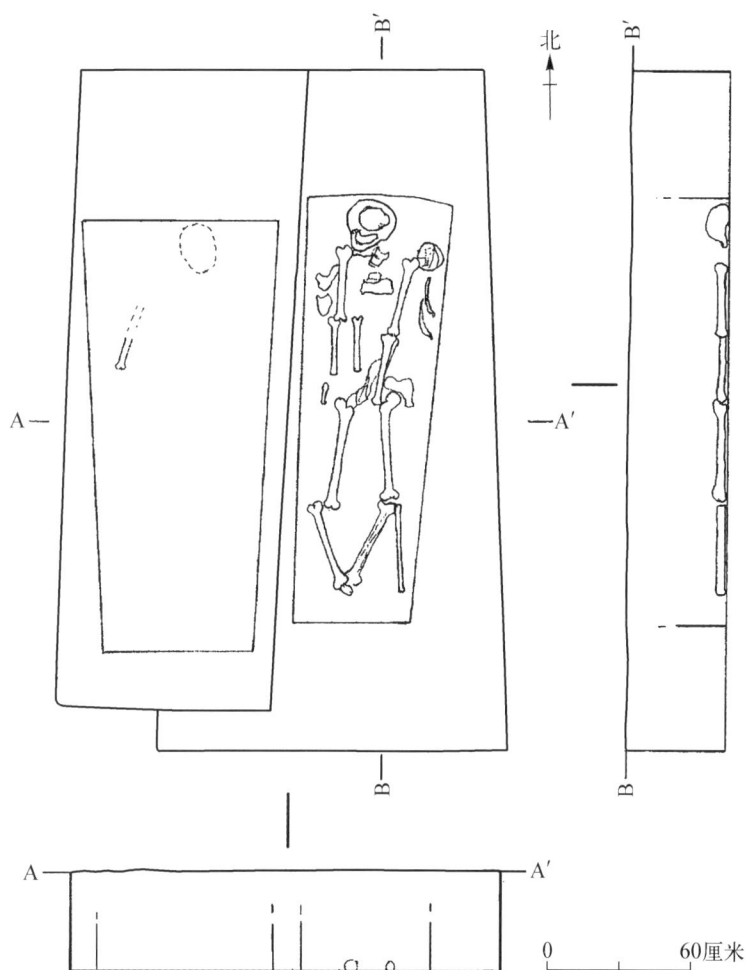

图一二六 M3平、剖面图

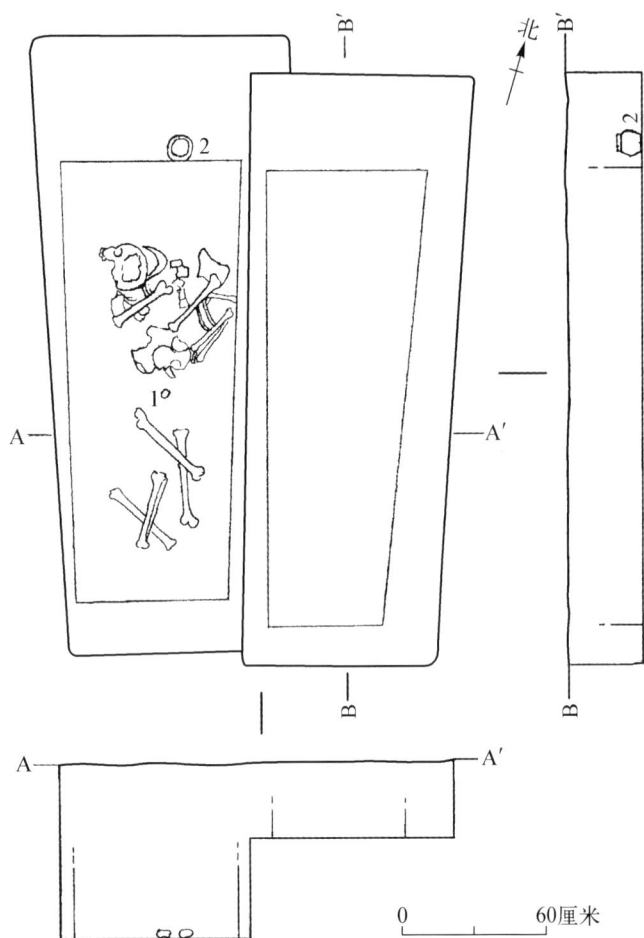

图一二七　M8平、剖面图

1. 铜钱　2. 半釉罐

骨,头向北。面向、葬式均不详,为老年女性。东棺长1.7米、宽0.48~0.6米、残高0.2米。棺内骨架保存较差,头向北。面向、葬式均不详,为老年男性。西棺打破东棺。内填花黏土,土质较疏松。未发现随葬品。

M8　位于发掘区西北部,北邻M7。方向为350°。墓口距地表深1.6米,墓底距地表深1.9~2.3米。墓圹南北长2.38~2.48米、东西宽1.54~1.84米、深0.3~0.7米(图一二七;彩版六九,2)。

棺木已朽。西棺长1.77米、宽0.64~0.74米、残高0.3米。棺内骨架保存较差,头向西北。面向、葬式均不详,为老年男性。东棺长1.83米、宽0.48~0.67米、残高0.12米。棺内未发现骨架。东棺打破西棺。内填花黏土,土质较疏松。随葬品有半釉罐、铜钱。

半釉罐,1件。M8:2,圆唇、敞口,束颈,溜肩,鼓腹,平底略内凹。胎质较粗糙。口沿下部至肩部施酱釉,釉面已脱落,其余部位露灰胎。素面。口径7.3厘米、底径7.8厘米、高11.1厘米(图一二八,1;彩版七七,3)。

万历通宝,2枚。均模制、完整、圆形、方穿。正面有郭,铸"万历通宝"四字,楷书,对读;背面有郭,无字。标本:M8:1-1,直径2.51厘米、穿径0.49厘米、郭厚0.16厘米(图一二九,1)。

崇祯通宝,3枚。均模制、完整、圆形、方穿。正面有郭,铸"崇祯通宝"四字,楷书,对读;背面有郭,无字。标本:M8:1-2,直径2.64厘米、穿径0.54厘米、郭厚0.11厘米(图一二九,2)。

顺治通宝,3枚。均模制、完整、圆形、方穿。正面有郭,铸"顺治通宝"四字,楷书,对读;背面有郭,穿右侧为汉字"户",纪局名。标本:M8:1-3,直径2.62厘米、穿径0.52厘米、郭厚0.11厘米(图一二九,3)。

M9　位于发掘区中南部,南邻M11、西南邻M10。方向为340°。墓口距地表深1.3米,墓底距地表深2.2~2.48米。墓圹南北长2.53~2.68米、东西宽1.8米、深0.9~1.18米(图一三○;彩版七○,1)。

西棺棺木已朽。棺长2.05米、宽0.48~0.62米、残高0.2米。棺内骨架保存较差,头向西北。面向、年龄、性别均不详,为仰身直肢葬。东棺保存较好,棺长1.95米、宽0.62~0.66米、残高0.5

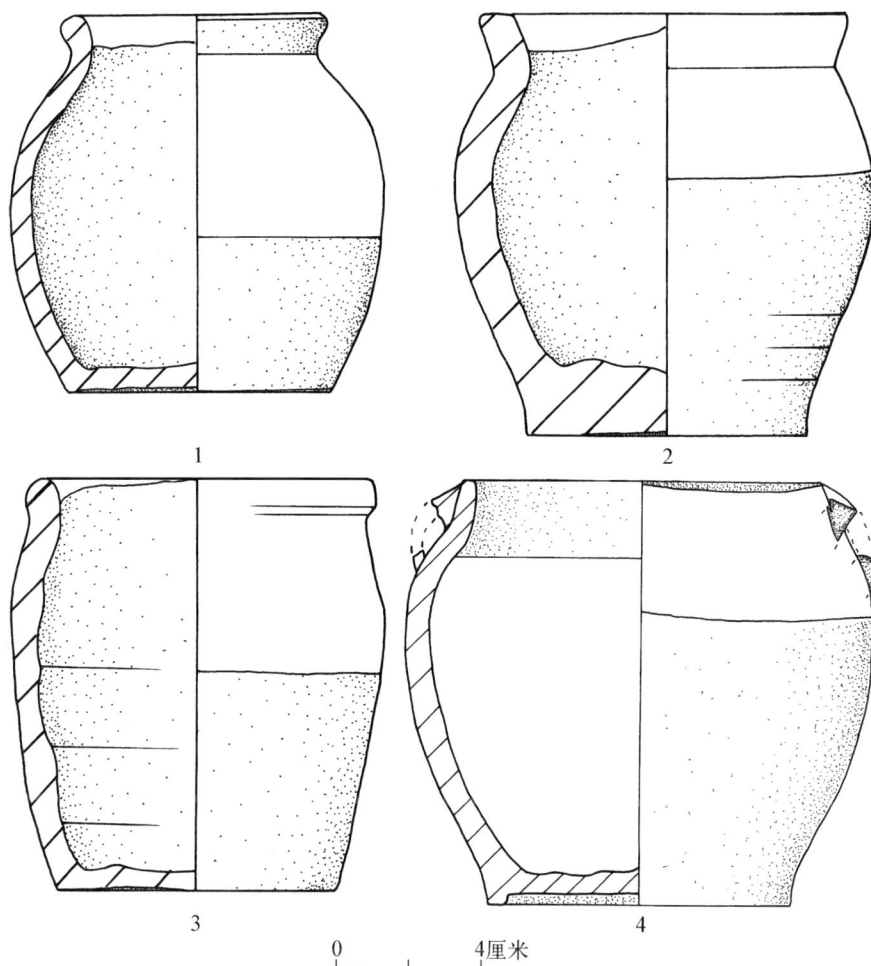

图一二八　双棺 B 型墓葬随葬半釉罐

1. M8∶2　2. M9∶2　3. M10∶2　4. M16∶2

米、厚0.09米。棺内骨架保存较差，头向西北。面向、年龄、性别均不详，为仰身直肢葬。西棺打破东棺。内填花黏土，土质较疏松。随葬品有半釉罐、铜钱。

半釉罐，1件。M9∶2，尖圆唇、敞口、短颈，溜肩，斜弧腹，腹部近低部略内收，平底略内凹。胎质较粗糙。口部至肩部施酱黄釉，釉面已脱落，其余部位露灰胎。素面。口径10.9厘米、底径8.4厘米、高12.4厘米（图一二八，2；彩版七七，4）。

顺治通宝，3枚。均模制、完整，圆形、方穿。正面有郭，铸"顺治通宝"四字，楷书，对读。标本：M9∶1-1，背面有郭，穿左为满文，右为汉字"宁"，纪局名。直径2.76厘米、穿径0.49厘米、郭厚0.19厘米（图一二九，5）。标本：M9∶1-2，背面有郭，穿左右为满文"宝泉"，纪局名。直径2.79厘米、穿径0.61厘米、郭厚0.11厘米（图一二九，4）。

康熙通宝，2枚。均模制、完整，圆形、方穿。正面有郭，铸"康熙通宝"四字，楷书，对读；背面有郭，穿左右为满文"宝泉"，纪局名。标本：M9∶1-3，直径2.79厘米、穿径0.57厘米、郭厚0.12厘米（图一二九，6）。

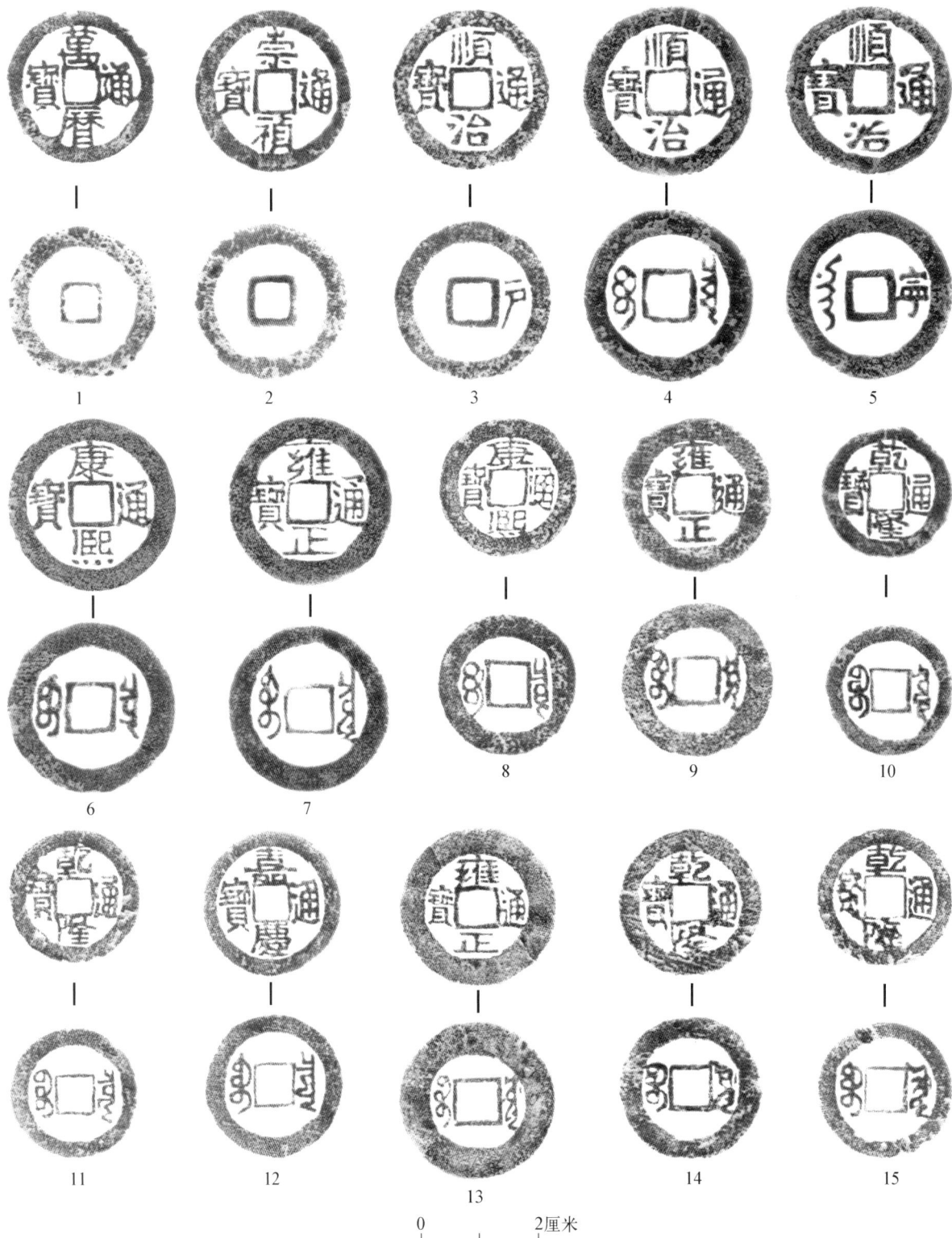

图一二九　双棺 B 型墓葬随葬铜钱

1. 万历通宝（M8：1-1）　2. 崇祯通宝（M8：1-2）　3～5. 顺治通宝（M8：1-3、M9：1-2、M9：1-1）　6、8. 康熙通宝（M9：1-3、M10：1-1）　7、9、13. 雍正通宝（M9：1-4、M10：1-2、M19：3）　10、11、14、15. 乾隆通宝（M16：1-1、M17：1-1、M19：2、M20：1-1）　12. 嘉庆通宝（M17：1-2）

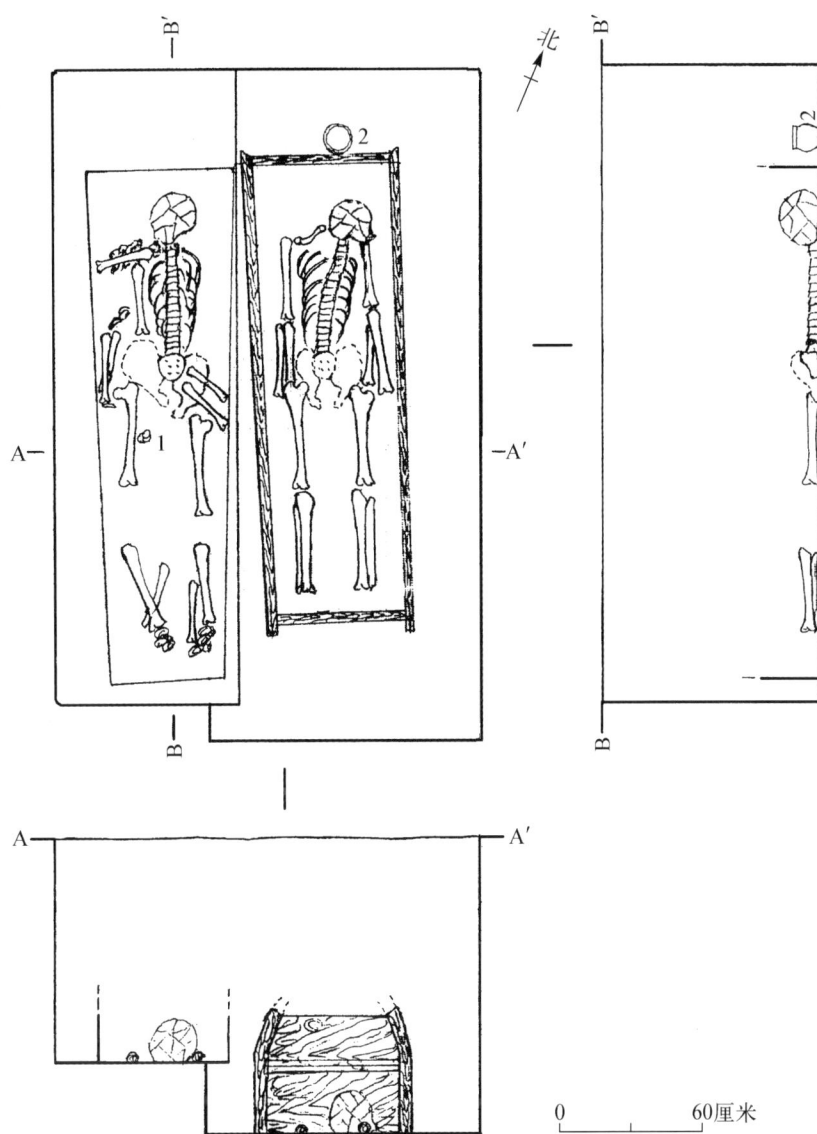

图一三〇　M9平、剖面图

1. 铜钱　2. 半釉罐

雍正通宝，3枚。均模制、完整、圆形、方穿。正面有郭，铸"雍正通宝"四字，楷书，对读；背面有郭，穿左右为满文"宝泉"，纪局名。标本：M9：1-4，直径2.75厘米、穿径0.59厘米、郭厚0.15厘米（图一二九，7）。

M10　位于发掘区中南部，南邻M18、东北邻M9。方向为355°。墓口距地表深1.4米，墓底距地表深2.3～2.4米。墓圹南北长2.74～2.9米、东西宽1.78～2.52米、深0.9～1米（图一三一；彩版七〇，2）。

西棺保存较好。棺长1.9米、宽0.64～0.8米、残高0.3米、厚0.12米。棺内骨架保存较差，头向北，面向不详，为老年女性，仰身直肢葬。东棺棺木已朽。棺长1.7米、宽0.6～0.72米、残高0.2

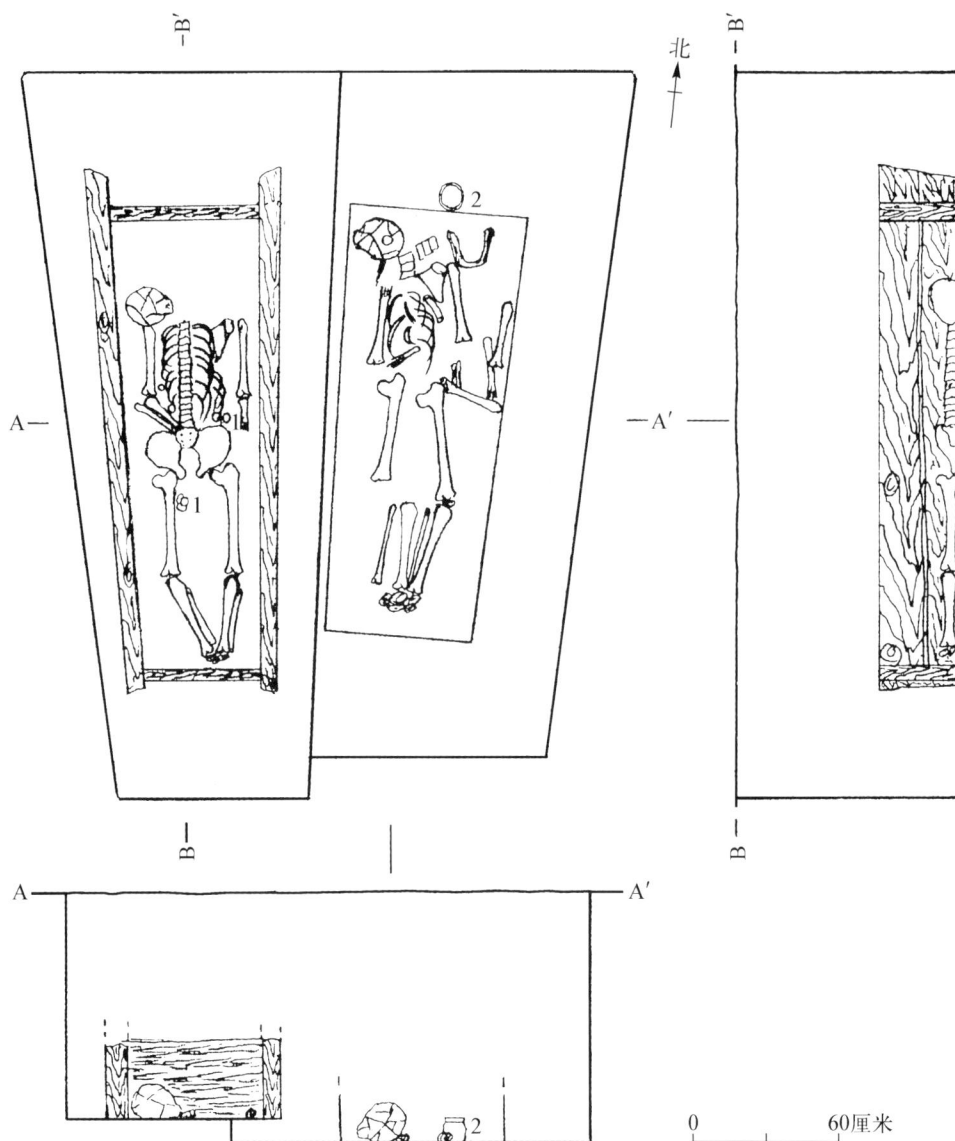

图一三一　M10平、剖面图

1. 铜钱　2. 半釉罐

米。棺内骨架保存较差，头向北，面向不详，为老年男性，仰身直肢葬。西棺打破东棺。内填花黏土，土质较疏松。随葬品有半釉罐、铜钱。

半釉罐，1件。M10：2，方圆唇、敞口，短颈，溜肩，斜弧腹，腹部近底部略收，平底略内凹。胎质较粗糙。口部至肩部施酱黄釉，釉面已脱落，其余部位露灰胎。素面。口径9.8厘米、肩径10.2厘米、底径8.4厘米、高12厘米（图一二八，3；彩版七七，5）。

康熙通宝，4枚。均模制、完整，圆形、方穿。正面有郭，铸"康熙通宝"四字，楷书，对读；背面有郭，穿左右为满文"宝泉"，纪局名。标本：M10：1-1，直径2.36厘米、穿径0.54厘米、郭厚0.11厘米（图一二九，8）。

雍正通宝，2枚。均模制、完整，圆形、方穿。正面有郭，铸"雍正通宝"四字，楷书，对读；背面有郭，穿左右为满文"宝泉"，纪局名。标本：M10：1-2，直径2.75厘米、穿径0.59厘米、郭厚0.15厘米（图一二九，9）。

其余4枚，均锈蚀严重，字迹模糊不可辨认。

M16　位于发掘区中南部，北邻M15、南邻M17。方向为355°。墓口距地表深1.4米，墓底距地表深2米。墓圹南北长1.92～2.4米、东西宽1.2～1.66米、深0.6米（图一三二；彩版七一，1）。

棺木已朽。西棺长1.97米、宽0.43～0.6米、残高0.2米。棺内骨架保存较好，头向北，面向下，为老年女性，仰身直肢葬。东棺长1.96米、宽0.5～0.6米、残高0.2米。棺内骨架保存较好，头向北，面向上，为老年男性，仰身直肢葬。东棺打破西棺。内填花黏土，土质较疏松。随葬品有半釉罐、铜钱。

半釉罐，1件。M16：2，圆唇、直口、短颈，溜肩，斜弧腹，腹部近底部略内收，平底略内凹。口外至肩部饰双系，已残。胎质较粗糙。口沿下部至肩部施酱釉，其余部位露灰胎。素面。口径10.5厘米、肩径12.6厘米、底径9.1厘米、高12.5厘米（图一二八，4；彩版七七，6）。

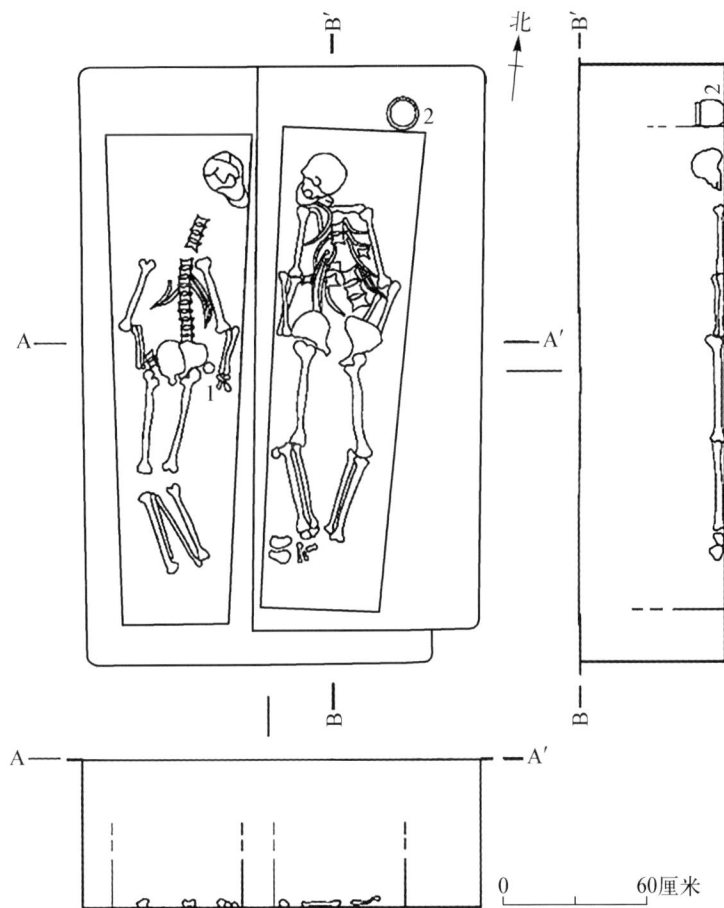

图一三二　M16平、剖面图

1. 铜钱　2. 半釉罐

　　乾隆通宝,2枚。均模制、完整,圆形、方穿。正面有郭,铸"乾隆通宝"四字,楷书,对读;背面有郭,穿左右为满文"宝泉",纪局名。标本:M16:1-1,直径2.28厘米、穿径0.51厘米、郭厚0.16厘米(图一二九,10)。

　　M17　位于发掘区中南部,北邻M16。方向为350°。墓口距地表深1.3米,墓底距地表深1.95米。墓圹南北长2.4～2.54米、东西宽1.56～1.6米、深0.65米(图一三三;彩版七一,2)。

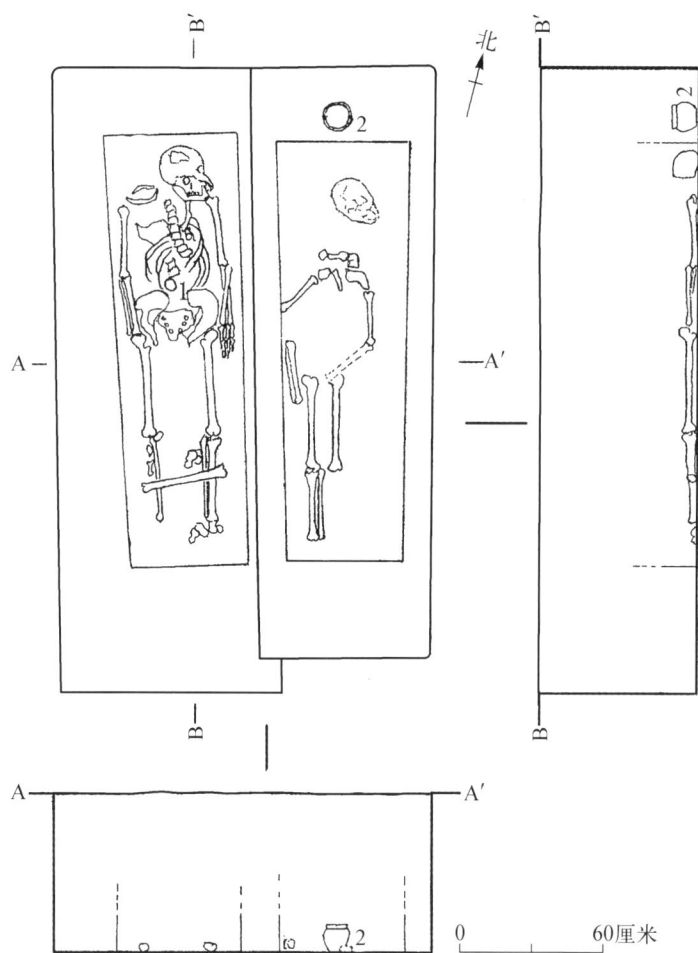

图一三三　M17平、剖面图

1. 铜钱　2. 半釉罐

　　棺木已朽。西棺长1.75米,宽0.48～0.56米、残高0.15米。棺内骨架保存较好,头向西北,面向东,为老年男性,仰身直肢葬。东棺长1.7米,宽0.48～0.56米、残高0.15米。棺内骨架保存较差,头向西北,面向不详,为老年女性,仰身直肢葬。东棺打破西棺。内填花黏土,土质较疏松。随葬品有半釉罐、铜钱。

　　半釉罐,1件。M17:2,圆唇、直口、短颈、溜肩、斜弧腹,腹部近底部略内收,矮圈足。肩部左右两侧饰桥形双系。胎质较粗糙。口部至肩部施酱黄釉,其余部位露灰胎。内壁腹部有三道凹弦纹。素面。口径7.8厘米、肩径10.6厘米、底径6.2厘米、高9.7厘米(图一三四,1;彩版七八,1)。

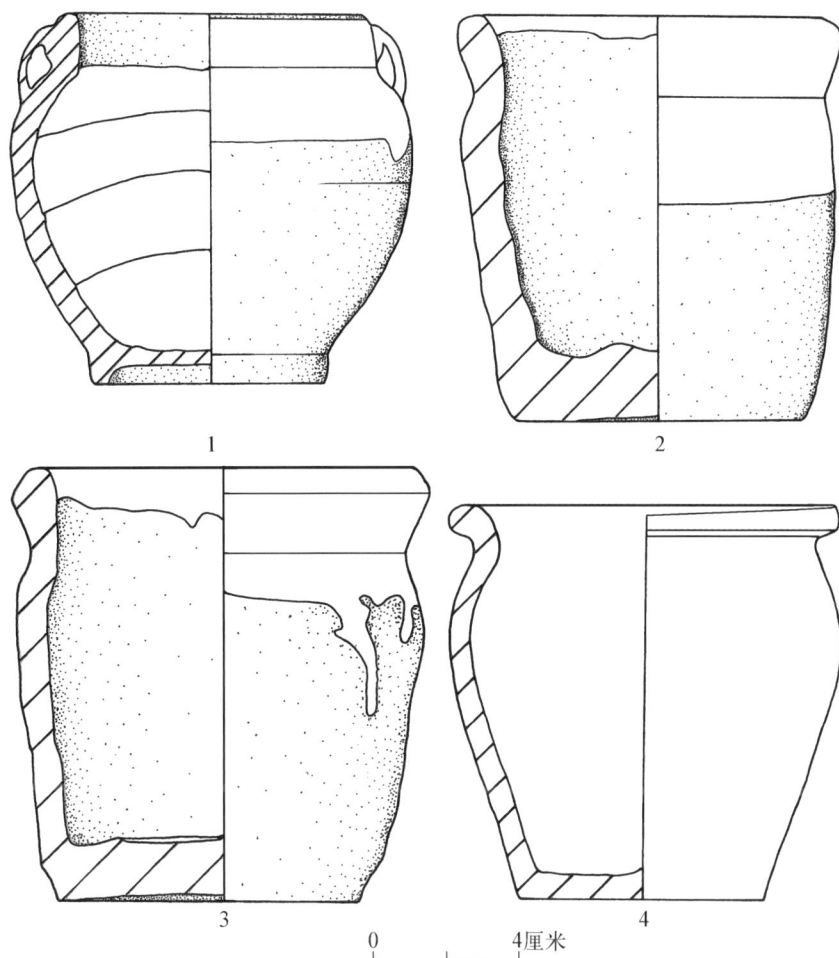

图一三四　双棺B型墓葬随葬器物（一）

1～3.半釉罐（M17：2、M19：4、M19：6）　4.红陶罐（M20：3）

乾隆通宝，2枚。均模制、完整、圆形、方穿。正面有郭，铸"乾隆通宝"四字，楷书，对读；背面有郭，穿左右为满文"宝泉"，纪局名。标本：M17：1-1，直径2.31厘米、穿径0.52厘米、郭厚0.16厘米（图一二九，11）。

嘉庆通宝，2枚。均模制、完整、圆形、方穿。正面有郭，铸"嘉庆通宝"四字，楷书，对读；背面有郭，穿左右为满文"宝泉"，纪局名。标本：M17：1-2，直径2.46厘米、穿径0.57厘米、郭厚0.11厘米（图一二九，12）。

M19　位于发掘区中南部，北邻M18。方向为3°。墓口距地表深1.5米，墓底距地表深2.1～2.3米。墓圹南北长2.2～2.4米、东西宽1.54～1.85米、深0.6～0.8米（图一三五；彩版七一，3）。

棺木已朽。东棺长1.8米、宽0.44～0.56米、残高0.15米。骨架保存较好，头向北，面向东，为老年男性，仰身直肢葬。西棺长1.72米、宽0.54～0.7米、残高0.2米。骨架保存较好，头向北，面向下，为老年女性，仰身直肢葬。东棺打破西棺。内填花黏土，土质较疏松。随葬品有银簪、半釉罐、瓷碗、铜钱。

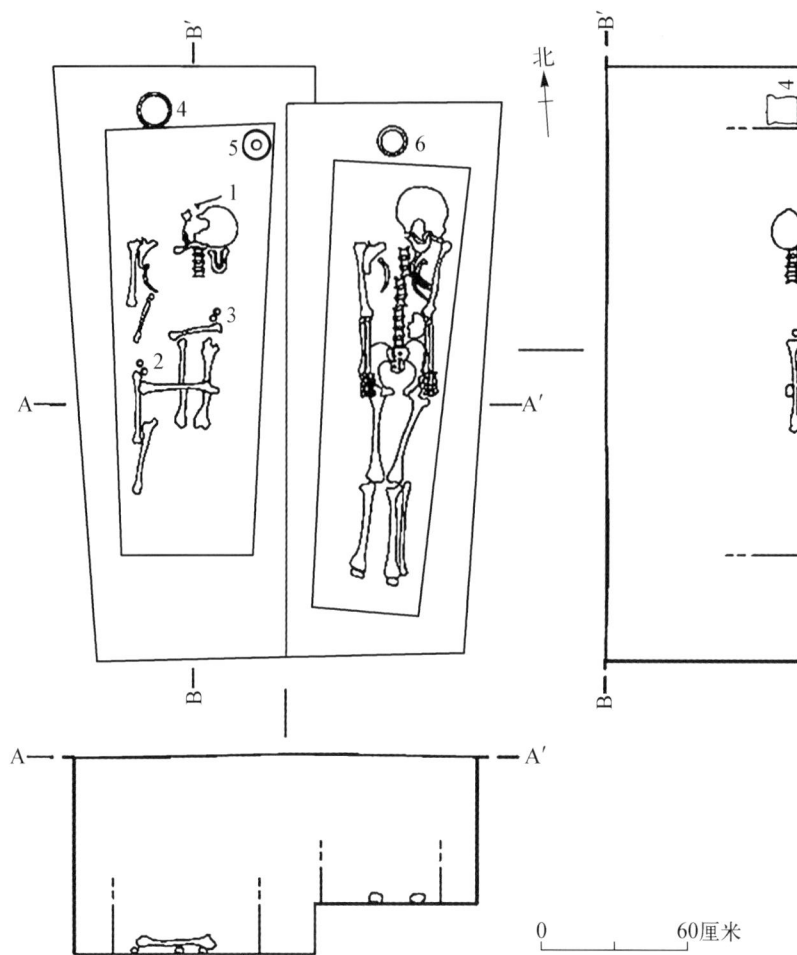

图一三五　M19平、剖面图

1.银簪　2、3.铜钱　4、6.半釉罐　5.瓷碗

　　银簪,1件。M19:1,首为铜丝缠绕而成的六面形禅杖,下套铜环,顶部呈葫芦状,首与颈部衔接有细箍。体细直,为锥形。首高4厘米、首宽2厘米、残长9.2厘米(图一三六,2;彩版七八,2)。

　　半釉罐,2件。M19:4,圆唇、敞口,短束颈,斜直腹,平底略内凹。胎质较粗糙。口部至肩部施酱釉,釉面已脱落,其余部位露灰胎。素面。口径9.4厘米、肩径9.2厘米、底径8.9厘米、高10.6厘米(图一三四,2;彩版七八,3)。M19:6,厚圆唇、侈口,短束颈,直肩,直腹,平底略内凹。口部至肩部施酱釉,釉面已脱落,其余部位露灰胎。素面。口径10.3厘米、肩径10.1厘米、底径8厘米、高11.4厘米(图一三四,3;彩版七八,4)。

　　青花瓷碗,1件。M19:5,尖圆唇、敞口,弧腹斜收,矮圈足。胎质较细。外壁绘梵文及宝童骑龙,内壁绘宝童骑龙。底部露灰胎,圈足未施釉。口径14.5厘米、底径6.9厘米、高7.7厘米(图一三六,1;彩版七八,5、6)。

　　雍正通宝,1枚。M19:3,模制、完整,圆形、方穿。正面有郭,铸"雍正通宝"四字,楷书,对读;背面有郭,穿左右为满文"宝源",纪局名。直径2.61厘米、穿径0.58厘米、郭厚0.19厘米(图

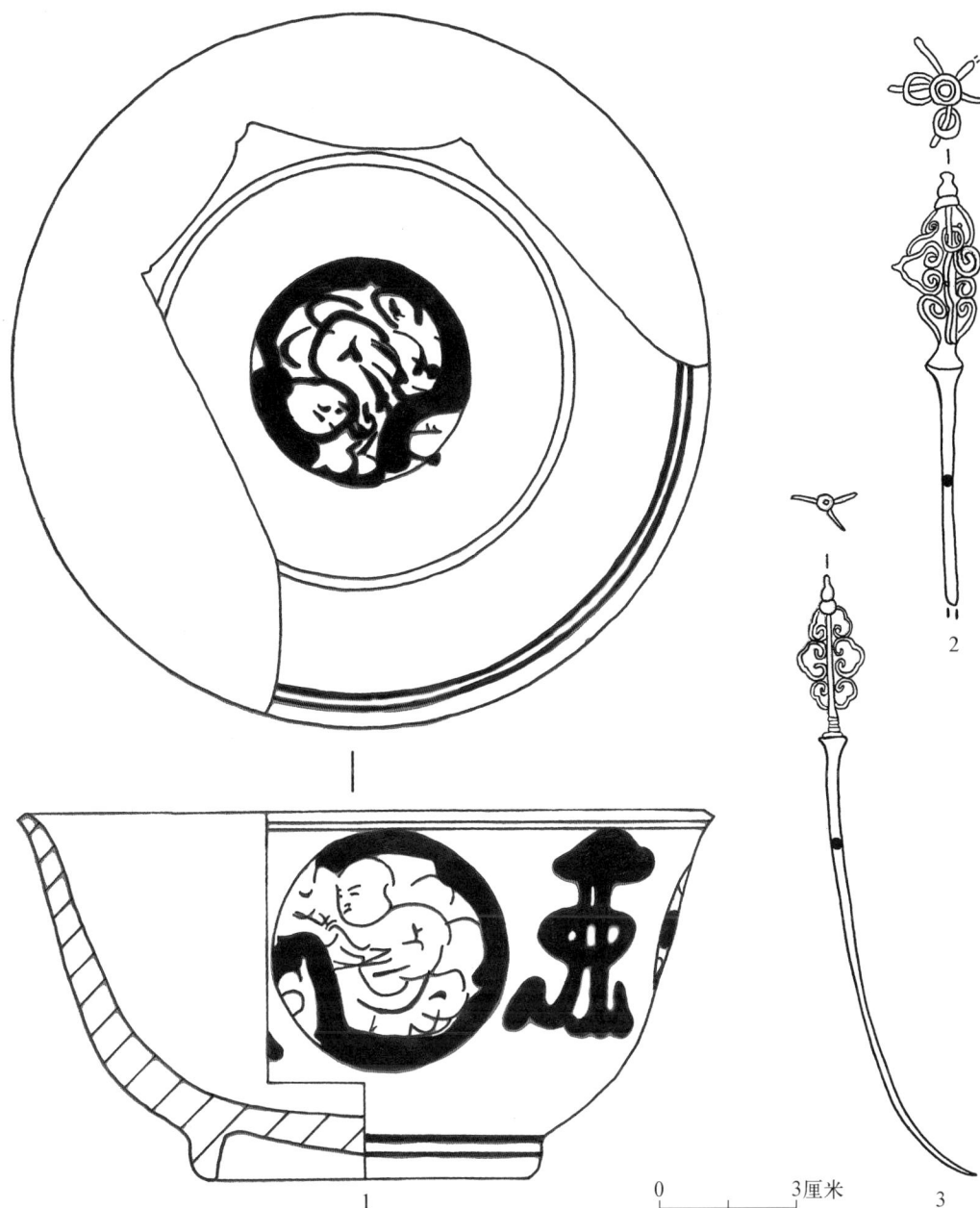

图一三六　双棺B型墓葬随葬器物（二）

1. 青花瓷碗（M19：5）　2. 银簪（M19：1）　3. 铜簪（M20：2）

一二九,13）。

乾隆通宝,1枚。M19：2,模制、完整,圆形、方穿。正面有郭,铸"乾隆通宝"四字,楷书,对读；背面有郭,穿左右为满文"宝源",纪局名。直径2.51厘米、穿径0.58厘米、郭厚0.15厘米（图一二九,14）。

M20　位于发掘区中南部,北邻M19。方向为0°。墓口距地表深1.3米,墓底距地表深1.7~2.1米。墓圹南北长2.54~2.58米、东西宽1.3~1.4米、深0.4~0.8米（图一三七；彩版七二,1）。

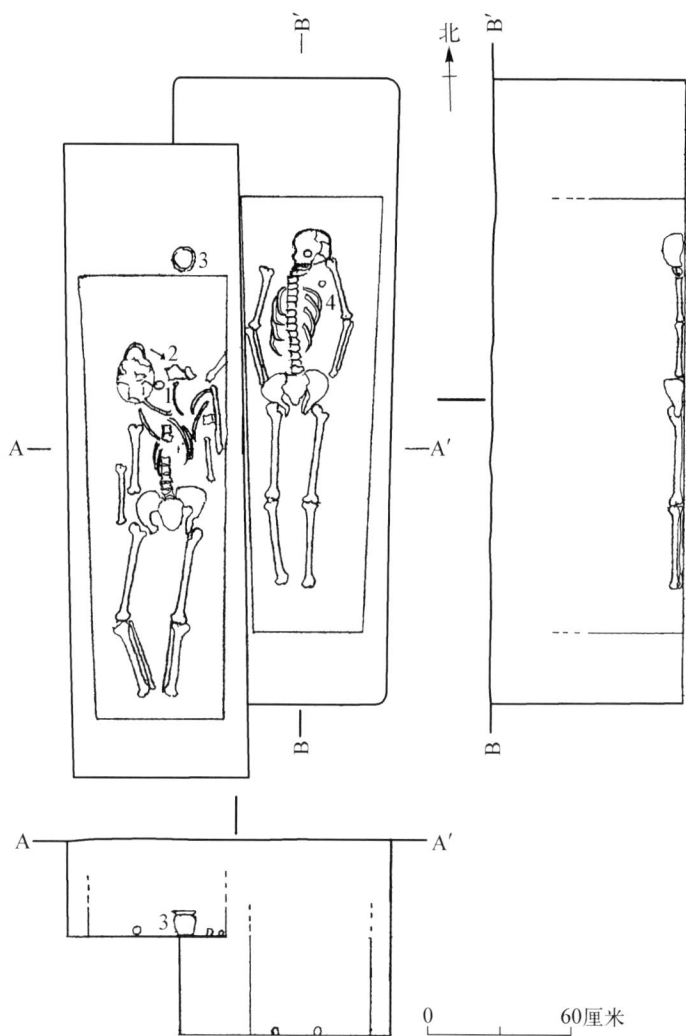

图一三七　M20平、剖面图

1、4.铜钱　2.铜簪　3.陶罐

　　棺木已朽。西棺长1.8米、宽0.54～0.6米、残高0.12米。棺内骨架保存较差,头向西北,面向不详,为老年女性,仰身直肢葬。东棺长1.78米、宽0.45～0.6米、残高0.4米。棺内骨架保存较差,头向西北,面向西,为老年男性,仰身直肢葬。西棺打破东棺。内填花黏土,土质较疏松。随葬品有陶罐、铜簪、铜钱。

　　铜簪,1件。M20:2,首为铜丝缠绕而成的三面形禅杖,下套铜环,顶部呈葫芦状,与颈部衔接处有细箍。体细直,为锥形。首高3.1厘米、首宽1.4厘米、残长14厘米(图一三六,3;彩版七九,1)。

　　红陶罐,1件。M20:3,泥质红陶。圆唇、敞口,卷沿,短束颈,溜肩,斜弧腹内收,平底略内凹。胎质较粗糙。素面。轮制。口径10厘米、肩径10.6厘米、底径6.5厘米、高10～10.3厘米(图一三四,4;彩版七九,2)。

　　乾隆通宝,2枚。均模制、完整,圆形、方穿。正面有郭,铸"乾隆通宝"四字,楷书,对读;背面有郭,穿左右为满文"宝源",纪局名。标本:M20:1-1,直径2.34厘米、穿径0.55厘米、郭厚

0.14厘米(图一二九,15)。

M22　位于发掘区中南部,北邻M21。方向为350°。墓口距地表深1.5米,墓底距地表深2.7米。墓圹南北长2.62~2.72米、东西宽1.92米、深1.2米(图一三八;彩版七二,2)。

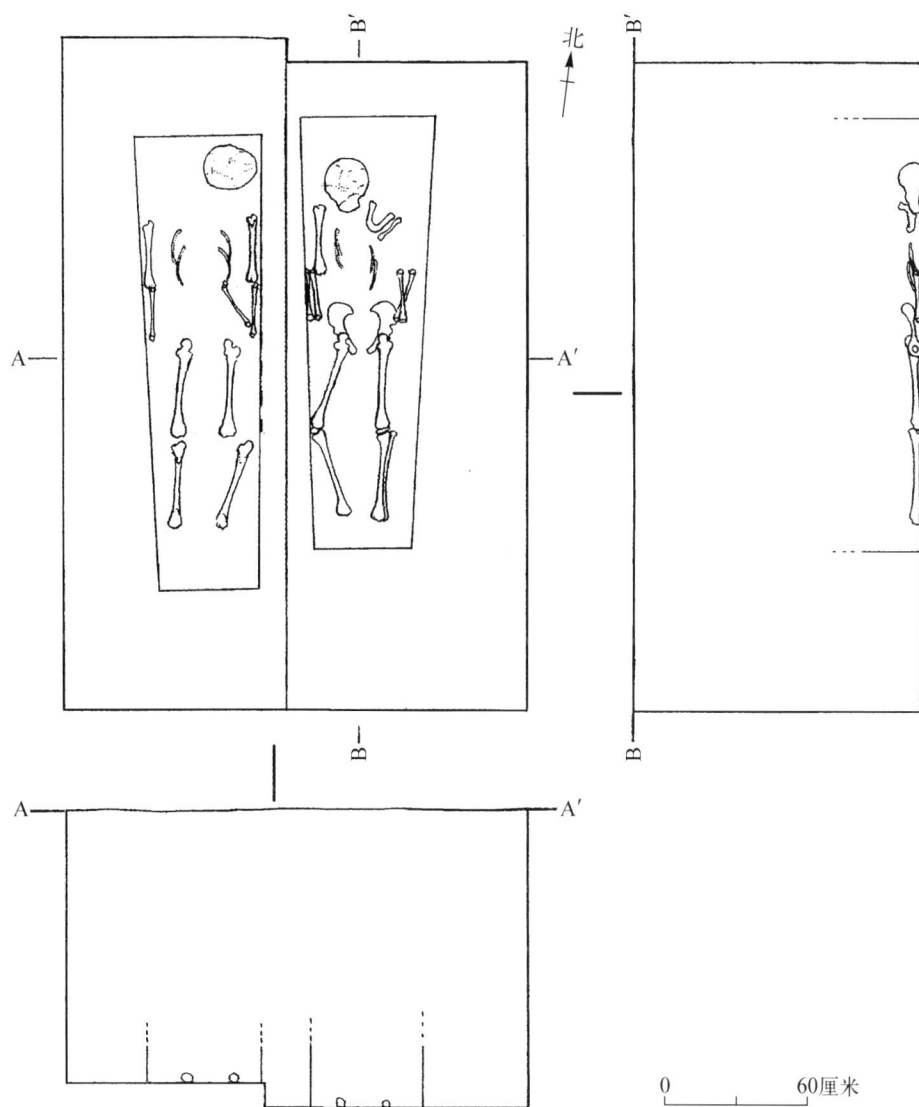

图一三八　M22平、剖面图

棺木已朽。西棺长1.84米、宽0.4~0.52米、残高0.15米。棺内骨架保存一般,头向北,面向不详,为老年女性,仰身直肢葬。东棺长1.76米、宽0.4~0.56米、残高0.25米。棺内骨架保存一般,头向北,面向不详,为老年男性,仰身直肢葬。西棺打破东棺。内填花黏土,土质较疏松。未发现随葬品。

(三)三棺墓

共6座:M4、M12~M14、M18、M21。平面均呈不规则形。

M4　位于发掘区中西部,西北邻M3。方向为355°。墓口距地表深1.7米,墓底距地表深2.2米。墓圹南北长2.59～3.05米、东西宽2.26～2.44米、深0.5米(图一三九;彩版七三,1)。

图一三九　M4平、剖面图
1. 铜钱　2. 骨簪　3. 半釉罐

棺木已朽。西棺长1.91米、宽0.55～0.67米、残高0.2米。棺内骨架保存较差,头向北,面向东,为老年男性,仰身直肢葬。中棺长1.86米、宽0.54～0.74米、残高0.2米。棺内骨架保存较差,头向北,面向、葬式均不详,为老年女性。东棺长1.88米、宽0.48～0.56米、残高0.2米。棺内骨架保存较差,头向北,面向不详,为老年女性,仰身直肢葬。西棺打破中棺,中棺打破东棺。内填花黏土,土质较疏松。随葬品有铜钱、半釉罐、骨簪。

骨簪,1件。M4:2,首呈圆饼状,体细直,为锥形。素面。长12.9厘米、宽0.3～0.7厘米(图一四〇,3;彩版七九,3)。

半釉罐,1件。M4:3,方圆唇、敞口,短颈,溜肩,斜弧腹,平底略内凹。胎质较粗糙。口部至

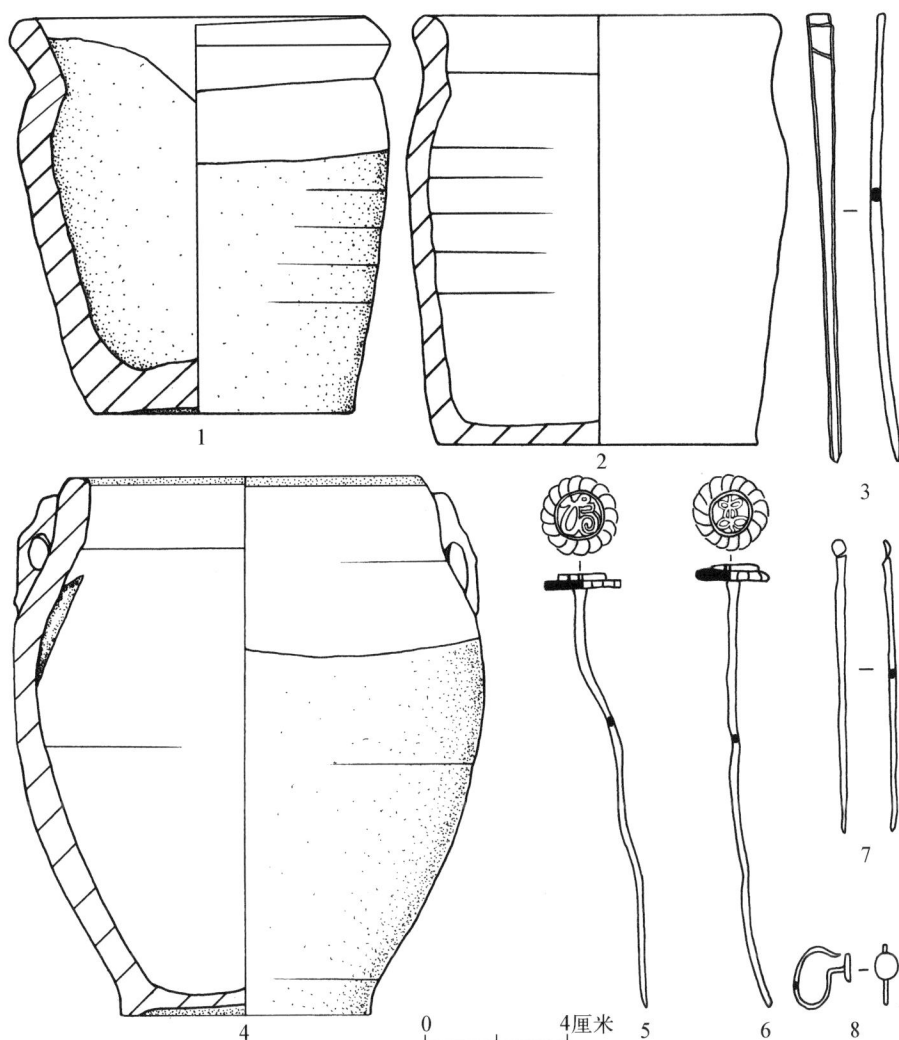

图一四〇　三棺墓葬随葬器物

1、4.半釉罐（M4：3、M21：3）　2.红陶罐（M14：6）　3.骨簪（M4：2）　5、6.铜簪（M14：4、M14：5）
7.铜耳勺（M12：2）　8.银耳钉（M21：2）

肩部施绿釉，釉面已脱落，其余部位露灰胎。素面。口径10.4厘米、肩径9.8厘米、底径7.6厘米、高11.5厘米（图一四〇，1；彩版七九，4）。

顺治通宝，2枚。模制、完整、圆形、方穿。正面有郭，铸"顺治通宝"四字，楷书，对读；背面有郭，穿右侧为汉字"户"，纪局名。标本：M4：1-1，直径2.64厘米、穿径0.59厘米、郭厚0.12厘米（图一四一，1）。

其余4枚，均锈蚀严重，字迹模糊不可辨认。

M12　位于发掘区中南部，南邻M13。方向为5°。墓口距地表深1.5米，墓底距地表深1.9～2.2米。墓圹南北长2.5～2.75米、东西宽2.14～2.64米、深0.4～0.7米（图一四二；彩版七三，2）。

棺木已朽。东棺长1.9米、宽0.48～0.6米、残高0.15米。棺内骨架保存较好，头向北，面向西，为老年女性，仰身直肢葬。中棺长1.9米、宽0.46～0.6米、残高0.4米。棺内骨架保存较好，头

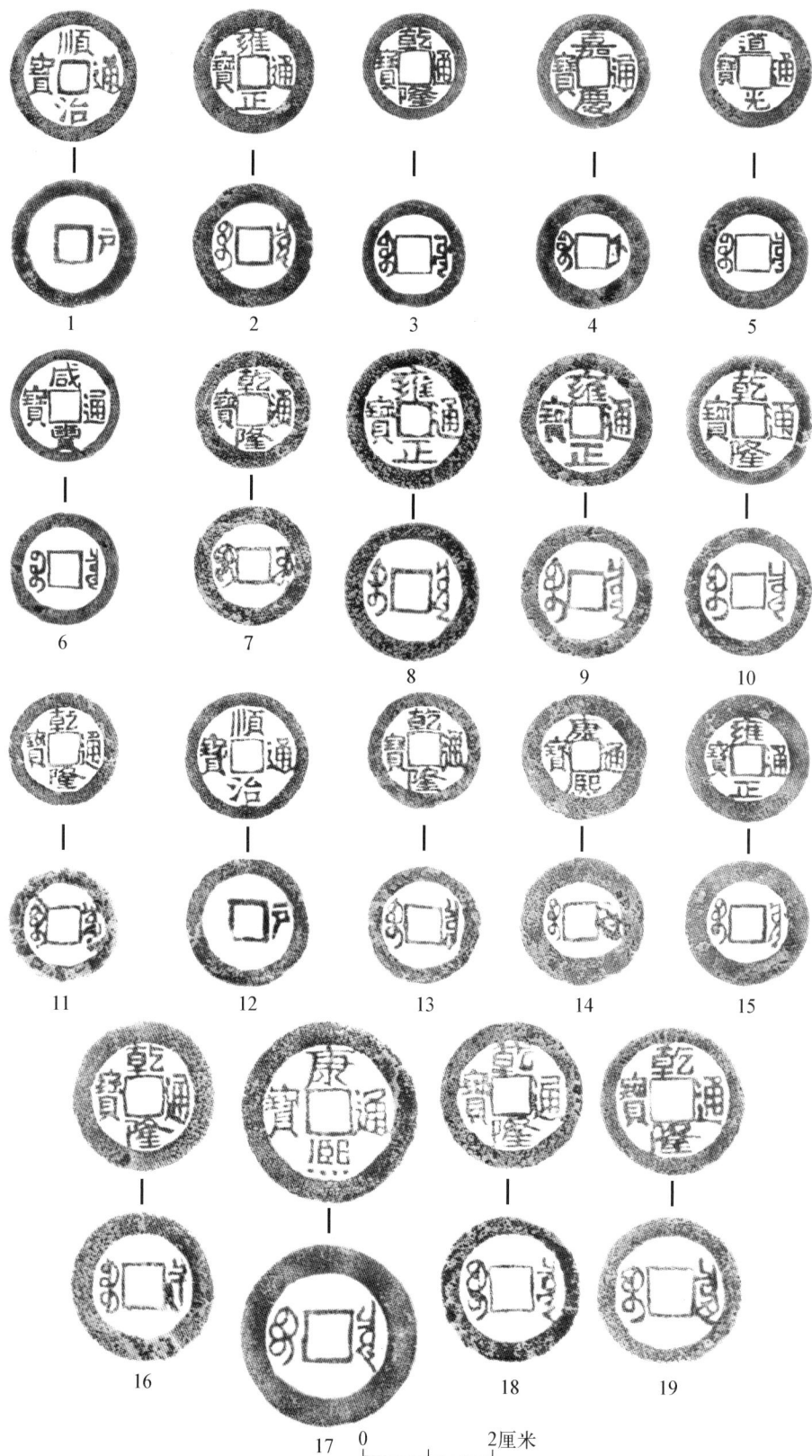

图一四一 三棺墓葬随葬铜钱

1、12.顺治通宝（M4：1-1、M14：2） 2、8、9、15.雍正通宝（M12：1-1、M13：2-1、M13：3-1、M18：1-2）

3、7、10、11、13、16、18、19.乾隆通宝（M12：3-1、M13：1、M13：3-2、M14：1、M14：3、M18：1-3、M21：1-1、M21：4-1）

4.嘉庆通宝（M12：3-2） 5.道光通宝（M12：3-3） 6.咸丰通宝（M12：3-4） 14、17.康熙通宝（M18：1-1、M18：2）

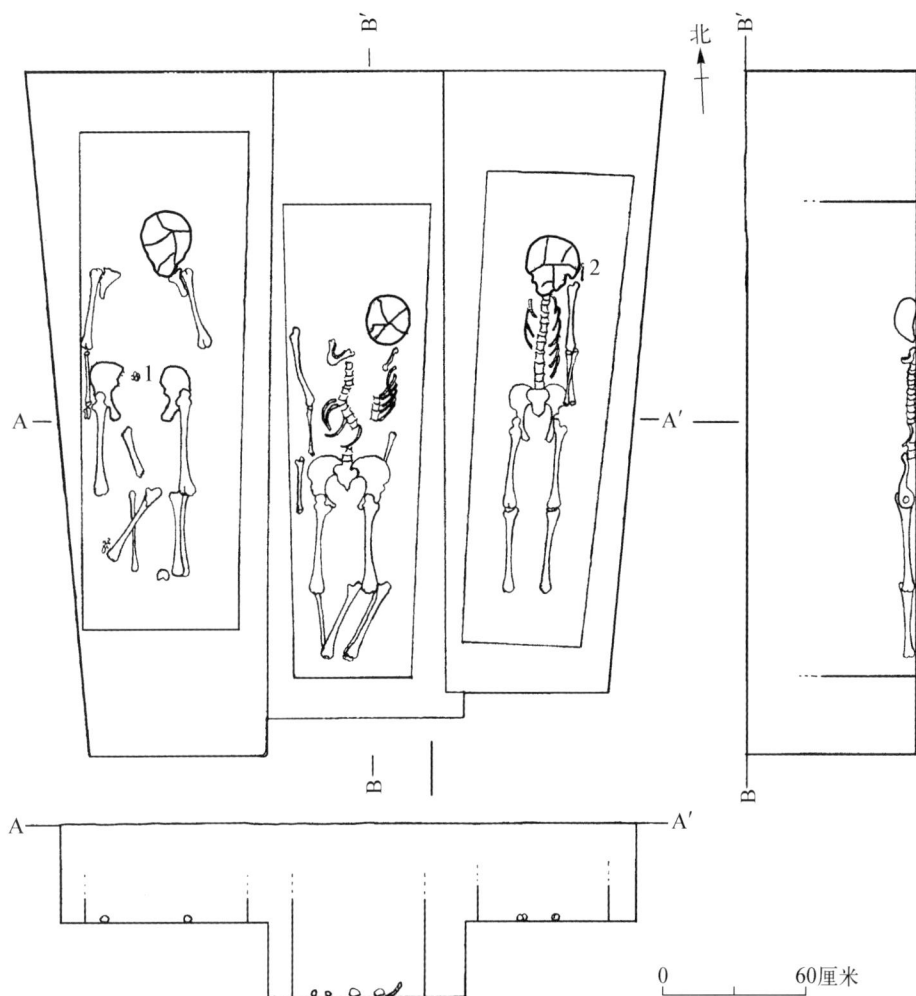

图一四二　M12平、剖面图

1. 铜钱　2. 铜耳勺

向北，面向不详，为老年男性，仰身直肢葬。西棺长2米、宽0.65～0.7米、残高0.1米。棺内骨架保存较差，头向北，面向上，为老年女性，仰身直肢葬。东、西棺打破中棺。内填花黏土，土质较疏松。随葬品有铜耳勺、铜钱。

铜耳勺，1件。M12：2，首作耳挖形，颈扁圆。体细直，为锥形。首高0.36厘米、通长8.1厘米（图一四○，7；彩版七九，5）。

雍正通宝，6枚。均模制、完整、圆形、方穿。正面有郭，铸"雍正通宝"四字，楷书，对读；背面有郭，穿左右为满文"宝泉"，纪局名。标本：M12：1-1，直径2.54厘米、穿径0.52厘米、郭厚0.15厘米（图一四一，2）。

乾隆通宝，1枚。M12：3-1，模制、完整、圆形、方穿。正面有郭，铸"乾隆通宝"四字，楷书，对读；背面有郭，穿左右为满文"宝源"，纪局名。直径2.2厘米、穿径0.57厘米、郭厚0.14厘米（图一四一，3）。

嘉庆通宝，1枚。M12：3-2，模制、完整、圆形、方穿。正面有郭，铸"嘉庆通宝"四字，楷书，对读；背面有郭，穿左右为满文"宝浙"，纪局名。直径2.35厘米、穿径0.52厘米、郭厚0.15厘米（图一四一，4）。

　　道光通宝,1枚。M12:3-3,模制、完整、圆形、方穿。正面有郭,铸"道光通宝"四字,楷书,对读;背面有郭,穿左右为满文"宝泉",纪局名。直径2.36厘米、穿径0.56厘米、郭厚0.14厘米(图一四一,5)。

　　咸丰通宝,1枚。M12:3-4,模制、完整、圆形、方穿。正面有郭,铸"咸丰通宝"四字,楷书,对读;背面有郭,穿左右为满文"宝泉",纪局名。直径2.36厘米、穿径0.57厘米、郭厚0.15厘米(图一四一,6)。

　　其余2枚,均锈蚀严重,字迹模糊不可辨认。

　　M13　位于发掘区中南部,北邻M12、南邻M14。方向为357°。墓口距地表深1.4米,墓底距地表深2.2米。墓圹南北长2.44~2.5米,东西宽2.5~2.6米、深0.8米(图一四三;彩版七四,1)。

　　西棺保存一般。棺长1.8米、宽0.48~0.6米、残高0.2米、厚0.08米。棺内骨架保存较差,头向北,面向不详,为老年男性,仰身直肢葬。中棺棺木已朽。棺长1.76米、宽0.48~0.6米、残高0.2米。棺内骨架保存较差,头向北,面向西,为老年女性,仰身直肢葬。东棺棺木已朽。棺长2米、宽

图一四三　M13平、剖面图

1~3.铜钱

0.56～0.62米、残高0.2米。棺内骨架保存较差,头向北,面向南,为老年女性,仰身屈肢葬。中棺打破西棺,东棺打破中棺。内填花黏土,土质较疏松。随葬品有铜钱。

雍正通宝,3枚。均模制、完整、圆形、方穿。正面有郭,铸"雍正通宝"四字,楷书,对读;背面有郭,穿左右为满文"宝泉",纪局名。标本:M13:2-1,直径2.69厘米、穿径0.52厘米、郭厚0.12厘米(图一四一,8)。标本:M13:3-1,直径2.65厘米、穿径0.51厘米、郭厚0.15厘米(图一四一,9)。

乾隆通宝,3枚。均模制、完整、圆形、方穿。正面有郭,铸"乾隆通宝"四字,楷书,对读。标本:M13:1,背面有郭,穿左右为满文"宝源",纪局名。直径2.49厘米、穿径0.56厘米、郭厚0.12厘米(图一四一,7)。标本:M13:3-2,背面有郭,穿左右为满文"宝泉",纪局名。直径2.56厘米、穿径0.52厘米、郭厚0.12厘米(图一四一,10)。

M14　位于发掘区中南部,北邻M13。方向为355°。墓口距地表深1.5米,墓底距地表深2.4～2.5米。墓圹南北长2.5～2.6米、东西宽2.3～2.4米、深0.9～1米(图一四四;彩版七四,2)。

图一四四　M14平、剖面图

1～3.铜钱　4、5.银簪　6.陶罐

棺木已朽。东棺长1.9米、宽0.5～0.58米、残高0.3米。棺内骨架保存较好,头向北,面向西,为老年女性,仰身直肢葬。中棺长1.86米、宽0.48～0.7米、残高0.4米。棺内骨架保存较好,头向北,面向西,为老年女性,仰身直肢葬。西棺长1.8米、宽0.42～0.52米、残高0.3米。棺内骨架保存较好,头向西北,面向上,为老年男性,仰身直肢葬。东、西棺打破中棺。内填花黏土,土质较疏松。随葬品有银簪、陶罐、铜钱。

银簪,2件。首为葵花形,截面为凸字形,中间为圆形凸起,内铸"福"字,底托为葵花形。体细直,为锥形。M14：4,首宽2.2厘米、首高0.36厘米、通长12.7厘米(图一四〇,5;彩版七九,6)。M14：5,首上錾刻花蕊形饰。首宽2.2厘米、首高0.37厘米、通长12.7厘米(图一四〇,6;彩版八〇,1)。

红陶罐,1件。M14：6,泥质红陶,圆唇、敞口、短颈、溜肩、斜弧腹、平底。胎质较粗糙。外表有轮旋痕迹。素面。口径10.2厘米、肩径10.6厘米、底径9.5厘米、高12.5厘米(图一四〇,2;彩版八〇,2)。

顺治通宝,1枚。M14：2。模制、完整、圆形、方穿。正面有郭,铸"顺治通宝"四字,楷书,对读;背面有郭,穿右侧为汉字"户",纪局名。直径2.6厘米、穿径0.58厘米、郭厚0.12厘米(图一四一,12)。

乾隆通宝,2枚。均模制、完整、圆形、方穿。正面有郭,铸"乾隆通宝"四字,楷书,对读;背面有郭,穿左右为满文"宝泉",纪局名。M14：1,直径2.35厘米、穿径0.58厘米、郭厚0.14厘米(图一四一,11)。M14：3,直径2.35厘米、穿径0.56厘米、郭厚0.12厘米(图一四一,13)。

M18　位于发掘区中南部,北邻M10。方向为358°。墓口距地表深1.5米,墓底距地表深2.5～2.6米。墓圹南北长2.8～3.44米、东西宽2.7～3.04米、深1～1.1米(图一四五;彩版七五,1)。

东棺棺木已朽。棺长1.95米、宽0.58～0.62米、残高0.2米。棺内骨架保存较好,头向北,面向不详,为老年女性,仰身直肢葬。中棺保存较好。棺长2米、宽0.46～0.54米、残高0.23米。棺内骨架保存较好,头向北,面向不详,为老年男性,仰身直肢葬。西棺棺木已朽。棺长2米、宽0.7～0.85米、残高0.3米。棺内骨架保存较好,头向北,面向不详。墓主人为老年女性,仰身直肢葬。东棺打破中棺,中棺打破西棺。内填花黏土,土质较疏松。随葬品有铜钱。

康熙通宝,3枚。均模制、完整、圆形、方穿。正面有郭,铸"康熙通宝"四字,楷书,对读;背面有郭,字迹模糊,纪局名。标本：M18：1-1,直径2.61厘米、穿径0.55厘米、郭厚0.12厘米(图一四一,14)。标本：M18：2,背面有郭,穿左右为满文"宝泉",纪局名。直径2.84厘米、穿径0.59厘米、郭厚0.12厘米(图一四一,17)。

雍正通宝,1枚。M18：1-2,模制、完整、圆形、方穿。正面有郭,铸"雍正通宝"四字,楷书,对读;背面有郭,穿左右为满文"宝源",纪局名。直径2.59厘米、穿径0.56厘米、郭厚0.15厘米(图一四一,15)。

乾隆通宝,2枚。均模制、完整、圆形、方穿。正面有郭,铸"乾隆通宝"四字,楷书,对读;背面有郭,穿左右为满文"宝泉",纪局名。标本：M18：1-3,直径2.4厘米、穿径0.54厘米、郭厚0.12厘米(图一四一,16)。

图一四五　M18平、剖面图

1、2.铜钱

M21　位于发掘区中南部，南邻M22。方向为0°。墓口距地表深1.3米，墓底距地表深2.1～3.13米。墓圹南北长2.3～2.6米、东西宽2.2米、深0.8～1.03米（图一四六；彩版七五，2）。

棺木已朽。东棺长1.82米、宽0.4～0.6米、残高0.15米。棺内骨架保存较差，头向北，面向不详，为老年男性，仰身直肢葬。中棺长1.8米、宽0.52～0.6米、残高0.15米。棺内骨架保存较差，头向北，面向不详，为老年女性，仰身屈肢葬。西棺长1.91米、宽0.43～0.58米、残高0.15米。棺

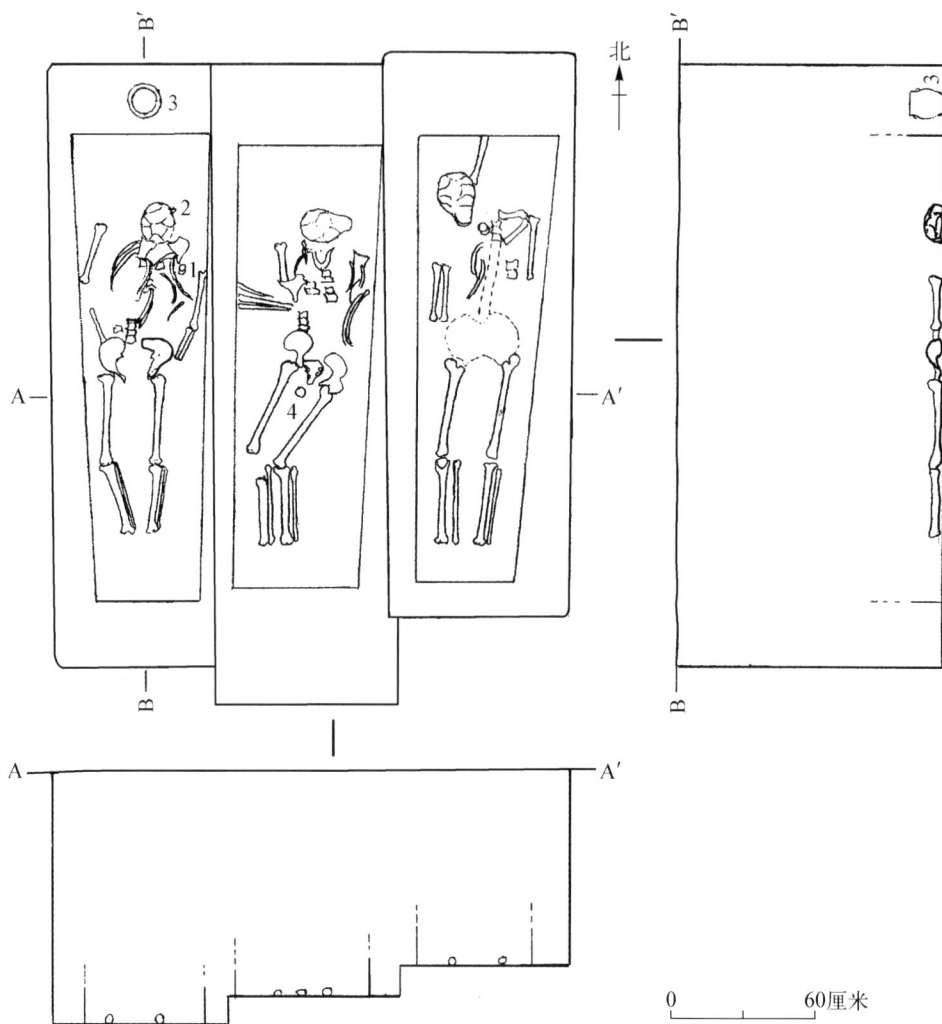

图一四六　M21平、剖面图

1、4.铜钱　2.银耳钉　3.半釉罐

内骨架保存较差,头向北,面向不详,为老年女性,仰身直肢葬。东棺打破中棺,中棺打破西棺。内填花黏土,土质较疏松。随葬品有银耳钉、半釉罐、铜钱。

银耳钉,1件。M21:2,整体呈"S"形,钉面为圆饼状,一端尖细。钉面直径0.72厘米、通长4.5厘米(图一四〇,8;彩版八〇,3)。

半釉罐,1件。M21:3,圆唇、直口、短颈、溜肩,斜弧腹内收,平底略内凹。肩部左右两侧饰桥形双系。胎质较粗糙。口部至肩部施酱釉,口沿及肩部以下未施釉,露灰胎。素面。口径10.3厘米、肩径12.4厘米、底径7.5厘米、高15.5厘米(图一四〇,4;彩版八〇,4)。

乾隆通宝,3枚。均模制、完整,圆形、方穿。正面有郭,铸"乾隆通宝"四字,楷书,对读;背面有郭,穿左右为满文"宝泉",纪局名。标本:M21:1-1,直径2.3厘米、穿径0.52厘米、郭厚0.12厘米(图一四一,18)。标本:M21:4-1,直径2.34厘米、穿径0.59厘米、郭厚0.12厘米(图一四一,19)。

其余5枚,均锈蚀严重,字迹模糊不可辨认。

（四）四棺墓

共2座：M2、M25。平面均呈不规则形。

M2　位于发掘区中西部，西北邻M1、东南邻M3。方向为355°。墓口距地表深1.6米，墓底距地表深2.3～2.61米。墓圹南北长2.41～2.9米、东西宽2.68～3.6米、深0.7～1.01米（图一四七；彩版七六，1）。

棺木已朽。由西向东编号为西1棺、西2棺、西3棺、西4棺。西1棺长1.88米、宽0.5～0.74米、残高0.24米。棺内骨架保存较好，头向北，面向不详，为老年男性，仰身直肢葬。西2棺长1.9

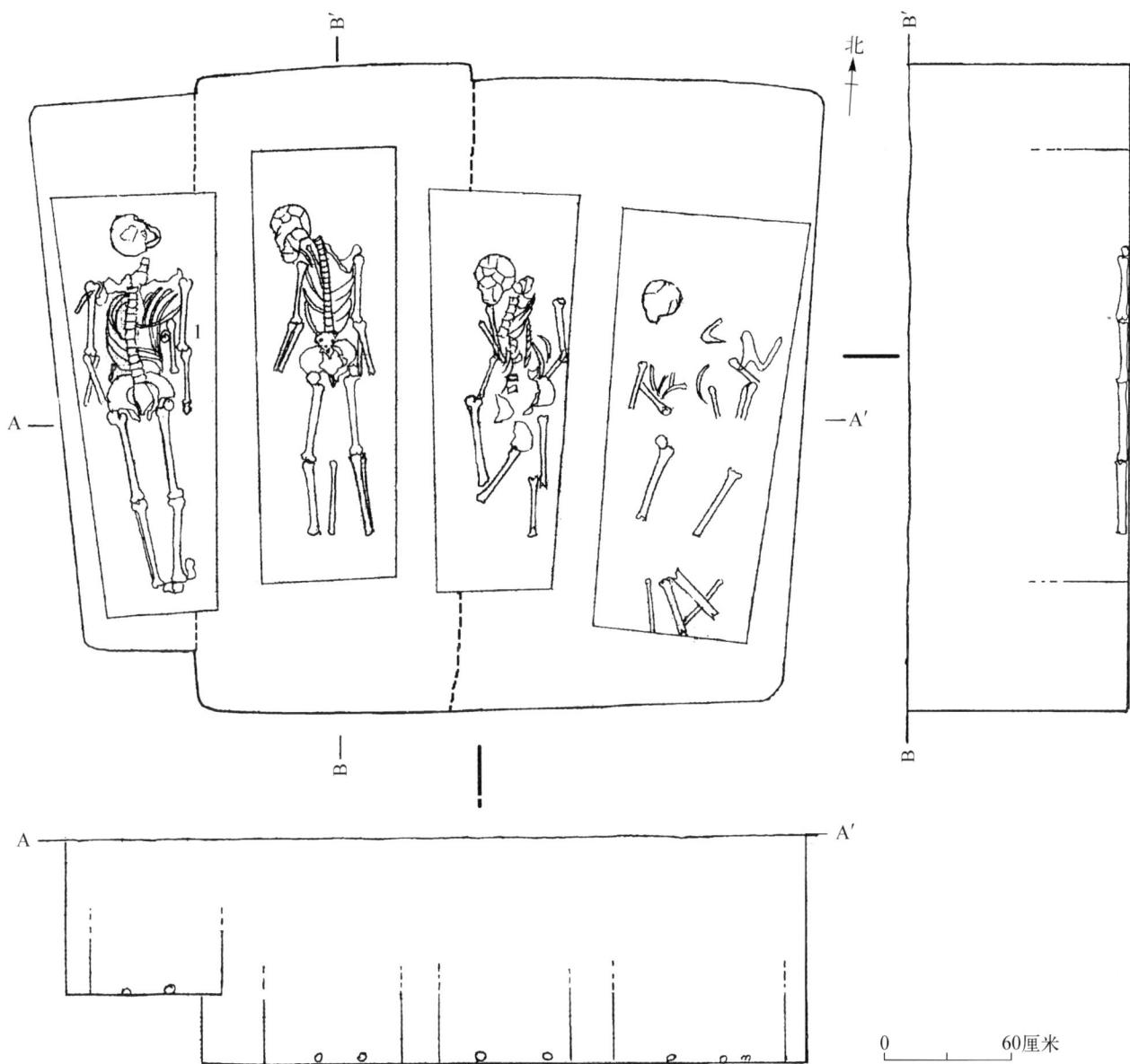

图一四七　M2平、剖面图

1.铜钱

米、宽0.6～0.65米、残高0.32米。棺内骨架保存较好,头向北,面向不详,为老年女性,仰身直肢葬。西3棺长1.76米、宽0.52～0.68米、残高0.32米。棺内骨架保存较差,头向北。面向、葬式均不详,为老年女性。西4棺长1.86米、宽0.7～0.84米、残高0.32米。棺内骨架保存较差,头向北。面向、葬式均不详,为老年女性。西1棺、西3棺打破西2棺。内填花黏土,土质较疏松。随葬品有铜钱。

康熙通宝,1枚。M2：1-1,模制、完整、圆形、方穿。正面有郭,铸"康熙通宝"四字,楷书,对读;背面有郭,穿左右为满文"宝泉",纪局名。直径2.85厘米、穿径0.61厘米、郭厚0.11厘米(图一四八,2)。

雍正通宝,1枚。M2：1-2,模制、完整、圆形、方穿。正面有郭,铸"雍正通宝"四字,楷书,对读;背面有郭,穿左右为满文"宝泉",纪局名。直径2.81厘米、穿径0.58厘米、郭厚0.15厘米(图一四八,3)。

乾隆通宝,1枚。M2：1-3,模制、完整、圆形、方穿。正面有郭,铸"乾隆通宝"四字,楷书,对读;背面有郭,穿左右为满文"宝泉",纪局名。直径2.45厘米、穿径0.52厘米、郭厚0.15厘米(图一四八,4)。

M25　位于发掘区东南部,北邻M24。方向为355°。墓口距地表深1.5米,墓底距地表深2.5米。墓圹南北长2.68～2.86米、东西宽3.3～3.34米、深1米(图一四九;彩版七六,2)。

棺木已朽。由西向东编号为西1棺、西2棺、西3棺、西4棺。西1棺长2米、宽0.5～0.62米、残高0.2米。棺内骨架保存较好,头向北,面向西,为老年女性,仰身直肢葬。西2棺长1.1米、宽0.3米、残高0.2米。棺内骨架保存较好,头向北,面向西,为老年男性,仰身直肢葬。西3棺长1.7米、宽0.58米、残高0.15米。棺内骨架保存较好,头向北,面向上,为老年女性,侧身屈肢

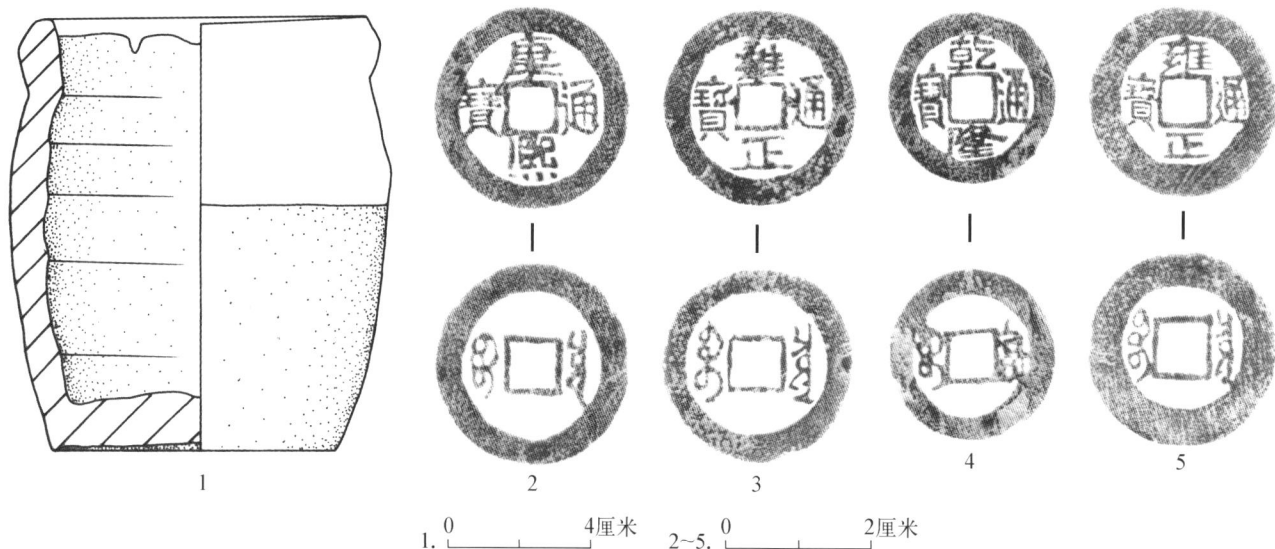

1. 0　　4厘米　　2~5. 0　　2厘米

图一四八　M2、M25随葬器物

1.半釉罐(M25：2)　2.康熙通宝(M2：1-1)　3、5.雍正通宝(M2：1-2、M25：1-1)　4.乾隆通宝(M2：1-3)

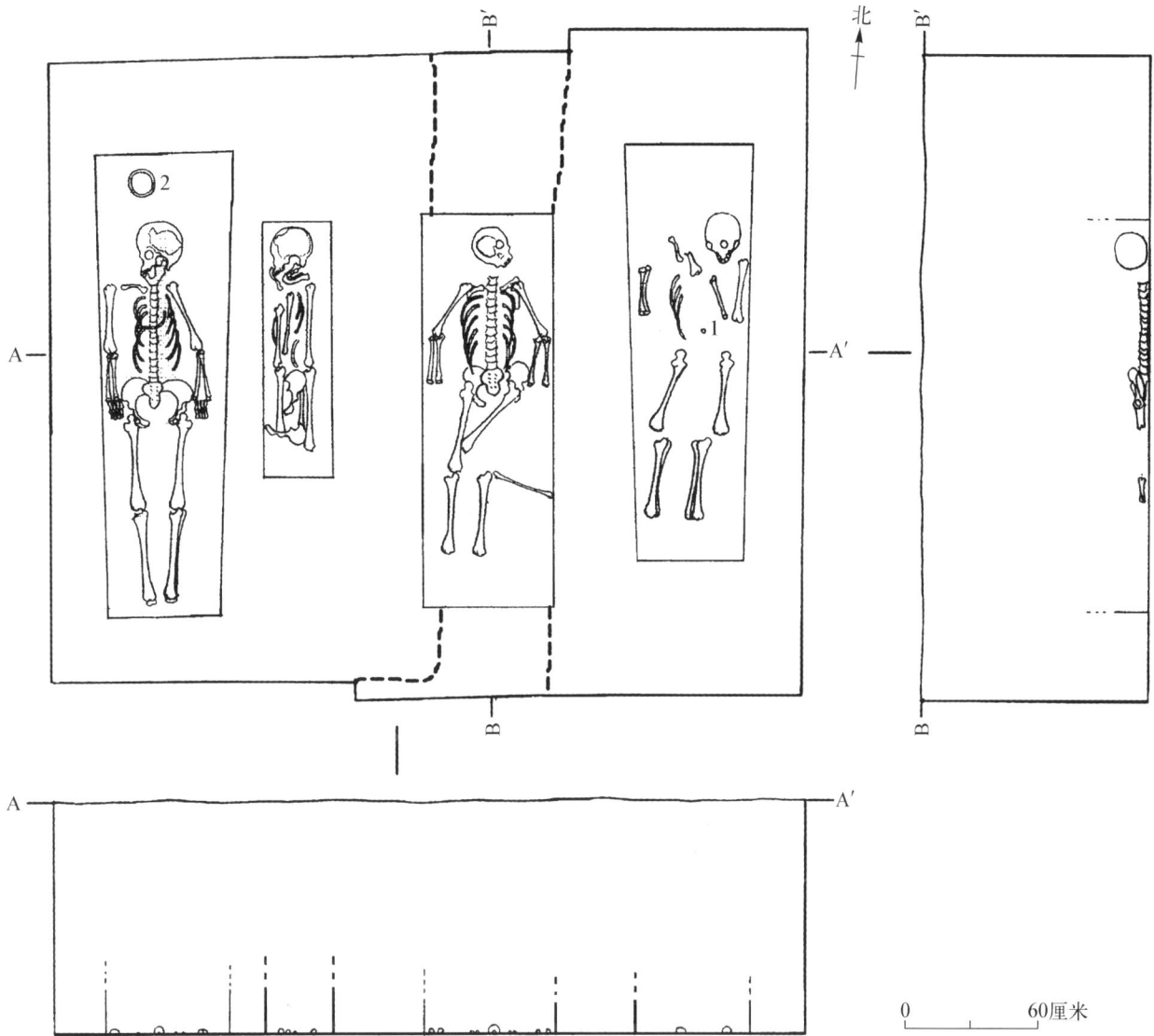

图一四九　M25平、剖面图

1. 铜钱　2. 半釉罐

葬。西4棺长1.8米、宽0.44～0.56米、残高0.15米。棺内骨架保存较好，头向北，面向下，为老年女性，仰身直肢葬。西3棺打破西1棺、西2棺。内填花黏土，土质较疏松。随葬品有半釉罐、铜钱。

半釉罐，1件。M25：2，方圆唇、敞口、短束颈、溜肩、斜弧腹、平底略内凹。胎质较粗糙。口部至肩部施酱黄釉，釉面已脱落，其余部位露灰胎。素面。口径8.9厘米、肩径9.6厘米、底径8.2厘米、高12～12.3厘米（图一四八，1；彩版八〇，5）。

雍正通宝，2枚。均模制、完整，圆形、方穿。正面有郭，铸"雍正通宝"四字，楷书，对读；背面有郭，穿左右为满文"宝泉"，纪局名。标本：M25：1-1，直径2.59厘米、穿径0.56厘米、郭厚0.15厘米（图一四八，5）。

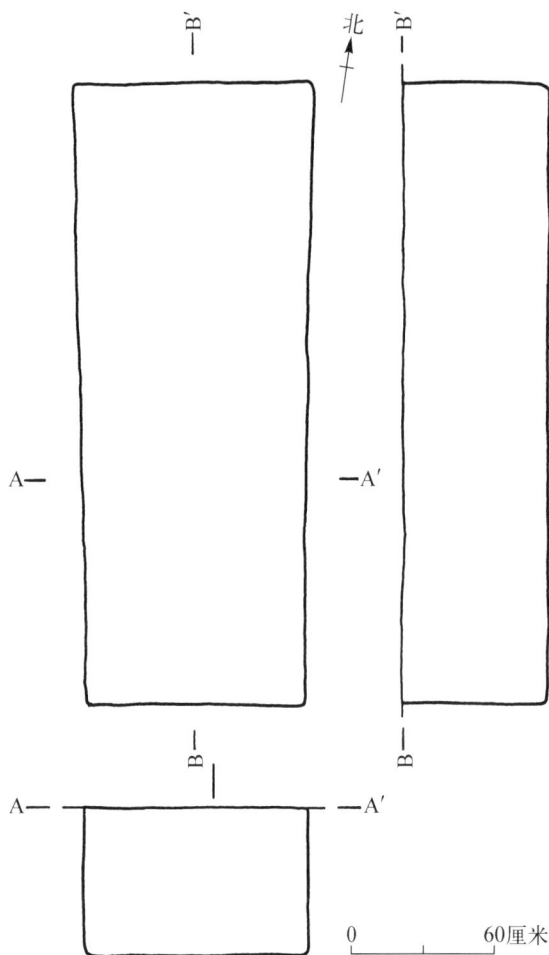

图一五〇　M24平、剖面图

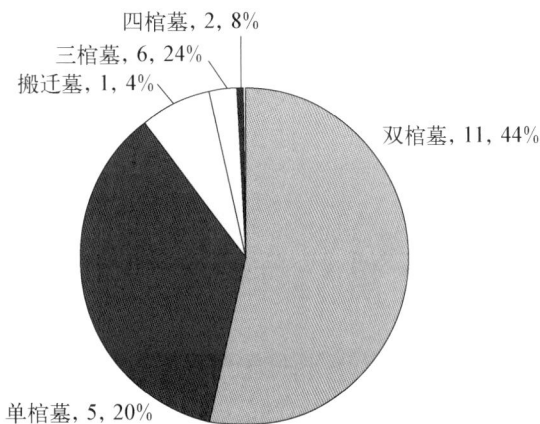

图一五一　清代各形制墓葬百分比图

（五）搬迁墓

1座。

M24　位于发掘区东南部，东南邻M25。方向为352°。平面呈长方形。墓口距地表深1.5米，墓底距地表深2.1米。墓圹南北长2.5米、东西宽0.9～1米、深0.6米（图一五〇；彩版七六，3）。

内填花黏土，土质较疏松。圹内未发现葬具、骨架及随葬品。

四、小结

此次共发掘25座清代墓葬，分为单棺墓、双棺墓、三棺墓、四棺墓、搬迁墓5种类型。单棺墓5座，占20%；双棺墓11座，占44%；三棺墓6座，占24%；四棺墓2座，占8%；搬迁墓1座，占4%（图一五一）。三棺墓的比例较高，是该地区的特点之一。

从墓葬排列及相互关系看，有三组墓葬的分布较为集中。第一组为M1～M4，第二组为M5～M8，第三组为M9～M23。它们应各为一个集中的家庭。特别是第三组，呈雁翅状分布，排列有序。

第二组墓葬集中位于西北部，出有明代的万历通宝、天启通宝、崇祯通宝，但M5、M6、M8皆同时出有顺治通宝，因此它们的年代在三组中最早，应为清代早期。第一、三组所出清代铜钱最早为顺治通宝，最晚为道光通宝，第一组还有康熙通宝、雍正通宝、乾隆通宝，因此第一组的年代下限为清代中期。第三组中的M12、M17已出现嘉庆通宝、道光通宝，延续时间更长，其年代为清代中期至晚期。

铜钱背穿为满文"宝泉"者，穿右侧为汉字"户"者，为北京户部宝泉局所铸。背穿为满文"宝源"者，穿右侧或上侧为汉字"工"者，为北京工部宝源局所铸。背穿右侧为汉字"宁"者，为甘肃宁夏府局所铸。

这批墓葬均为小型墓葬，墓向一致，规格等级较低，应为平民墓葬。它们的发掘为进一步研究该地区当时的社会发展状况提供了宝贵的实物资料。

单位：米

附表一　孙河组团土地储备项目N地块墓葬登记表

墓号	方向	墓口（长×宽×深）	墓底（长×宽×深）	深度	棺数	葬式	人骨保存情况	头向及面向	性别及年龄	随葬品（件）	备注
M1	140°	（1.31～2.36）×（0.8～1.45）×0.3	（1.31～2.36）×（0.8～1.45）×1.39	1.09	双棺	皆仰身直肢葬	皆保存较差	西棺头向南，面向东；东棺头向南，面向西	均不详	无	
M2	120°	（2.41～2.67）×（2.04～2.1）×0.3	2.6×（2.04～2.1）×1.3	1	双棺	皆不详	北棺保存较差；南棺无	北棺头向难以确定，面向南；南棺无	北棺不详；南棺无	银押发1	搬迁
M3	330°	2.68×（1～1.03）×0.3	2.68×（1～1.03）×1.3	1	单棺	不详	保存较差	头向西北，面向上	不详	无	
M4	180°	（1.58～2.48）×（1～1.81）×0.3	（1.58～2.48）×（1～1.81）×（1.09～1.19）	0.79～0.89	双棺	皆仰身直肢葬	皆保存较差	皆头向南，面向上	均不详	银簪5、银耳钉2、银戒指1、银镯1、铜饰1、铜扣3、铜钱14	
M5	2°	（2.28～2.7）×2.1×0.3	（2.28～2.7）×2.1×1.2	0.9	双棺	西棺仰身直肢葬；东棺不详	皆保存较差	西棺头向南，面向不详；东棺头向北，面向北	均不详	铜钱1	
M6	160°	（2.56～2.9）×（1.18～2.18）×0.3	（2.56～2.9）×（1.18～2.18）×（1.42～2）	1.12～1.7	双棺		无	均不详	均不详	无	搬迁
M7	358°	（2.1～2.24）×（0.76～1）×0.3	（2.1～2.24）×（0.76～1）×0.89	0.59	单棺	不详	无	不详	不详	无	搬迁
M8	135°	2.6×（0.94～1.12）×0.3	2.6×（0.94～1.12）×1.14	0.84	单棺	不详	保存较差	头向难以确定，面向南	不详	无	
M9	150°	2.66×（1.08～1.1）×0.3	2.66×（1.08～1.1）×1.68	1.38	单棺	仰身直肢葬	保存较差	头向东南，面向东	老年女性	银押发1	

续表

墓号	方向	墓口（长×宽×深）	墓底（长×宽×深）	深度	棺数	葬式	人骨保存情况	头向及面向	性别及年龄	随葬品（件）	备注
M10	135°	2.6×(1.04~1.06)×0.3	2.6×(1.04~1.06)×1.5	1.2	单棺	不详	保存较差	头向东南，面向东	不详	无	
M11	355°	3×(1.28~1.4)×0.3	3×(1.28~1.4)×1.79	1.49	单棺	仰身直肢葬	保存较好	头向西北，面向东	老年女性	银簪1、银耳环1、银戒指2、银饰1、铜扣4、铜钱21	
M12	325°	3.36×(1.2~1.37)×0.3	3.36×(1.2~1.37)×1.5	1.2	单棺	仰身直肢葬	保存较好	头向西北，面向东	不详	银耳环2、铜扣2、铜钱8	
M13	100°	(2.39~3)×(2.99~3.25)×0.3	(2.39~3)×(2.99~3.25)×(0.62~0.71)	0.32~0.41	三棺	皆仰身直肢葬	北、中棺保存较好；南棺保存一般	北、中棺头向东，面向上；南棺头向东，面向不详	北、中棺皆为老年女性；南棺老年男性	银簪6、银戒指1、银耳环2、铜钱10、铜板1	
M14	330°	2.66×(0.8~1.1)×0.3	2.66×(0.8~1.1)×(0.44~0.6)	0.14~0.3	单棺	不详	无	不详	不详	无	搬迁
M15	320°	2.6×(0.7~1)×0.3	2.6×(0.7~1)×1.2	0.9	单棺	不详	无	不详	不详	半釉罐1	搬迁

附表二　孙河组团土地储备项目N地块出土铜钱统计表

单位：厘米

单位	编号	种类	直径	穿径	郭厚	备注
M4	2-1	康熙通宝	2.29	0.51	0.11	穿左右为满文"宝泉"
M4	2-2	光绪通宝	2.25	0.54	0.18	穿左右为满文"宝源"
M5	1	乾隆通宝	2.36	0.49	0.12	穿左右为满文"宝泉"

续表

单位	编号	种类	直径	穿径	郭厚	备注
M11	3-1	康熙通宝	2.76	0.59	0.12	穿左右为满文"宝泉"
	3-1	乾隆通宝	2.19	0.58	0.16	穿左右为满文"宝源"
M12	3-2	嘉庆通宝	2.38	0.51	0.19	穿左右为满文"宝浙"
	3-3	道光通宝	2.35	0.59	0.16	穿左右为满文"宝泉"
	3-4	咸丰通宝	2.35	0.45	0.19	穿左右为满文"宝泉"
M13	1-1	乾隆通宝	2.49	0.56	0.11	穿左右为满文"宝源"
	1-2	道光通宝	2.44	0.52	0.14	穿左右为满文"宝源"
	5	铜板	3.29		0.12	正面为汉字"大清铜币"

附表三　孙河组团土地储备项目M地块墓葬登记表

单位：米

墓号	方向	墓口（长×宽×深）	墓底（长×宽×深）	深度	棺数	葬式	人骨保存情况	头向及面向	性别及年龄	随葬品（件）	备注
M1	120°	（2.18~2.51）×（1.78~1.82）×2.1	（2.18~2.51）×（2.18~2.51）×（2.41~2.69）	0.31~0.59	双棺	皆不详	皆保存较差	均不详	均不详	铜钱1	
M2	125°	2.56×1.1×1.3	2.56×1.1×1.72	0.42	单棺	不详	无	不详	不详	无	打破M4
M3	55°	（2.35~2.6）×（2~2.1）×1.7	（2.35~2.6）×（2~2.1）×3	1.3	双棺	北棺为仰身直肢葬；南棺不详	皆保存较差	均不详	均不详	铜钱4	
M4	95°	2.5×1.45×1.3	2.5×1.45×1.87	0.57	单棺	不详	保存较差	不详	不详	无	被M2打破

附表四　孙河组团土地储备项目M地块出土铜钱统计表

单位：厘米

单位	编号	种类	直径	穿径	郭厚	备注
M1	1	嘉庆通宝	2.92	0.61	0.16	穿左右为满文"宝泉"
M3	1-1	明道元宝	2.51	0.56	0.12	
	1-2	康熙通宝	2.6	0.56	0.09	穿左侧为满文，右侧为汉字"河"
	1-3	道光通宝	2.25	0.56	0.15	穿左右为满文"宝泉"
	2	光绪通宝	2.22	0.5	0.11	穿左右为满文"宝泉"

附表五　中关村电子城E8-1北电三期工程用地墓葬登记表

单位：米

墓号	方向	墓口（长×宽×深）	墓底（长×宽×深）	深度	棺数	葬式	人骨保存情况	头向及面向	性别及年龄	随葬品（件）	备注
M1	10°	2.5×(0.9~1)×1.7	2.5×(0.9~1)×3	1.3	单棺	仰身直肢葬	保存较好	头向北，面向东	成年男性	半釉罐1	
M2	15°	2.4×1.5×1.7	2.4×1.5×3	1.3	双棺	皆仰身直肢葬	东棺保存较差；西棺保存较好	头向西北	西棺成年女性；东棺成年男性	半釉罐2、铜钱3	
M3	20°	2.7×1.2×1.7	2.7×1.2×3	1.3	单棺	仰身直肢葬	保存较差	不详	成年男性	铜钱1	
M4	20°	1.7×1.2×1.7	1.7×1.2×2.3	0.6	单棺	不详	保存较差	不详	不详	无	
M5	20°	2.3×(0.8~0.89)×1.7	2.3×(0.8~0.89)×3.5	1.8	单棺	仰身直肢葬	保存较好	头向西北，面向西	成年女性	无	
M6	15°	2×1.2×1.7	2×1.2×2.9	1.2	单棺	仰身直肢葬	保存较好	头向西北	成年男性	无	

续表

墓号	方向	墓口（长×宽×深）	墓底（长×宽×深）	棺数	葬式	人骨保存情况	头向及面向	性别及年龄	随葬品（件）	备注
M7	10°	2.2×1.2×1.7	2.2×1.2×3	单棺	仰身直肢葬	保存较好	头向南	成年男性	无	
M8	20°	2.1×0.9×1.7	2.1×0.9×3.5	单棺	仰身直肢葬	保存较好	头向西北	成年男性	红陶罐1	
M9	10°	2.3×1.5×1.7	2.3×1.5×3.4	双棺	皆仰身直肢葬	皆保存较好	头向西北	西棺成年女性；东棺成年男性	无	
M10	20°	2×1.5×1.7	2×1.5×3.7	单棺	无	无	无	不详	铜钱1	搬迁
M11	20°	2.5×1×1.7	2.5×1×3	单棺	仰身直肢葬	保存较差	头向西北	成年男性	无	
M12	20°	2.51×1.33×1.7	2.51×1.33×3.09	单棺	仰身直肢葬	保存较好	头向西北,面向东	成年女性	铜钱2、半釉罐1	
M13	10°	2.5×1.65×1.7	2.5×1.65×2.9	双棺	无	无	无	不详	无	搬迁

附表六　中关村电子城E8-1北电三期工程用地出土铜钱统计表

单位：厘米

单位	编号	种类	直径	穿径	郭厚	备注
M2	4-1	康熙通宝	2.67	0.6	0.11	穿左右为满文"宝泉"
M2	4-2	康熙通宝	2.58	0.55	0.1	穿左右为满文"宝泉"
M3	1	康熙通宝	2.31	0.55	0.11	穿左右为满文"宝泉"
M12	1-1	康熙通宝	2.6	0.55	0.13	穿左右为满文"宝泉"
M12	1-2	康熙通宝	2.48	0.56	0.12	穿左右为满文"宝泉"

单位：米

附表七　中关村电子城西区E5研发中心三期地块墓葬登记表

墓号	方向	墓口 （长×宽×深）	墓底 （长×宽×深）	深度	棺数	葬式	人骨保存 情况	头向及面向	性别及 年龄	随葬品（件）	备注
M1	183°	2.65×1.9×1.5	2.65×1.9×3	1.5	双棺	皆仰身 直肢葬	皆保存 较差	皆头向南， 面向上	西棺老年 女性；东棺 老年男性	银扁方1	清
M2	183°	（2.7～2.8）× （2.2～2.4）×1.5	（2.7～2.8）×（2.2～ 2.4）×（3～3.1）	1.5～1.6	双棺	皆仰身 直肢葬	皆保存 较差	西棺头向南， 面向下；东 棺头向南， 面向东	皆不详	铜扣1，银戒指1，铜 钱4	清
M3	183°	（2.25～3）×（1.81～ 1.9）×1.5	（2.25～3）×（1.81～ 1.9）×（2.59～2.7）	1.09～1.2	双棺	皆仰身 直肢葬	皆保存 较差	皆头向南， 面向上	西棺老年 女性；东棺 老年男性	无	清
M4	187°	（2.46～2.8）×2× 1.5	（2.46～2.8）×2× （2.6～2.9）	1.1～1.4	双棺	皆仰身 直肢葬	皆保存 较差	皆头向南， 面向下	西棺老年 男性；东棺 老年女性	铜钱5	清
M5	130°	2.76×1.16×1.5	2.76×1.16×2.7	1.2	单棺	仰身 直肢葬	保存较差	头向东南， 面向上	老年女性	银簪2，铜扁方1，铜 钱5	清
M6	175°	5.43×3.04×1.5	5.43×3.04×2.6	1.1		不详	无	不详	不详	铜镜1，陶钵1，陶器 座1，瓷碗1，陶盆5， 三足盆1，铜钱1	唐
M7	260°	2.6×1.2×1.5	2.6×1.2×2.1	0.6	单棺	不详	保存较差	不详	不详	无	清、搬迁
M8	173°	3.6×（2.4～2.75）× 1.5	3.6×（2.4～2.75）× （2.91～3.01）	1.41～1.51	双棺	皆仰身 直肢葬	皆保存 较差	皆头向南， 面向上	西棺老年 女性；东棺 老年男性	铜镜1，鼻烟壶2，铜 三事1，铜烟锅3，铜 顶戴1，铜扣5，金镯 2，玉陶2，金簪1，小 金环1，银簪2，玉 饰若干，铜钱50	清
M9	263°	（3.4～3.6）×3.4× 1.5	（3.4～3.6）×3.4×3	1.5	三棺	皆仰身 直肢葬	皆保存 较差	皆头向西， 面向上	皆不详	串饰15，残烟锅1， 铜钱10	清

附表八　中关村电子城西区E5研发中心三期地块出土铜钱、铜币统计表

单位：厘米

单位	编号	种类	直径	穿径	部厚	备注
M2	2	光绪重宝	2.8	0.7	0.14	穿上下为汉字"当十"，穿左右为满文"宝泉"
	6	同治重宝	2.8	0.6	0.1	穿上下为汉字"当十"，穿左右为满文"宝泉"
M4	1-1	大清铜币	3.2	0.7	0.1	
	2-1	光绪重宝	3	0.7	0.15	穿上下为汉字"当十"，穿左右为满文"宝泉"
M5	4-1	乾隆通宝	2.1	0.65	0.1	穿左右为满文"宝泉"
	4-2	光绪通宝	2.2	0.65	0.1	穿左右为满文"宝泉"
M6	2	开元通宝	2.3	0.7	0.1	
M8	16-1	嘉庆通宝	2.5	0.5	0.1	穿左右为满文"宝泉"
	16-2	嘉庆通宝	2.3	0.6	0.1	穿左右为满文"宝泉"
	20-1	乾隆通宝	2.3	0.5	0.1	穿左右为满文"宝泉"
M9	1-1	康熙通宝	2.7	0.7	0.1	穿左侧为满文"东"，穿右侧为汉字"东"
	1-2	康熙通宝	2.7	0.71	0.1	穿左侧为满文"东"，穿右侧为汉字"东"

附表九　单店养老产业示范基地项目墓葬登记表

单位：米

墓号	方向	墓口（长×宽×深）	墓底（长×宽×深）	深度	棺数	葬式	人骨保存情况	头向及面向	性别及年龄	随葬品（件）	备注
M1	335°	（2.35~2.6）×1.8×（0.4~0.5）	（2.35~2.6）×1.8×（1.7~1.8）	1.3	双棺	皆仰身直肢葬	西棺保存较好；东棺保存较差	皆头向西北，面向上	西棺老年女性；东棺老年男性	铜扣2、银耳环1、料饰1	
M2	325°	（2.6~3.1）×（1.65~1.86）×0.5	（2.6~3.1）×（1.65~1.86）×（1.8~1.9）	1.3~1.4	双棺	皆仰身直肢葬	皆保存较差	西棺头向西北，面向向东；东棺头向西北，面向向南	西棺老年女性；东棺老年男性	银耳环2、铜扣1、铜钱2、陶罐1	

续表

墓号	方向	墓口（长×宽×深）	墓底（长×宽×深）	深度	棺数	葬式	人骨保存情况	头向及面向	性别及年龄	随葬品（件）	备注
M3	215°	2.7×(1.8~2)×0.4	2.7×(1.8~2)×1.5	1.1	双棺	皆仰身直肢葬	皆保存较好	皆头向西南，面向上	西棺老年男性；东棺老年女性	银押发1，鎏金簪子1，银梳1，陶罐1，银耳环1	
M4	335°	(2.1~2.7)×(1.1~1.9)×0.5	(2.1~2.7)×(1.1~1.9)×2	1.5	双棺	皆仰身直肢葬	西棺保存较好；东棺保存一般	西棺头向西北，面向西北；东棺头向下	西棺老年男性；东棺老年女性	陶罐1，铜钱2	
M5	330°	2.7×(1.8~2)×0.5	2.7×(1.8~2)×(1.1~1.2)	0.6~0.7	单棺	不详	保存较差	不详	不详	铜钱4	搬迁
M6	330°	2.35×(1~1.1)×0.45	2.35×(1~1.1)×1.63	1.18	单棺	仰身直肢葬	保存较好	头向西北，面向上	老年女性	银簪1，铜板1	
M7	10°	(3~3.1)×(2.1~2.2)×0.3	(3~3.1)×(2.1~2.2)×1.85	1.55	双棺	皆仰身直肢葬	西棺保存较好；东棺保存较差	西棺头不详；东棺头向西北，面向上	西棺老年女性；东棺老年男性	铜顶戴1，玉佛1，铜钱4，铜烟锅1，银簪1，银扁方1	
M8	340°	2.6×(2~2.3)×0.4	2.6×(2~2.3)×(1.6~2.1)	1.2~1.7	双棺	皆仰身直肢葬	皆保存一般	西棺头向西，面向西北；东棺头向上	西棺老年女性；东棺老年男性	玉烟嘴1，铜烟锅1，铜钱43	
M9	315°	2.5×(1.8~1.85)×0.3	2.5×(1.8~1.85)×1.3	1	双棺	皆仰身直肢葬	皆保存较好	北棺头向西北，面向下；南棺头向西北，面向上	北棺老年男性；南棺老年女性	铜顶戴1，铜钱14，玉烟嘴1，铜扣1，银耳环2	
M10	350°	2.6×2×0.3	2.6×2×1.4	1.1	双棺	皆仰身直肢葬	西棺保存一般；东棺保存较好	西棺头向西北，面向西；东棺头向西北，面向上	西棺老年男性；东棺老年女性	铜钱4	

续表

墓号	方向	墓口（长×宽×深）	墓底（长×宽×深）	深度	棺数	葬式	人骨保存情况	头向及面向	性别及年龄	随葬品（件）	备注
M11	10°	（2.6~2.8）×（2.2~2.5）×0.5	（2.6~2.8）×（2.2~2.5）×1.2	0.7	双棺	皆仰身直肢葬	皆保存较好	皆头向北，面向上	西棺老年男性；东棺老年女性	铜扣1	
M12	355°	2.6×2×0.3	2.6×2×1.3	1	双棺	皆仰身直肢葬	西棺保存较好；东棺保存一般	皆头向北，面向上	西棺老年男性；东棺老年女性	无	
M13	10°	（3.05~3.15）×（2~2.5）×0.3	（3.05~3.15）×（2~2.5）×1.5	1.2	双棺	皆仰身直肢葬	西棺保存一般；东棺保存较差	皆头向北，面向上	西棺老年女性；东棺老年男性	买地券1，瓷罐2，串珠90	
M14	25°	（1.6~2.8）×（1.2~1.6）×0.3	（1.6~2.8）×（1.2~1.6）×1.3	1	双棺	皆仰身直肢葬	皆保存较差	头向东北，面向上	少年女性	瓷瓮1	打破M15
M15	5°	2.8×（2.1~2.2）×0.4	2.8×（2.1~2.2）×1.8	1.4	双棺	西棺仰身直肢葬；东棺侧身屈肢葬	西棺保存较好；东棺保存一般	西棺头向北，面向上；东棺头向西，面向北	西棺老年女性；东棺老年男性	银耳环3，铜烟锅2，铜带扣1，料珠18，木板指1，骨簪3，瓷罐2，铜钱15	被M14打破

附表一〇　单店养老产业示范基地项目出土铜钱统计表

单位：厘米

单位	编号	种类	直径	穿径	郭厚	备注
M2	3-1	同治重宝	2.96	0.57	0.14	穿上下为汉字"当十"，左右为满文"宝泉"
	3-2	同治重宝	3.11	0.61	0.2	穿上下为汉字"当十"，左右为满文"宝泉"
M4	2-1	同治重宝	2.4	0.62	0.1	穿上下为汉字"当十"，左右为满文"宝泉"
	2-2	同治重宝	2.92	0.6	0.13	穿上下为汉字"当十"，左右为满文"宝泉"

续表

单位	编号	种类	直径	穿径	郭厚	备注
M5	1-1	康熙通宝	2.72	0.51	0.1	穿左为满文，穿右为汉字"临"
	1-2	光绪通宝	1.86	0.45	0.09	穿左右为满文"宝泉"
	1-3	宣统通宝	1.85	0.4	0.1	穿左右为满文"宝泉"
M6	1	铜板	3.1		0.1	正面汉字"中华铜币"
M7	7-1	道光通宝	2.5	0.5	0.12	穿左右为满文"宝泉"
M8	2-1	乾隆通宝	2.4	0.5	0.11	穿左右为满文"宝泉"
	2-2	同治重宝	2.6	0.75	0.12	穿上下为汉字"当十"，左右为满文"宝泉"
	2-1	咸丰重宝	3.1	0.61	0.2	穿左右为满文"宝泉"
	2-2	同治重宝	3.11	0.65	0.14	穿上下为汉字"当十"，左右为满文"宝源"
M9	4-1	乾隆通宝	2.35	0.51	0.12	穿左右为满文"宝泉"
	4-2	乾隆通宝	2.45	0.57	0.1	穿左右为满文"宝泉"
	4-3	嘉庆通宝	2.37	0.57	0.15	穿左右为满文"宝泉"
	4-4	嘉庆通宝	2.4	0.48	0.15	穿左右为满文"宝泉"
	4-6	同治重宝	3.1	0.6	0.2	穿上下为汉字"当十"，左右为满文"宝源"
	4-7	道光通宝	2.4	0.5	0.13	穿左右为满文"宝泉"
	7-6	咸丰重宝	2.24	0.52	0.12	穿左右为满文"宝泉"
M10	1-1	乾隆通宝	2.25	0.52	0.12	穿左右为满文"宝源"
	2-1	咸丰重宝	3.05	0.6	0.25	穿上下为汉字"当十"，左右为满文"宝泉"
	2-2	道光通宝	2.2	0.55	0.15	穿左右为满文"宝泉"
M15	5-1	乾隆通宝	2.35	0.5	0.13	穿左右为满文"宝泉"
	5-2	乾隆通宝	2.75	0.45	0.13	穿左右为满文"宝泉"
	8-1	乾隆通宝	2.34	0.5	0.12	穿左右为满文"宝泉"

附表一一　常营乡剩余建设用地土地储备项目1号地块墓葬登记表

单位：米

墓号	方向	墓口（长×宽×深）	墓底（长×宽×深）	深度	葬具	葬式	人骨保存情况	头向及面向	性别及年龄	随葬品（件）	备注
M1	13°	5.5×(6.16~6.4)×0.9	5.5×(6.16~6.4)×1.95	1.05	三棺	皆不详	皆保存较差	不详	不详	铜钱16，玉管1，石圭1，瓷碗1，铁器2	
M2	5°	3.9×(2.45~2.6)×0.96	3.9×(2.45~2.6)×3.2	2.24	一椁一棺	不详	保存较差	不详	不详	玉饰1	
M3	5°	(2.75~2.94)×2.71×1.5	(2.75~2.94)×2.71×3	1.5	火葬	不详	无	不详	不详	铜镜5，石砚1，铁犁铧2，铅器1	
M4	10°	2.51×1.3×1	2.51×1.3×2.29	1.29	单棺	不详	保存较差	不详	不详	无	

附表一二　常营乡剩余建设用地土地储备项目1号地块出土铜钱统计表

单位：厘米

单位	编号	种类	直径	穿径	郭厚	备注
M1	1-1	五铢	2.5	0.96	0.13	
	1-2	开元通宝	2.47	0.66	0.13	
	1-3	乾元重宝	2.37	0.62	0.11	
	1-4	天圣元宝	2.5	0.73	0.12	
	1-5	熙宁元宝	2.51	0.68	0.09	
	1-6	大观通宝	2.4	0.68	0.1	篆书
	1-7	正隆元宝	2.48	0.57	0.11	
	1-8	洪武通宝	2.27	0.55	0.09	

单位：米

附表一三　北京鲜活农产品流通中心项目墓葬登记表

墓号	方向	墓口（长×宽×深）	墓底（长×宽×深）	深度	棺数	人骨保存情况	头向及面向	性别及年龄	随葬品（件）	备注
M1	355°	2.54×(1.7~1.9)×1.3	2.54×(1.7~1.9)×(1.79~1.94)	0.49~0.64	双棺	西棺保存较差；东棺保存较好	西棺头向北，面向不详；东棺头向北，面向上	西棺老年女性；东棺老年男性	铜钱2	
M2	355°	(2.41~2.9)×(2.68~3.6)×1.6	(2.41~2.9)×(2.68~3.6)×(2.3~2.61)	0.7~1.01	四棺	西1棺、西2棺皆保存好；西3棺、西4棺皆保存较差	皆头向北，面向不详	西1棺老年男性，西2~4棺皆老年女性	铜钱3	
M3	0°	(2.52~2.7)×(1.64~1.84)×1.5	(2.52~2.7)×(1.64~1.84)×1.9	0.4	双棺	西棺只残留零星碎骨；东棺保存较差	皆头向北，面向不详	西棺老年女性；东棺老年男性	无	
M4	355°	(2.59~3.05)×(2.26~2.44)×1.7	(2.59~3.05)×(2.26~2.44)×2.2	0.5	三棺	皆保存较差	西棺头向东；中、东棺皆头向北，面向不详	西棺老年男性；中、东棺皆老年女性	铜钱6，半釉罐1，骨簪1	
M5	340°	2.2×(0.78~1.06)×1.7	2.2×(0.78~1.06)×1.97	0.27	单棺	保存较差	头向西北，面向不详	老年女性	铜钱8	被M6打破
M6	5°	2.4×(0.92~1)×1.6	2.4×(0.92~1)×2.3	0.7	单棺	保存较好	头向北，面向不详	老年男性	铜钱1	打破M5
M7	10°	2.3×(0.96~1.16)×1.5	2.3×(0.96~1.16)×1.8	0.3	单棺	保存较好	头向北，面向上	老年男性	半釉罐1，铜钱1	
M8	350°	(2.38~2.48)×(1.54~1.84)×1.6	(2.38~2.48)×(1.54~1.84)×(1.9~2.3)	0.3~0.7	双棺	西棺保存较差；东棺保存无	西棺头向西北，面向不详	西棺老年男性	半釉罐1，铜钱8	
M9	340°	(2.53~2.68)×1.8×1.3	(2.53~2.68)×1.8×(2.2~2.48)	0.9~1.18	双棺	皆保存较差	皆头向西北，面向不详	皆不详	半釉罐1，铜钱8	

续表

墓号	方向	墓口（长×宽×深）	墓底（长×宽×深）	深度	棺数	人骨保存情况	头向及面向	性别及年龄	随葬品（件）	备注
M10	355°	(2.74~2.9)×(1.78~2.52)×1.4	(2.74~2.9)×(1.78~2.52)×(2.3~2.4)	0.9~1	双棺	皆保存较差	皆头向北，面向不详	西棺老年女性；东棺皆老年男性	半釉罐1、铜钱10	
M11	357°	2.45×0.88×1.7	2.45×0.88×2.45	0.75	单棺	保存较好	头向北，面向西	老年男性	半釉罐1、铜钱2	
M12	5°	(2.5~2.75)×(2.14~2.64)×1.5	(2.5~2.75)×(2.14~2.64)×(1.9~2.2)	0.4~0.7	三棺	东、中棺保存较好；西棺保存较差	西棺头向北，面向西；中棺头向上、面向不详；东棺头向北、面向西	西、东棺皆老年女性；中棺老年男性	铜耳勺1、铜钱12	
M13	357°	(2.44~2.5)×(2.5~2.6)×1.4	(2.44~2.5)×(2.5~2.6)×2.2	0.8	三棺	皆保存较差	西棺头向北，面向不详；中棺头向西、面向北；东棺头向西、面向南	西棺老年男性；中、东棺皆老年女性	铜钱6	
M14	355°	(2.5~2.6)×(2.3~2.4)×1.5	(2.5~2.6)×(2.3~2.4)×(2.4~2.5)	0.9~1	三棺	皆保存较好	西棺头向西北，面向上；中、东棺头向东、面向南	西棺老年男性；中、东棺皆老年女性	银簪2、陶罐1、铜钱3	
M15	352°	(2.4~2.45)×(1.93~2.1)×1.5	(2.4~2.45)×(1.93~2.1)×2.4	0.9	双棺	皆保存较好	西棺头向西北，面向北；东棺头向东、面向下	西棺老年女性；东棺老年男性	铜钱5	
M16	355°	(1.92~2.4)×(1.2~1.66)×1.4	(1.92~2.4)×(1.2~1.66)×2	0.6	双棺	皆保存较好	西棺头向北，面向下；东棺头向北、面向上	西棺老年女性；东棺老年男性	半釉罐1、铜钱2	
M17	350°	(2.4~2.54)×(1.56~1.6)×1.3	(2.4~2.54)×(1.56~1.6)×1.95	0.65	双棺	西棺保存较好；东棺保存较差	西棺头向西北，面向东；东棺头向西、面向不详	西棺老年男性；东棺老年女性	半釉罐1、铜钱4	
M18	358°	(2.8~3.44)×(2.7~3.04)×1.5	(2.8~3.44)×(2.7~3.04)×(2.5~2.6)	1~1.1	三棺	皆保存较好	皆头向北，面向不详	中棺老年男性；西、东棺皆老年女性	铜钱6	

续表

墓号	方向	墓口 （长×宽×深）	墓底 （长×宽×深）	深度	棺数	人骨保存情况	头向及面向	性别及年龄	随葬品（件）	备注
M19	3°	（2.2~2.4）×（1.54~1.85）×1.5	（2.2~2.4）×（1.54~1.85）×（2.1~2.3）	0.6~0.8	双棺	皆保存较好	西棺头向北，面向下；东棺头向北，面向东	西棺老年女性；东棺老年男性	银簪1，半釉罐2，瓷碗1，铜钱2	
M20	0°	（2.54~2.58）×（1.3~1.4）×1.3	（2.54~2.58）×（1.3~1.4）×（1.7~2.1）	0.4~0.8	双棺	皆保存较差	西棺头向西北，面向不详；东棺头向西北，面向西	西棺老年女性；东棺老年男性	陶罐1，铜簪1，铜钱2	
M21	0°	（2.3~2.6）×2.2×1.3	（2.3~2.6）×2.2×（2.1~3.13）	0.8~1.03	三棺	皆保存较差	皆头向西北，面向不详	西、中棺皆青年女性；东棺老年男性	银耳钉1，半釉罐1，铜钱8	
M22	350°	（2.62~2.72）×1.92×1.5	（2.62~2.72）×1.92×2.7	1.2	双棺	皆保存一般	皆头向北，面向不详	西棺老年女性；东棺老年男性	无	
M23	355°	2.46×0.96×1.5	2.46×0.96×2.6	1.1	单棺	保存较好	头向北，面向上	老年男性	铜钱5	
M24	352°	2.5×（0.9~1）×1.5	2.5×（0.9~1）×2.1	0.6	单棺	无	不详	不详	无	搬迁
M25	355°	（2.68~2.86）×（3.3~3.34）×1.5	（2.68~2.86）×（3.3~3.34）×2.5	1	四棺	皆保存较好	西1，2棺皆头向西，面向北；西3棺头向北，面向上；西4棺头向北，面向下	西1，3，4棺皆老年女性；西2棺老年男性	半釉罐1，铜钱2	

附表一四　北京鲜活农产品流通中心项目出土铜钱统计表

单位：厘米

单位	编号	种类	直径	穿径	郭厚	备注
M1	1-1	康熙通宝	2.38	0.58	0.12	穿左右为满文"宝泉"
M1	1-2	雍正通宝	2.58	0.58	0.15	背面字迹模糊
M2	1-1	康熙通宝	2.85	0.61	0.11	穿左右为满文"宝泉"
M2	1-2	雍正通宝	2.81	0.58	0.15	穿左右为满文"宝泉"

续表

单 位	编 号	种 类	直 径	穿 径	郭 厚	备 注
M2	1-3	乾隆通宝	2.45	0.52	0.15	穿左右为满文"宝泉"
M4	1-1	顺治通宝	2.64	0.59	0.12	穿右侧为汉字"户"
M5	1-1	崇祯通宝	2.69	0.54	0.13	
	1-2	顺治通宝	2.59	0.49	0.12	穿右侧为汉字"户"
M6	1	顺治通宝	2.64	0.59	0.12	穿右侧为汉字"工"
M7	1	天启通宝	2.59	0.51	0.12	穿上侧为汉字"户"
	1-1	万历通宝	2.51	0.49	0.16	
M8	1-2	崇祯通宝	2.64	0.54	0.11	
	1-3	顺治通宝	2.62	0.52	0.11	穿右侧为汉字"户"
	1-1	顺治通宝	2.76	0.49	0.19	穿右侧为汉字"宁"
M9	1-2	顺治通宝	2.79	0.61	0.11	穿左右为满文"宝泉"
	1-3	康熙通宝	2.79	0.57	0.12	穿左右为满文"宝泉"
	1-4	雍正通宝	2.75	0.59	0.15	穿左右为满文"宝泉"
M10	1-1	康熙通宝	2.36	0.54	0.11	穿左右为满文"宝泉"
	1-2	雍正通宝	2.75	0.59	0.15	穿左右为满文"宝泉"
M11	1-1	顺治通宝	2.61	0.48	0.14	穿右侧为汉字"户"
	1-2	雍正通宝	2.71	0.55	0.15	穿左右为满文"宝源"
	1-1	雍正通宝	2.54	0.52	0.15	穿左右为满文"宝泉"
	3-1	乾隆通宝	2.2	0.57	0.14	穿左右为满文"宝源"
M12	3-2	嘉庆通宝	2.35	0.52	0.15	穿左右为满文"宝浙"
	3-3	道光通宝	2.36	0.56	0.14	穿左右为满文"宝泉"
	3-4	咸丰通宝	2.36	0.57	0.15	穿左右为满文"宝泉"
M13	1	乾隆通宝	2.49	0.56	0.12	穿左右为满文"宝源"

续表

单位	编号	种类	直径	穿径	郭厚	备注
M13	2-1	雍正通宝	2.69	0.52	0.12	穿左右为满文"宝泉"
	3-1	雍正通宝	2.65	0.51	0.15	穿左右为满文"宝泉"
	3-2	乾隆通宝	2.56	0.52	0.12	穿左右为满文"宝泉"
M14	1	乾隆通宝	2.35	0.58	0.14	穿左右为满文"宝泉"
	2	顺治通宝	2.6	0.58	0.12	穿右侧为汉字"户"
	3	乾隆通宝	2.35	0.56	0.12	穿左右为满文"宝泉"
M15	1-1	康熙通宝	2.64	0.59	0.12	穿左右为满文"宝泉"
	1-2	雍正通宝	2.61	0.51	0.12	穿左右为满文"宝泉"
	1-3	乾隆通宝	2.5	0.55	0.11	穿左右为满文"宝泉"
M16	1-1	乾隆通宝	2.28	0.51	0.16	穿左右为满文"宝泉"
M17	1-1	乾隆通宝	2.31	0.52	0.16	穿左右为满文"宝泉"
	1-2	嘉庆通宝	2.46	0.57	0.11	穿左右为满文"宝泉"
M18	1-1	康熙通宝	2.61	0.55	0.12	背面字迹模糊
	1-2	雍正通宝	2.59	0.56	0.15	穿左右为满文"宝源"
	1-3	乾隆通宝	2.4	0.54	0.12	穿左右为满文"宝泉"
	2	康熙通宝	2.84	0.59	0.12	穿左右为满文"宝泉"
M19	2	乾隆通宝	2.51	0.58	0.15	穿左右为满文"宝源"
	3	雍正通宝	2.61	0.58	0.19	穿左右为满文"宝源"
M20	1-1	乾隆通宝	2.34	0.55	0.14	穿左右为满文"宝源"
M21	1-1	乾隆通宝	2.3	0.52	0.12	穿左右为满文"宝泉"
	4-1	乾隆通宝	2.34	0.59	0.12	穿左右为满文"宝泉"
M23	1-1	乾隆通宝	2.29	0.55	0.16	穿左右为满文"宝泉"
M25	1-1	雍正通宝	2.59	0.56	0.15	穿左右为满文"宝泉"

编 后 记

这是我的"救火"系列之四。2017年的夏天,我将朝阳区的七部小报告分别整理完毕。2019年8月,先请罗娇同志帮我合了一次稿。普天同庆的新中国成立70周年期间、突如其来的新型冠状病毒爆发期间,我又对书稿作了修改订正。如今回首这些文字,字里行间还能感受到当时不同的心境。

平心而论,这七项考古发现即便在不以重大考古发现见长的北京地区,也说不上太精彩,但不妨我将其整理出版的决心。辛苦的发掘岂能有始无终,半途而废?何况朝阳区尚无一部正式的考古发掘报告,相对于近年来的众多考古发现,这是很令人遗憾的。所以,我坚信再小的学术信息,对于今后该地区的考古工作也必然有一定的借鉴意义和推动作用。千万细流汇聚成大海,每朵浪花都一样澎湃。这样的学术资料,对北京而言不是太多,而是太少了。

感谢刘风亮在勘探、发掘过程中的协助。感谢靳枫毅先生在审稿过程中提出的宝贵意见。感谢李永强先生对瓷器内容的审核。感谢北京市古代钱币展览馆李廙先生对铜钱内容的审核。

本书的出版,亦是本人为中国现代考古学诞生一百年献上的考古贺礼。

本书由郭京宁执笔。

郭京宁

2020年9月

1. 勘探现场（第 5 页）

2. 发掘现场（第 5 页）

工作现场

彩版二

1.M3（第 8 页）

2.M9（第 8 页）

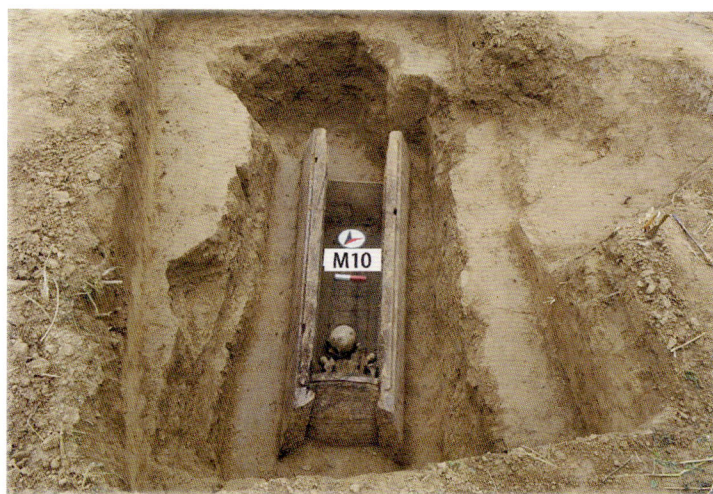

3.M10（第 9 页）

清代单棺 A 型墓葬

1.M8（第 11 页）

2.M11（第 12 页）

3.M12（第 14 页）

清代单棺 B 型墓葬

1.M1（第 16 页）

2.M4（第 17 页）

清代双棺墓葬

1.M5（第 19 页）

2.M13（第 21 页）

清代双棺、三棺墓葬

1.M7（第 22 页）

2.M14（第 22 页）

3.M15（第 24 页）

清代搬迁 A 型墓葬

1.M2（第 24 页）

2.M6（第 26 页）

清代搬迁 B 型墓葬

1. 银押发 M9 ： 1（第 9 页）

2. 银簪 M11 ： 1（第 12 页）

3. 银耳环 M11 ： 2（第 12 页）

4. 银戒指 M11 ： 4-1（第 13 页）

5. 银戒指 M11 ： 4-2（第 13 页）

6. 银饰 M11 ： 5（第 14 页）

清代单棺 A 型、B 型墓葬随葬器物

1. 铜扣 M11：6-1（第 14 页）

2. 铜扣 M11：6-2（第 14 页）

3. 铜扣 M11：6-3（第 14 页）

4. 铜扣 M11：6-4（第 14 页）

5. 银耳环 M12：1-1（第 14 页）

6. 银耳环 M12：1-2（第 14 页）

清代单棺 B 型墓葬随葬器物

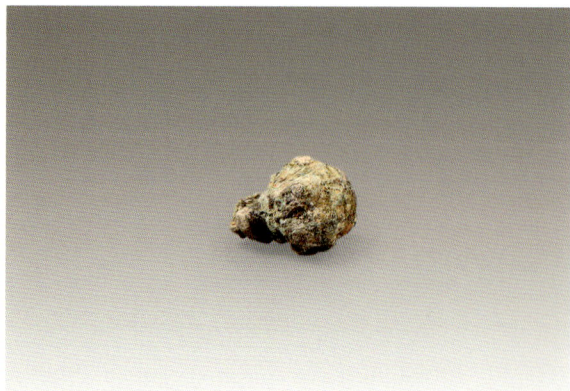

1. 铜扣 M12 ： 2-1（第 14 页）

2. 铜扣 M12 ： 2-2（第 14 页）

3. 银簪 M4 ： 1-1（第 17 页）

4. 银簪 M4 ： 1-2（第 19 页）

5. 银簪 M4 ： 1-3（第 19 页）

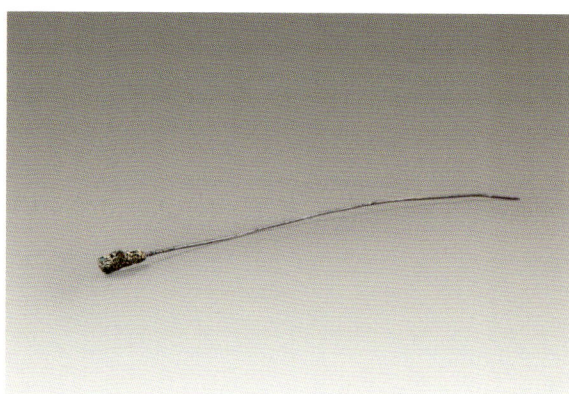

6. 银簪 M4 ： 1-4（第 19 页）

清代单棺 B 型、双棺墓葬随葬器物

1. 银簪 M4 ： 1-5（第 19 页）

2. 银耳钉 M4 ： 3-1（第 19 页）

3. 银耳钉 M4 ： 3-2（第 19 页）

4. 银戒指 M4 ： 4（第 19 页）

5. 银镯 M4 ： 5（第 19 页）

6. 银头饰 M4 ： 6（第 19 页）

清代双棺墓葬随葬器物

彩版一二

1. 银扁方 M4 : 7（第 19 页）

2. 铜扣 M4 : 8-1（第 19 页）

3. 铜扣 M4 : 8-2（第 19 页）

4. 铜扣 M4 : 8-3（第 19 页）

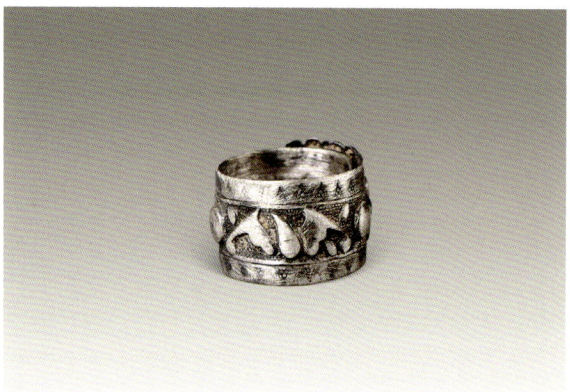

5. 银戒指 M13 : 2（第 22 页）

6. 银簪 M13 : 3-1（第 23 页）

清代双棺、三棺墓葬随葬器物

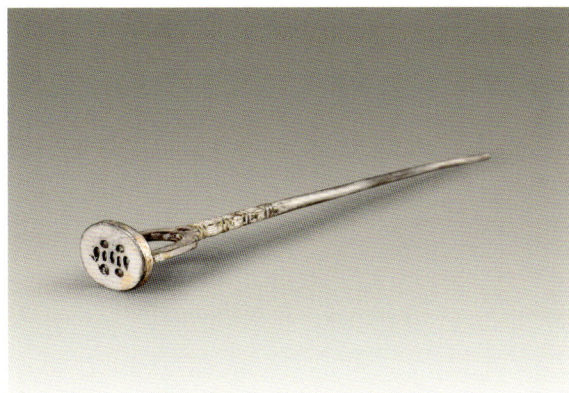

1. 银簪 M13：3-2（第 22 页）

2. 银簪 M13：3-3（第 22 页）

3. 银簪 M13：3-4（第 22 页）

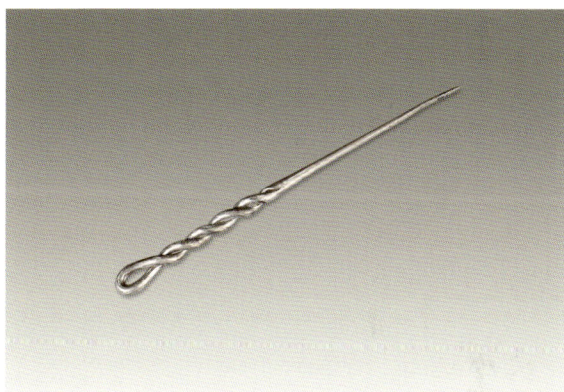

4. 银簪 M13：3-5（第 22 页）

5. 银耳环 M13：4-1（第 22 页）

6. 银耳环 M13：4-2（第 22 页）

清代三棺墓葬随葬器物

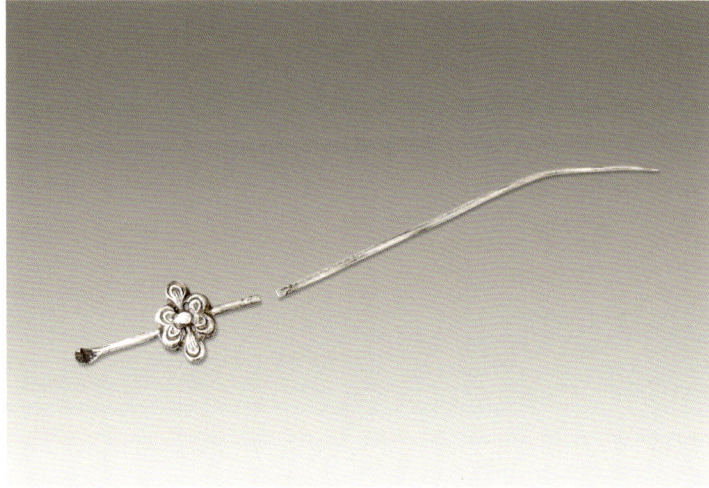

1. 银簪 M13 ：6（第 22 页）

2. 半釉罐 M15 ：1（第 24 页）

3. 银押发 M2 ：1（第 26 页）

清代三棺、搬迁墓葬随葬器物

1. 工作现场（第 29 页）

2. 勘探土样（第 29 页）

勘探现场

1.M2（第 31 页）

2.M4（第 31 页）

清代单棺墓葬

1.M1（第 32 页）

2.M3（第 32 页）

清代双棺墓葬

1. 工作现场（第 36 页）

2. 发掘区（第 36 页）

发掘现场

1.M1（第 38 页）

2.M3（第 40 页）

3.M4（第 41 页）

4.M5（第 42 页）

清代单棺墓葬（一）

1.M6（第 43 页）

2.M7（第 43 页）

3.M8（第 43 页）

4.M11（第 44 页）

清代单棺墓葬（二）

1.M12（第 44 页）

2.M2（第 46 页）

3.M9（第 48 页）

4.M10（第 49 页）

清代单棺、双棺、搬迁墓葬

1.M13（第 50 页）

2. 半釉罐 M1：1（第 39 页）

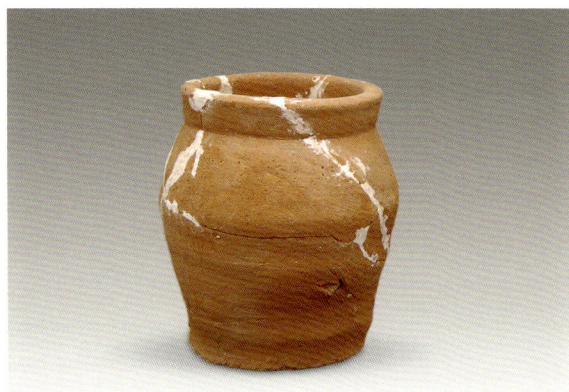

3. 红陶罐 M8：1（第 44 页）

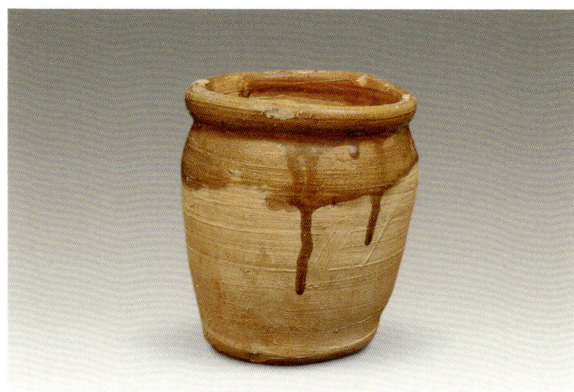

4. 半釉罐 M12：2（第 45 页）

5. 半釉罐 M2：1（第 47 页）

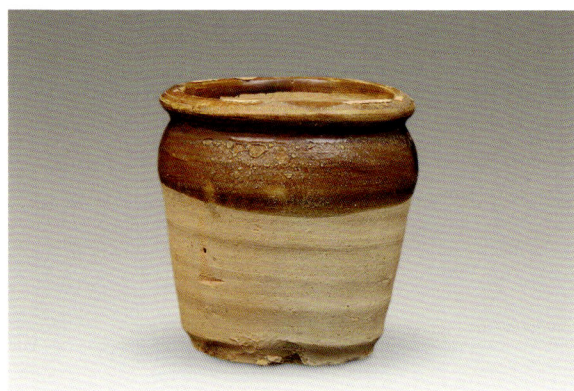

6. 半釉罐 M2：2（第 47 页）

清代搬迁墓葬及随葬器物

1. 勘探现场（第 52 页）

2. 发掘现场（第 52 页）

工作现场

1.M6（第 54 页）

2.M5（第 56 页）

3.M1（第 59 页）

4.M2（第 62 页）

唐代墓葬，清代单棺、双棺 A 型、B 型墓葬

1.M8（第 63 页）

2.M3（第 70 页）

3.M4（第 70 页）

4.M9（第 72 页）

5.M7（第 75 页）

清代双棺 B 型、C 型、三棺、搬迁墓葬

彩版二六

1. 铜镜 M6 ：1（第 55 页）

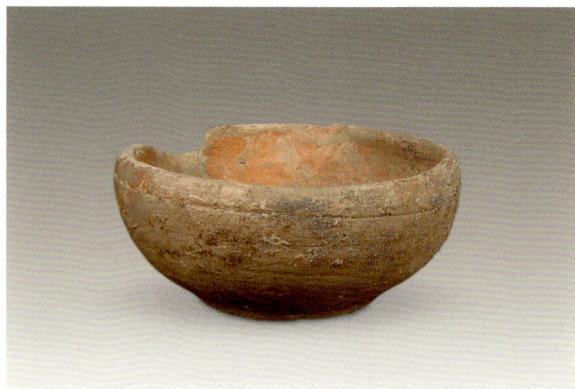

2. 陶钵 M6 ：3（第 56 页）

3. 陶器座 M6 ：4（第 56 页）

4. 瓷碗 M6 ：5（第 56 页）

5. 陶盆 M6 ：6（第 56 页）

1. 陶盆 M6：7（第 56 页）

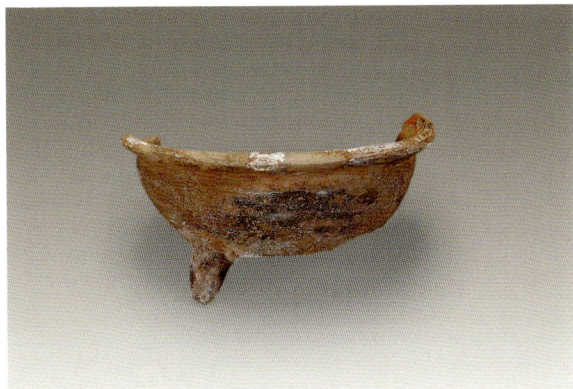

2. 三足盆 M6：8（第 56 页）

3. 陶盆 M6：9（第 56 页）

4. 陶盆 M6：10（第 56 页）

5. 陶盆 M6：11（第 56 页）

唐代墓葬随葬器物（二）

中关村电子城西区 E5 研发中心三期地块考古发掘报告

1. 银簪 M5：1（正面）（第 58 页）

2. 银簪 M5：1（背面）（第 58 页）

3. 铜扁方 M5：2（正面）（第 58 页）

4. 铜扁方 M5：2（背面）（第 58 页）

清代单棺墓葬随葬器物

1. 银簪 M5：3（第 58 页）

2. 银扁方 M1：1（第 59 页）

3. 银戒指 M2：1（第 63 页）

4. 铜扣 M2：3（第 63 页）

清代单棺、双棺 A 型、B 型墓葬随葬器物

1. 银扁方 M2：5（正面）（第 63 页）

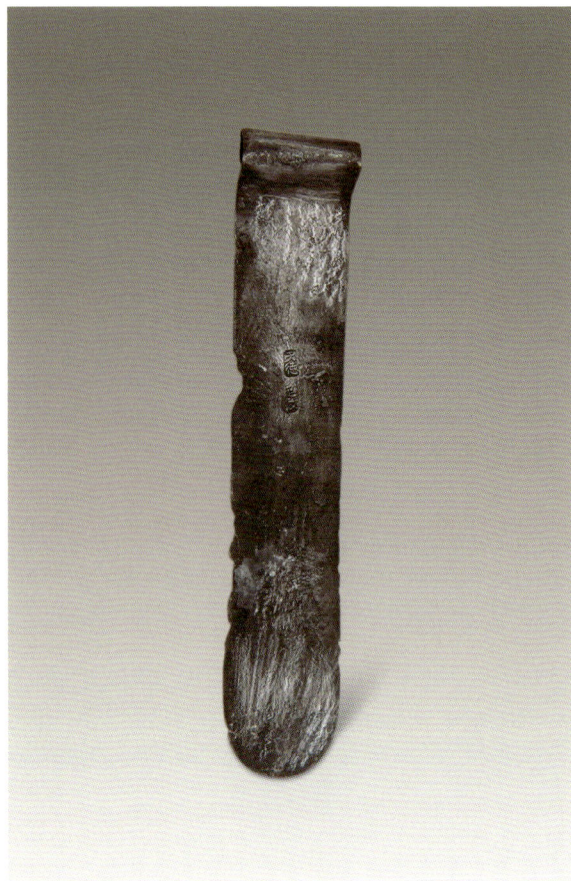

2. 银扁方 M2：5（背面）（第 63 页）

3. 金镯 M8：1-1（第 63 页）

4. 金镯 M8：1-1（局部）（第 63 页）

清代双棺 B 型墓葬随葬器物（一）

1. 金镯 M8 : 1-2（第 63 页）

2. 金镯 M8 : 1-2（局部）（第 63 页）

3. 玉镯 M8 : 2（第 63 页）

清代双棺 B 型墓葬随葬器物（二）

1.银簪 M8：3-1（正面）（第 66 页）　2.银簪 M8：3-1（背面）（第 66 页）　3.银簪 M8：3-2（正面）（第 66 页）

4.银簪 M8：3-2（背面）（第 66 页）　　　　　5.金簪 M8：4（第 66 页）

清代双棺 B 型墓葬随葬器物（三）

1. 玉饰 M8 ∶ 5-1（第 66 页）

2. 玉饰 M8 ∶ 5-2（正面）（第 66 页）

3. 玉饰 M8 ∶ 5-2（背面）（第 66 页）

1. 玉饰 M8 ： 5-3（第 66 页）

2. 玉饰 M8 ： 5-4（第 66 页）

3. 玉饰 M8 ： 5-5（第 66 页）

4. 玉饰 M8 ： 5-6（第 66 页）

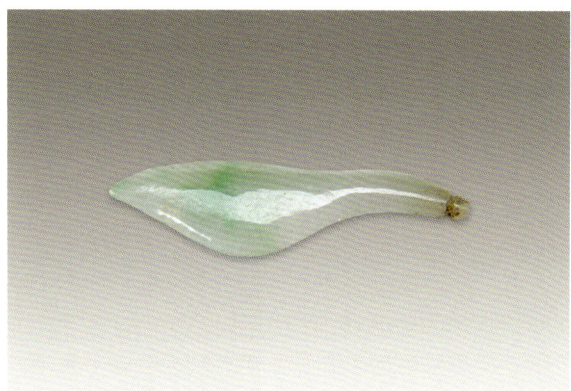

5. 玉饰 M8 ： 5-7（第 66 页）

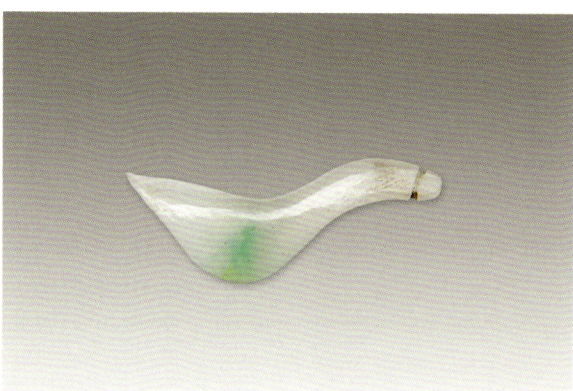

6. 玉饰 M8 ： 5-8（第 66 页）

清代双棺 B 型墓葬随葬器物（五）

1. 玉饰 M8 ： 5-9（第 66 页）

2. 玉饰 M8 ： 5-10（第 66 页）

3. 玉饰 M8 ： 5-11（第 66 页）

4. 玉饰 M8 ： 5-12（第 66 页）

5. 玉饰 M8 ： 5-13（第 68 页）

6. 玉饰 M8 ： 5-14（第 68 页）

1. 玉饰 M8：5-15（第 68 页）

2. 铜扣 M8：7（第 69、70 页）

3. 小金环 M8：8（第 68 页）

4. 铜镜 M8：9（第 68 页）

5. 鼻烟壶 M8：10（第 68 页）

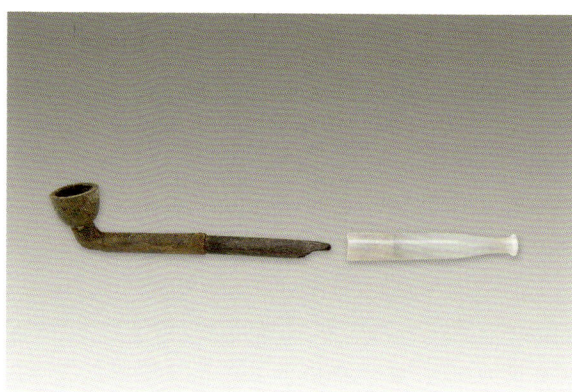

6. 铜烟锅 M8：12-1（第 68 页）

清代双棺 B 型墓葬随葬器物（七）

1. 铜烟锅 M8 ：12-2（第 68 页）

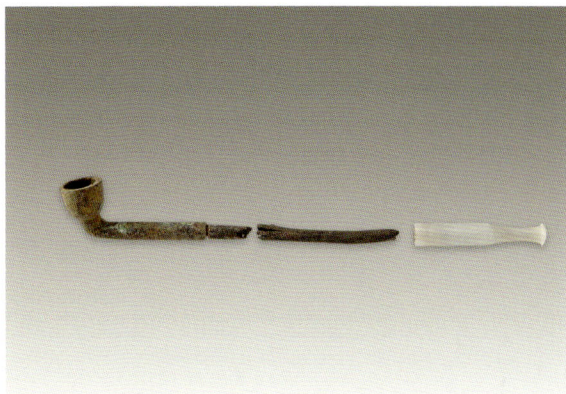

2. 铜烟锅 M8 ：13（第 68 页）

3. 铜顶戴、铜环 M8 ：14（第 68 页）

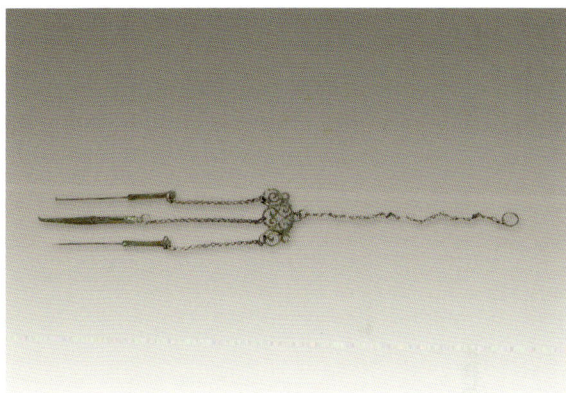

4. 铜三事 M8 ：15（第 69 页）

5. 铜扣 M8 ：17（第 70 页）

6. 石坠 M8 ：18（第 70 页）

清代双棺 B 型墓葬随葬器物（八）

中关村电子城西区 E5 研发中心三期地块考古发掘报告

1.M8：19（上俯）（第71页）

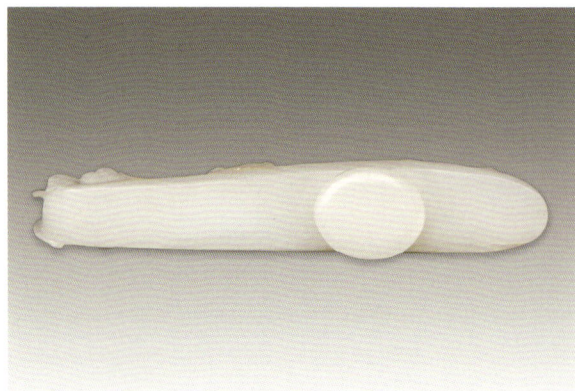

2.M8：19（底部）（第71页）

3.M8：19（上侧）（第71页）

4.M8：19（下侧）（第71页）

5.M8：19（正侧）（第71页）

玉带钩 M8：19

1. 铜烟锅 M9 ： 2（第 74 页）

2. 串饰 M9 ： 3（第 74、75 页）

3. 串珠 M9 ： 3（第 74、75 页）

清代三棺墓葬随葬器物

彩版四〇

1. 工作现场（第 78 页）

2. 发掘区局部（第 78 页）

发掘现场

1.M6（第80页）

2.M6局部（第80页）

3.M9（第81页）

4.M10（第82页）

清代单棺、双棺 A 型墓葬

1.M12（第 85 页）

2.M14（第 86 页）

3.M14 瓷瓮（第 86 页）

4.M15（第 86 页）

清代双棺 A 型墓葬

1.M3（第91页）

2.M8（第91页）

清代双棺 B 型墓葬

1.M1（第 93 页）

2.M2（第 94 页）

清代双棺 C 型墓葬（一）

1.M4（第 97 页）

2.M7（第 98 页）

3.M11（第 101 页）

4.M13（第 103 页）

清代双棺 C 型墓葬（二）

1.M5（第 104 页）

2.M5 随葬品（第 104 页）

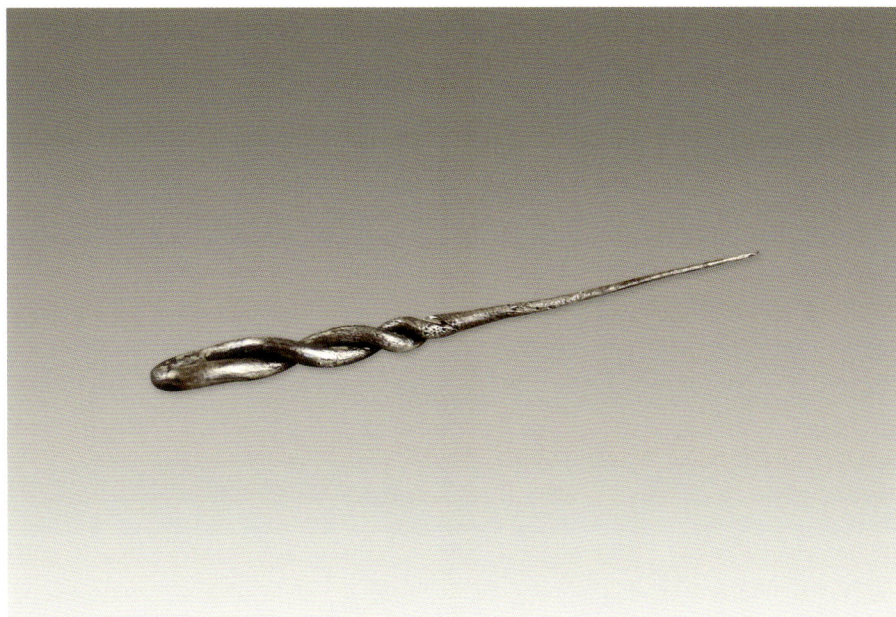

1. 银簪 M6 ：2（第 80 页）

2. 铜顶戴 M9 ：1（第 81 页）

3. 玉烟嘴 M9 ：3（第 81 页）

4. 铜扣 M9 ：5（第 81 页）

5. 银耳环 M9 ：6-1（第 81 页）

清代单棺、双棺 A 型墓葬随葬器物

1. 银耳环 M9：6-2（第 81 页）

2. 银耳环 M15：1-1（第 87 页）

3. 银耳环 M15：1-2（第 87 页）

4. 银耳环 M15：1-3（第 87 页）

5. 铜烟锅 M15：2（第 87 页）

6. 铜烟锅 M15：6（第 87 页）

清代双棺 A 型墓葬随葬器物（一）

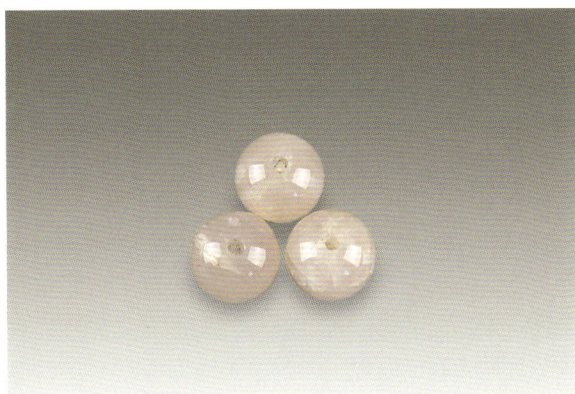

1. 料珠 M15 ：4-1（第 89 页）

2. 料珠 M15 ：4-2（第 89 页）

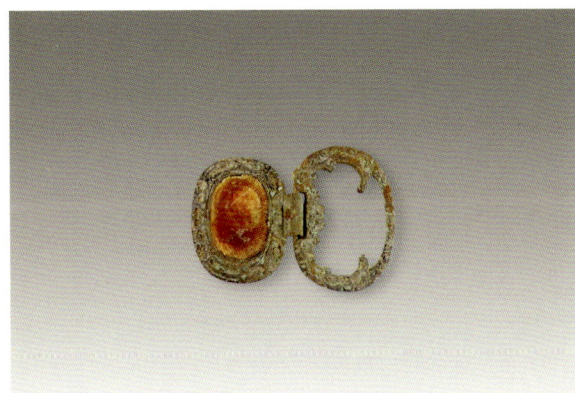

3. 铜带扣 M15 ：3（第 88 页）

4. 木扳指 M15 ：7（第 89 页）

5. 骨簪 M15 ：9-1（第 89 页）

6. 骨簪 M15 ：9-2（第 89 页）

清代双棺 A 型墓葬随葬器物（二）

彩版五〇

1. 骨簪 M15 ： 9-3（第 89 页）

2. 瓷罐 M15 ： 10（第 90 页）

3. 瓷罐 M15 ： 11（第 90 页）

4. 鎏金簪 M3 ： 2（第 91 页）

5. 银押发 M3 ： 1（第 91 页）

6. 银梳子 M3 ： 3（第 91 页）

清代双棺 A 型、B 型墓葬随葬器物

1. 银耳环 M3：4（第91页）

2. 陶罐 M3：5（第91页）

3. 玉烟嘴 M8：1（第91页）

4. 铜烟锅 M8：3（第91页）

5. 铜扣 M1：1（第94页）

6. 银耳钉 M1：2（第94页）

清代双棺 B 型、C 型墓葬随葬器物

彩版五二

1. 料饰 M1：3（第 94 页）

2. 铜扣 M1：4（第 94 页）

3. 银耳环 M2：1-1（第 97 页）

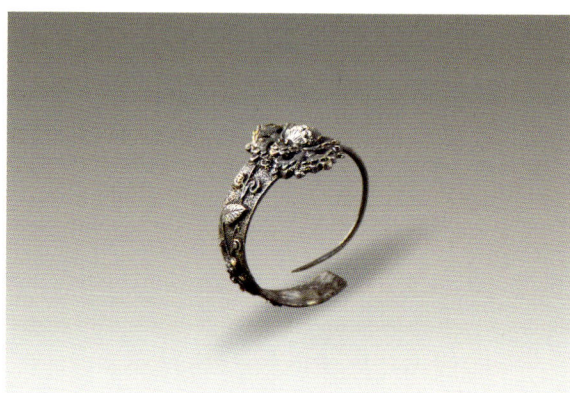

4. 银耳环 M2：1-2（第 97 页）

5. 铜扣 M2：2（第 97 页）

6. 陶罐 M2：4（第 97 页）

清代双棺 C 型墓葬随葬器物（一）

1. 陶罐 M4：1（第 98 页）

2. 铜顶戴 M7：1（第 99 页）

3. 玉佛 M7：2（第 99 页）

4. 铜烟锅 M7：3（第 101 页）

5. 银簪 M7：5（第 101 页）

6. 银扁方 M7：6（第 101 页）

1. 铜扣 M11：1（第 102 页）

2. 瓷罐 M13：2（第 103 页）

3. 瓷罐 M13：4（第 103 页）

4. 串珠 M13：3（第 103 页）

5. 串珠 M13：3-2（第 103 页）

6. 买地券 M13：1（第 103 页）

清代双棺 C 型墓葬随葬器物（三）

1. "黄泉"（第 103 页）

2. "内方勾陈" "永无" "为信契□地"（第 103 页）

1. 发掘现场（第106页）

2. 清理M1（第106页）

1.M2（南至北）（第 106 页）

2.M2（南至北）（第 106 页）

3.M4（东至西）（第 108 页）

土坑墓

1.M1（西至东）（第 109 页）

2.M1（北至南）（第 109 页）

1.M3（南至北）（第 113 页）

2.M3（南至北）（第 113 页）

1.M2 ：1（正面）（第 108 页）

2.M2 ：1（背面）（第 108 页）

玉饰 **M2 ：1**

1. 玉簪 M1 : 2（正面）（第 109 页）

2. 玉簪 M1 : 2（背面）（第 109 页）

3. 石圭 M1 : 3（正面）（第 110 页）

4. 石圭 M1 : 3（背面）（第 110 页）

M1 随葬器物（一）

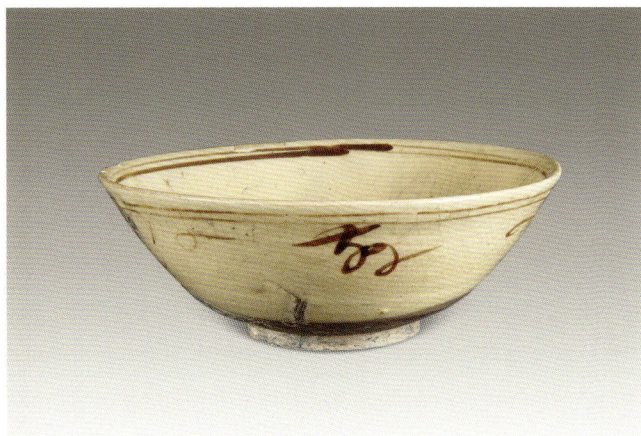

1. 瓷碗 M1：4（侧面）（第 110 页）

2. 瓷碗 M1：4（内底）（第 110 页）

3. 瓷碗 M1：4（腹部、底部）（第 110 页）

4. 铁器 M1：5-1（第 110 页）

5. 铁器 M1：5-2（第 110 页）

M1 随葬器物（二）

1.M3：1（第 113 页）

2.M3：2（第 115 页）

3.M3：3（第 115 页）

4.M3：4（第 115 页）

5.M3：5（第 115 页）

M3 随葬铜镜

1. 石砚 M3：6（第 115 页）

2. 石砚 M3：6 墨池（第 115 页）

3. 铁犁铧 M3：7（第 116 页）

4. 铁犁铧 M3：8（第 116 页）

M3 随葬器物

1. 发掘现场（第 117 页）

2. 现场绘图（第 117 页）

3. 发掘区局部（第 117 页）

1.M6（第 119 页）

2.M11（第 120 页）

3.M23（第 122 页）

清代单棺 A 型墓葬

1.M5（第 122 页）

2.M7（第 123 页）

清代单棺 B 型墓葬

1.M1（第 124 页）

2.M15（第 125 页）

清代双棺 A 型墓葬

1.M3（第 127 页）

2.M8（第 128 页）

清代双棺 B 型墓葬（一）

1.M9（第 128 页）

2.M10（第 131 页）

清代双棺 B 型墓葬（二）

1.M16（第 133 页）

2.M17（第 134 页）

3.M19（第 135 页）

清代双棺 B 型墓葬（三）

1.M20（第 137 页）

2.M22（第 139 页）

清代双棺 B 型墓葬（四）

1.M4（第140页）

2.M12（第141页）

清代三棺墓葬（一）

1.M13（第 144 页）

2.M14（第 145 页）

1.M18（第 146 页）

2.M21（第 147 页）

清代三棺墓葬（三）

1.M2（第 149 页）

2.M25（第 150 页）

3.M24（第 152 页）

清代四棺、搬迁墓葬

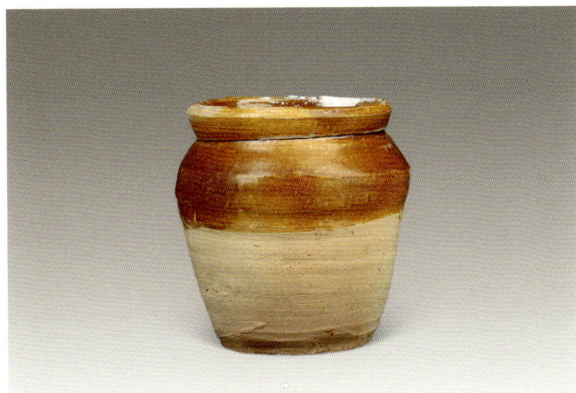

1. 半釉罐 M11：2（第 120 页）

2. 半釉罐 M7：2（第 123 页）

3. 半釉罐 M8：2（第 128 页）

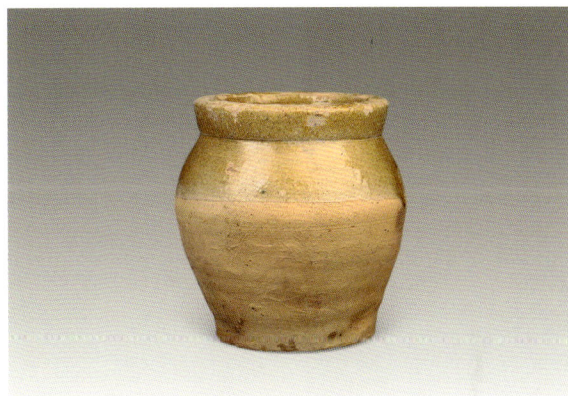

4. 半釉罐 M9：2（第 129 页）

5. 半釉罐 M10：2（第 132 页）

6. 半釉罐 M16：2（第 133 页）

清代单棺、双棺 B 型墓葬随葬器物

1. 半釉罐 M17：2（第 134 页）

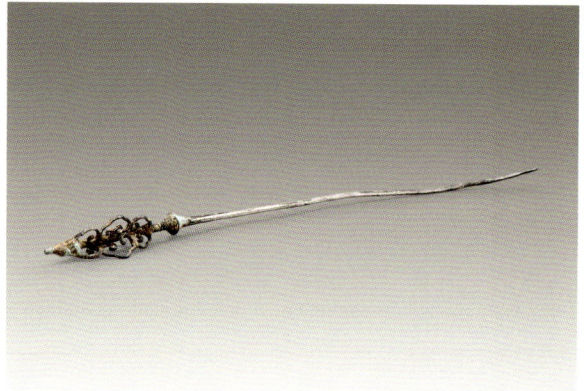

2. 银簪 M19：1（第 136 页）

3. 半釉罐 M19：4（第 136 页）

4. 半釉罐 M19：6（第 136 页）

5. 青花瓷碗 M19：5（正面）（第 136 页）

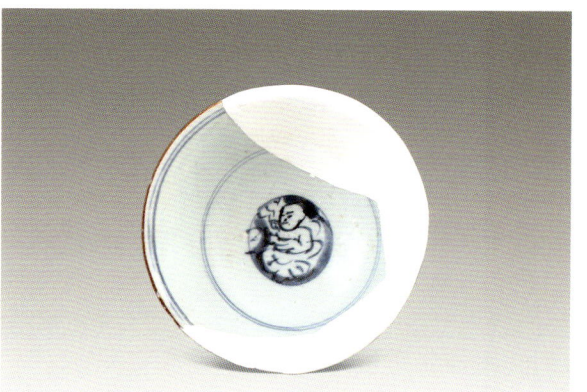

6. 青花瓷碗 M19：5（内碗底）（第 136 页）

清代双棺 B 型墓葬随葬器物

1. 铜簪 M20 ： 2（第 138 页）

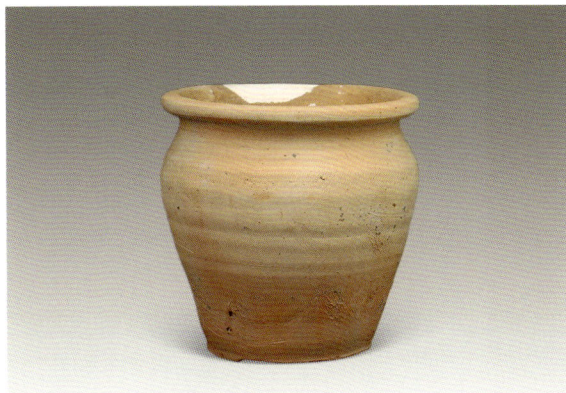

2. 红陶罐 M20 ： 3（第 138 页）

3. 骨簪 M4 ： 2（第 140 页）

4. 半釉罐 M4 ： 3（第 141 页）

5. 铜耳勺 M12 ： 2（第 143 页）

6. 银簪 M14 ： 4（第 146 页）

清代双棺 B 型、三棺墓葬随葬器物

1. 银簪 M14 ：5（第 146 页）

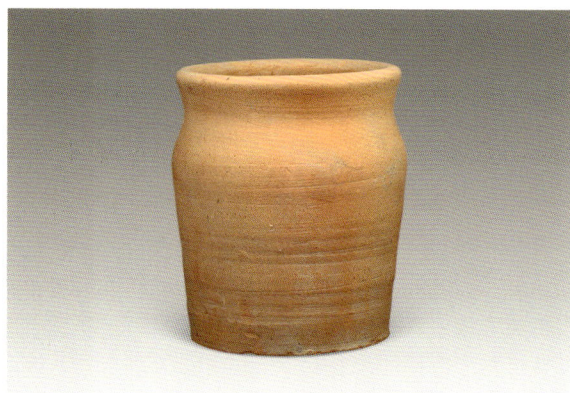

2. 红陶罐 M14 ：6（第 146 页）

3. 银耳钉 M21 ：2（第 148 页）

4. 半釉罐 M21 ：3（第 148 页）

5. 半釉罐 M25 ：2（第 151 页）

清代三棺、四棺墓葬随葬器物